EDMOND DE GONCOURT

Hokousaï

L'art japonais au XVIIIe siècle

Édition définitive

publiée sous la direction de l'Académie Goncourt

ERNEST FLAMMARION
ÉDITEUR
26, Rue Racine, 26

EUGÈNE FASQUELLE
ÉDITEUR
11, Rue de Grenelle, 11

PARIS

Hokousaï

ŒUVRES DE E. ET J. DE GONCOURT

DANS LA MÊME ÉDITION

Déjà parus :

EDMOND ET JULES DE GONCOURT

GERMINIE LACERTEUX, roman, avec postface de Gustave Geffroy, de l'*Académie Goncourt*.

SOPHIE ARNOULD, d'après sa correspondance et ses mémoires inédits, avec postface d'Emile Bergerat, de l'*Académie Goncourt*.

SŒUR PHILOMÈNE, roman, avec postface de Lucien Descaves, de l'*Académie Goncourt*.

EDMOND DE GONCOURT

LA FILLE ÉLISA, roman, avec postface de Jean Ajalbert, de l'*Académie Goncourt*.

CHÉRIE, roman, avec postface de J.-H. Rosny aîné, de l'*Académie Goncourt*.

LA GUIMARD, d'après les registres des Menus-Plaisirs, de la Bibliothèque de l'Opéra, etc., avec postface de J.-H. Rosny jeune, de l'*Académie Goncourt*.

RENÉE MAUPERIN, roman, avec postface d'Henry Céard, de l'*Académie Goncourt*.

Pour paraître prochainement :

EDMOND ET JULES DE GONCOURT

MADAME GERVAISAIS, roman, avec postface de Gustave Gerffoy, de l'*Académie Goncourt*.

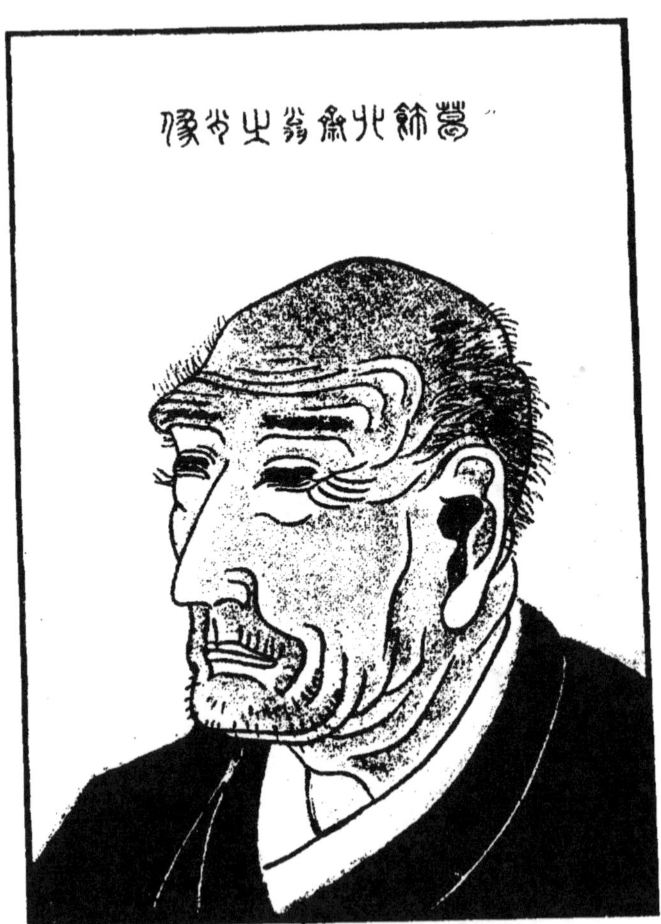

Fac-similé du portrait d'Hokousaï, octogénaire.
Peint par sa fille Oyéi.

EDMOND DE GONCOURT

Hokousaï

L'ART JAPONAIS AU XVIIIe SIÈCLE

POSTFACE DE M. LÉON HENNIQUE

(de l'Académie Goncourt)

ÉDITION DÉFINITIVE

publiée sous la direction de l'Académie Goncourt

PARIS

ERNEST FLAMMARION	EUGÈNE FASQUELLE
ÉDITEUR	ÉDITEUR
26, Rue Racine, 26	11, Rue de Grenelle, 11

PRÉFACE

L'Echo de Paris publiait, sous ma signature, le
7 juin 1892, cet article.

La vie littéraire, en ses duretés, a parfois d'ai-
mables surprises, mais au bout de bien des
années.

Cet hiver, je recevais cette lettre du Japon :

Yokohama (Hôpital général).

Monsieur,

Voulez-vous permettre à un jeune Français de vous
exprimer tout le plaisir que lui a causé *Outamaro*,
mieux placé que tout autre pour le comprendre puisque
je suis au milieu des Japonais...

J'avais quinze ans quand j'ai lu *Sœur Philomène* et
j'ai voulu être interne, et je suis médecin... *La Maison
d'un Artiste* m'a fait venir au Japon. En un mot, comme
cette étoile qui guide le marin, ignorante elle-même
des destins qu'elle mène, vous avez eu une influence
dominatrice sur toute ma vie.

Je vous le dis, pourquoi ne vous l'ai-je pas dit plus

tôt, — cette timidité bête qui fait qu'on est muet devant la femme qu'on aime, fait aussi qu'on renferme en soi ses amours littéraires ; — c'est peut-être la raison qui fait que je n'ai jamais osé aller vous rendre une seule visite quand j'étais à Paris.

. . . .

Permettez-moi de me mettre à votre disposition. Je suis au Japon, j'aime le Japon, je parle le japonais et, comme on dit dans les vieux drames : « Je vous suis dévoué corps et âme ! » Profitez, usez de moi...

Docteur Michaut.

Cette lettre me faisait demander au docteur, sans grand espoir de réussite, la traduction de la biographie d'Hokousaï tirée du livre manuscrit : Ouki-yoyé Rouikô, par Kiôdén, complété successivement par Samba, Moumeiô, Guekkin, Kiôsan, Tanéhiko, traduction que je n'avais pu obtenir des Japonais habitant Paris, et je la reçois aujourd'hui, cette traduction, de l'aimable docteur, en collaboration avec le Japonais Ourakami.

Cette traduction, j'ai le projet de la faire entrer dans l'étude annoncée en un volume sur Hokousaï, mais, à mon âge, on n'est jamais sûr du lendemain, et je veux que cette étude biographique des Vasari japonais sur le grand artiste qui préoccupe si vivement le monde de l'art européen, — et qui n'a encore été ni imprimée, ni traduite en français, paraisse dans l'*Écho de Paris* pour la première fois.

Hokousaï.

Né à Yédo, Hokousaï est, dit-on, le fils d'un fabricant de miroirs de la cour de Tokougawa.

Son nom d'enfance est Tokitaro ; plus tard, il le changea contre celui de Tétsoujiro.

Il entre d'abord comme élève chez Katsoukawa Shunshô et, pour nom d'artiste, il prend le nom de Katsoukawa Shunrô. Là, il peint des acteurs et des scènes de théâtre dans le style de Tsoutzoumi Tô-rin et produit beaucoup de dessins sur des feuilles volantes, appelés Kiôka Sourimono.

Chassé de la maison de son maître pour des raisons restées inconnues, il va prendre la succession du peintre Tawaraya-Sôri, et se fait reconnaître pour le successeur de ce peintre.

Depuis, il change son style, en crée un tout nouveau, qui lui est personnel. Alors il repasse son nom de Sôri à son élève Sôji, et rend à la famille Tawaraya la signature qu'il avait reçue d'elle.

C'est seulement à la dixième année de l'ère Kwansei (1789) que le public, pour la première fois, lit, au bas des impressions du maître, le nom d'Hokousaï (Hokousaï, Tokimasa Taïto) *nom qu'il prit, dit-on, à cause de sa profonde vénération pour le dieu Hokoushin-Miôkén. Quant au nom de Taïto, il l'abandonna plus tard à son gendre Shighéno-bou.*

Le style appelé Hokousaï-riou *est le style de la vraie peinture Oukiyoyé, la peinture* naturiste, *et Hokousaï est le vrai et le seul fondateur d'une peinture qui, prenant ses assises dans la peinture chinoise, est la peinture de l'école japonaise moderne.*

Et son œuvre, lorsqu'il a paru, a eu la bonne fortune, non seulement d'exciter l'admiration de ses confrères les peintres, mais encore de séduire le gros public, tant il était une nouveauté particulière.

Durant les années de l'ère Kwanseï (1789-1800) Hokousaï écrit de nombreux contes et romans pour la lecture des femmes et des enfants : romans dans lesquels il fit lui-même des illustrations, romans où il signe comme écrivain Tokitaro-Kakô, et comme peintre Gwakiôjin-Hokousaï. Et ce fut grâce à ses pinceaux spirituels et précis que les contes populaires et les romans commencèrent à se répandre dans le public.

Il fut aussi un excellent poète dans la poésie Haï-Kai (poésie populaire).

Dans ce temps, il habita Asakousa où de nombreux élèves-peintres de Kiôto et d'Ohsaka vinrent le trouver et entrèrent dans son atelier, et, dans ce temps où il y avait bien des peintres dans les villes de Nagoya, de Kiôto, d'Ohsaka, aucun ne put le surpasser.

C'est alors que sortent, de dessous ses pinceaux, des livres ou modèles de gravures, et des impressions, et des dessins innombrables.

Bientôt (c'est l'habitude là-bas, pour les peintres, de changer perpétuellement de noms), le maître léguait sa signature d'Hokousaï à un de ses élèves qui tenait un restaurant dans le Yoshiwara, le quartier des maisons publiques, et qui peignait dans son établissement des peintures de 16 ken (32 mètres) chaque fois que Hokousaï faisait l'ouverture de réunions d'artistes pour l'adoption de nouvelles signatures.

A partir de ce temps, il signa ses impressions Sakino Hokousaï, Taïto (ancien Hokousaï Taïto). Il changea encore une fois son nom propre et s'appela Tamé Kazou ou I-itsou.

N'ayant pas eu assez de temps pour donner les modèles de la peinture à ses élèves, il en fit graver des volumes qui, plus tard, obtinrent beaucoup de succès.

Il fut encore très habile dans la peinture dite Kiokou-yé, peinture de fantaisie, faite avec des objets ou des services de table trempés dans l'encre de Chine, tels qu'une boîte servant de mesure de capacité, des œufs, des bouteilles[1].

Il peignait encore admirablement bien avec sa main gauche, ou bien de bas en haut. Et sa peinture faite au moyen des ongles de ses doigts était tout à fait étonnante et, quant à ce fait particulier, il fallait être témoin soi-même du travail de l'artiste, sans quoi on eût pris ses peintures à l'ongle pour des peintures faites avec des pinceaux.

« Après avoir étudié, dit-il quelque part, pendant de longues années, la peinture des diverses écoles, j'ai pénétré leurs secrets et j'en ai recueilli tout ce qu'il y a de meilleur. Rien n'est inconnu pour moi en peinture. J'ai essayé mon pinceau sur tout, et je suis parvenu à réussir tout. » En effet, Hokousaï a peint depuis les images les plus vulgaires, nommées Kamban[2], c'est-à-dire les images-réclames pour les théâtres ambulants, jusqu'aux compositions les plus élevées.

Ses productions furent même très recherchées par les étrangers, et il y eut une année où l'on exporta ses dessins et ses gravures par centaines, mais

---

1. Hokousaï affirmait par là que l'exécution d'un beau dessin ne tient pas aux instruments de la peinture, à d'excellents pinceaux, mais est tout entière dans l'art de dessiner du peintre.

2. *Kamban*, me dit Hayashi, n'est que l'enseigne ou l'affiche d'un marchand quelconque.

presque aussitôt cette exportation fut défendue par le gouvernement de Tokougawa.

Durant les années de l'ère Témpô (1830-1843), Hokousaï publia, en nombre immense, des nishikiyé, impressions en couleur, et des dessins d'amour ou images obscènes, dites shungwa, d'une coloration admirable, qu'il signait toujours du pseudonyme de Goummatei.

Le plus grand honneur que cet artiste obtint, durant sa vie, fut que sa célébrité parvint jusqu'à la cour de Tokougawa, et qu'il put étaler son talent sans rival devant le grand prince. Une fois, pendant que le shôgoun faisait sa promenade dans la ville de Yédo, Hokousaï fut invité par le prince à peindre devant lui. Et, sur une immense feuille de papier, avec une brosse à colle, il commença d'abord à tracer des pattes de coq, puis, transformant soudainement le dessin par une couleur d'indigo mis sur les pattes, il en faisait un paysage du fleuve Tatsouta qu'il présentait au prince étonné [1].

1. Hayashi s'indigne de la mauvaise traduction de ce passage, et me communique la note suivante : A la suite d'un retour de chasse aux faucons, le Shôgoun sur sa route prit plaisir à voir dessiner deux grands artistes du temps, Tani Bountchô et Hokousaï. Bountchô commença et Hokousaï lui succéda. Tout d'abord il dessina des fleurs, des oiseaux, des paysages, puis, désireux d'amuser le Shôgoun, il couvrit le bas d'une immense bande de papier d'une teinte d'indigo, se fit apporter par ses élèves des coqs, dont il plongea les pattes dans la couleur

Hokousaï avait la manie de changer perpétuellement d'habitation et ne demeura jamais plus d'un ou de deux mois dans le même endroit.

Hokousaï mourut le 13 avril de la deuxième année de Kayei (1849)[1], à l'âge de 90 ans. Il fut enterré au cimetière du Temple Seikiôji, dans le quartier de Hatchikendera-matchi à Asakousa, où se lit encore son épitaphe.

La poésie de la dernière heure, qu'il laissa en mourant, fut celle-ci, presque intraduisible en français :

« Oh ! la liberté, la belle liberté, quand on va aux champs d'été pour y laisser son corps périssable »[2] !

Hokousaï eut trois filles, dont la plus jeune devint un peintre très habile. Elle épousa Minamisawa, mais divorça. Des nombreux élèves qu'eut Hokousaï, ceux dont les noms furent inscrits dans les chronologies, et connus du public, montent à seize ou dix-sept.

En 1860, j'ai découvert, et publié d'après le

pourpre, les fit courir sur la teinte bleue, et le prince eut l'illusion de voir la rivière Tatsouta avec ses rapides, charriant des feuilles de *momiji*.

L'anecdote était racontée par Bountchô à Tanéhiko.

1. Erreur. Hokousaï mourut le 10 mai 1849.

2. Je donne une traduction plus littérale d'Hayashi de « cette poésie de la dernière heure » au chapitre de la mort d'Hokousaï.

manuscrit des *Séances de l'Académie Royale de Peinture*, provenant de la bibliothèque d'un portier, ramassée sur les quais, la biographie inédite de Watteau par le comte de Caylus : biographie qu'on croyait perdue et qui manque aux Mémoires inédits sur les membres de cette Académie, éditée en 1854. Aujourd'hui je donne pour la première fois, dans une langue de l'Europe, la biographie inconnue d'Hokousaï, le plus grand artiste de l'Extrême-Orient.

Pour la biographie de ce grand peintre de l'Extrême-Orient, complètement inconnue en Europe, cette brève notice était quelque chose, mais ce n'était vraiment pas assez.

C'est alors que, dans la patrie d'Hokousaï, se publiait par le Japonais I-ijima Hanjûrô : *Katsoushika Hokousaï dén*, une biographie du peintre, illustrée de dessins et de portraits, contenant des renseignements du plus haut et du plus intime intérêt.

Or, la traduction de cette biographie japonaise, était-ce suffisant encore pour faire connaître l'Homme et son Œuvre ? Non ! Il fallait tenir entre ses mains cette œuvre presque complète, — et, soit au Japon soit en Europe, il n'existe cette œuvre, je crois, que chez Hayashi qui, depuis nombre d'années, collectionne son peintre favori. C'est donc sur cette œuvre, contenant les impressions les plus belles, les petits livres les plus rarissimes, les illustrations des romans, en 90 volumes, les plus complètes, les dessins les plus authentiques, que j'ai pu écrire cette biographie, aidé de l'érudition de ce compagnon de travail qui s'est mis obligeamment à ma disposition et qui, dans de longues et laborieuses séances où j'ai eu l'idée de lui faire traduire les préfaces que Hokousaï a jetées en tête de ses albums, m'a fourni toute la documentation ne se trouvant pas dans le *Katsoushika Hokousaï dén*, ou dans le *Oukiyoyé Rouikô* [1] de Kiôdén.

Auteuil, 20 décembre 1895.

EDMOND DE GONCOURT.

---

1. Voici la décomposition des cinq mots *Oukiyoyé Rouikô* : *Ouki* « qui flotte, qui est en mouvement » — *yo* « monde » — *yé* « dessin » — *roui* « même espèce » — *kô* « recherche ». Et *rouikô*, devenu un seul mot, signifie : « Étude d'ensemble d'une même espèce de choses. »

Hokousaï

I

Dans les deux hémisphères, c'est donc la même injustice pour tout talent indépendant du passé! Voici le peintre qui a victorieusement enlevé la peinture de son pays aux influences persanes et chinoises et qui, par une étude pour ainsi dire religieuse de la nature, l'a rajeunie, l'a renouvelée, l'a faite vraiment toute japonaise ; voici le peintre universel qui, avec le dessin le plus vivant, a reproduit l'homme, la femme, l'oiseau, le poisson, l'arbre, la fleur, le brin d'herbe ; voici le peintre qui aurait exécuté 30 000 dessins ou peintures[1]; voici le peintre qui est le vrai créateur de l'*Oukiyô yé*[2], le fondateur de l'ÉCOLE VULGAIRE, c'est-à-dire l'homme qui ne se contentant pas, à l'imitation des peintres académiques de l'école de Tosa, de représenter, dans une convention précieuse, les fastes de la cour, la vie officielle des hauts dignitaires, l'artificiel pompeux des existences aristocratiques, a fait entrer, en son œuvre,

---

1. *L'Art Japonais*, par GONSE. Paris, Quantin, 1883.
2. Hokousaï a pour précurseur Matahei au XVIIe siècle.

l'humanité entière de son pays, dans une réalité échappant aux exigences nobles de la peinture de là-bas ; voici enfin le passionné, l'affolé de son art, qui signe ses productions : *fou de dessin...* Eh ! bien, ce peintre — en dehors du culte que lui avaient voué ses élèves, — a été considéré par ses contemporains comme un amuseur de la canaille, un bas artiste aux productions indignes d'être regardées par les sérieux hommes de goût de l'Empire du Lever du Soleil. Et ce mépris, dont m'entretenait encore hier le peintre américain La Farge, à la suite des conversations qu'il avait eues autrefois au Japon avec les peintres idéalistes du pays, a continué jusqu'à ces derniers jours où, nous les Européens, mais les Français en première ligne[1], nous avons révélé à la patrie d'Hokousaï le grand artiste qu'elle a perdu il y a un demi-siècle.

Oui, ce qui fait d'Hokousaï l'un des artistes les plus originaux de la terre : c'est cela qui l'a empêché de jouir de la gloire méritée pendant sa vie, et le DICTIONNAIRE DES HOMMES ILLUSTRES DU JAPON constate que Hokousaï n'a pas rencontré près du public la vénération accordée aux grands peintres du Japon, parce qu'il s'est consacré à la représentation de la *Vie vulgaire*[2], mais que, s'il avait pris la succession de Kano et de Tosa, il aurait certainement dépassé les Okiyo et les Bountchô.

---

1. Voir les articles de Burty et de Duret.

2. Je me conforme à la traduction consacrée, mais *Oukiyô yé* serait plutôt traduisible par : *la vie courante, la vie telle qu'elle se présente rigoureusement aux yeux du peintre.*

II

Hokousaï[1] est né le dix-huitième jour du premier mois de la dixième année de Hôréki, le 5 mars 1760.

Il est né à Yédo, dans le quartier Honjô, quartier de l'autre côté de la Soumida, touchant à la campagne, quartier affectionné par le peintre et qui lui a fait un temps signer ses dessins : *le paysan de Katsoushika,* — Katsoushika étant le district de la province où se trouve le quartier Honjô.

D'après le testament de sa petite fille Shiraï Tati, il serait le troisième fils de Kawamoura Itiroyémon qui, sous le nom de Bounsei, aurait été un artiste à la profession inconnue. Mais, vers l'âge de quatre ans, Hokousaï, dont le premier nom était Tokitaro, était adopté par Nakajima Issé, fabricant de miroirs de la famille princière de Tokougawa : adoption qui lui faisait faussement donner pour père ce Nakajima Issé.

Hokousaï, encore garçonnet, entrait comme commis de librairie chez un grand libraire de Yédo où, tout à la contemplation des livres illustrés, il remplissait si paresseusement et si dédaigneusement son métier de commis qu'il était mis à la porte.

Ce feuilletage des livres illustrés du libraire, cette vie

1. Les Japonais mangent le *ou* du nom et le prononcent *Hok'saï*. Maintenant encore, les Japonais aspirent très fort l'*H* du commencement du nom du peintre, et il faudrait peut-être, pour conserver au nom l'aspiration de là-bas, redoubler l'*H*, mais ce serait changer trop complètement l'orthographe à laquelle le public français est habitué.

dans l'image, pendant de longs mois, avait fait naître
chez le jeune homme le goût, la passion du dessin, et
nous le trouvons vers les années 1773, 1774, travaillant
chez un graveur sur bois, et en 1775, sous le nouveau
nom de Tétsouzô, gravant les six dernières feuilles d'un
roman de Santchô. Et le voilà graveur jusqu'à l'âge de
dix-huit ans.

III

En 1778, Hokousaï, alors dit Tétsouzô, abandonne
son métier de graveur, ne consent plus à être l'interprète, le traducteur du talent d'un autre, est pris du
désir d'inventer, de composer, de donner une forme
personnelle à ses imaginations, a l'ambition de devenir
un peintre. Et il entre à l'âge de dix-huit ans dans l'atelier de Shunshô où son talent naissant lui mérite un
nom : le nom de Katsoukawa Shunrô sous lequel le
maître l'autorise à signer ses compositions représentant une série d'acteurs, dans le format en hauteur
des dessins de comédiens de Shunshô son maître,
et où commence à apparaître chez le jeune Shunrô
un rien du dessinateur qui sera plus tard le grand
Hokousaï.

Et, avec la persévérance d'un travail entêté, il continue à dessiner et à jeter dans le public, jusqu'en 1786,
des compositions portant la signature de Katsoukawa
Shunrô ou simplement Shunrô.

Les compositions de ces années d'Hokousaï, ainsi que
les premières compositions d'Outamaro, étaient gravées
dans des petits livres à cinq sous, ces livres populaires,

au tirage en noir, à la couverture jaune, d'où ils tirent leur nom : *Kibiôshi*, Livres jaunes.

Le premier livre jaune qu'il illustrait, en 1781, à l'âge de vingt et un ans, était un petit roman en trois volumes, intitulé : *Arigataï tsouno itiji*, Grace a un mot galant, tout est permis, roman que ni Hayashi, ni les biographes du peintre japonais n'ont rencontré, et dont le texte, à l'époque de la publication, a été attribué à Kitao Masanobou, plus tard le célèbre romancier Kiô-dén, tandis que le texte et les dessins sont d'Hokousaï qui avait publié cette plaquette sous le pseudonyme de Koréwasaï, sobriquet signifiant : « *Est-ce cela ?* » le refrain d'une chansonnette du temps.

L'année suivante, en 1782, Hokousaï publie les Courriers de Kamakoura, deux fascicules dont il fait le texte et les dessins et qu'il présente au public sous le nom de Guioboutsou pour le texte, et de Shunrô pour les dessins.

C'est le récit d'un fait historique, d'une tentative au xviie siècle du renversement du troisième shôgoun par Shôsétsou. Et l'on voit, dans la succession des planches, le jeune ambitieux complotant presque enfant, se livrant aux exercices militaires, apprenant d'un tacticien mystérieux l'art de la guerre, — et le moyen magique d'être vu par le regard des hommes, sous son apparence sept fois répétée. Et il organise la conspiration, qui fait égorger les courriers, et il rêve la protection d'un dieu favorable à ses desseins, et a l'illusion de se voir dans un miroir, en shôgoun, et un de ses affidés en premier ministre, et il tient conseil avec ses partisans, et il bataille bravement avec les soldats envoyés pour le prendre, et enfin, fait prisonnier, il s'ouvre le ventre, tandis qu'au milieu de ses complices enchaînés sa mère, sa femme et ses enfants sont soumis à la torture, — sa mère à la torture de l'*enfumage*.

Il publie encore, la même année, un roman en deux volumes : *Shiténnô Daïtsou jitalé*, LES QUATRE ROIS CÉLESTES DES POINTS CARDINAUX, HABILLÉS A LA DERNIÈRE MODE, avec l'annonce d'un texte de Koréwasaï qui est bien de lui, ainsi que les dessins signés : Shunrô.

Cette année ou la suivante, il publie un autre livre jaune qu'il signe exceptionnellement Katsoukawa Shunrô, et qui est l'histoire de Nitirén, prêtre bouddhique, le créateur d'une nouvelle secte.

C'est le baptême, le commencement des études, la contemplation de la nature, la vie d'ascète dans une grotte de la montagne, l'expulsion de partout du prêtre révolutionnaire pour la nouveauté de ses opinions, sa retraite dans un temple, l'apparition d'une comète annonçant de tragiques évènements, sa défense avec un chapelet contre un guerrier qui veut le tuer, le pouvoir de son influence mystérieuse amenant le naufrage de la flotte mongole, sa condamnation à mort où le sabre du bourreau est brisé par un éclair, son exil dans une île éloignée, ses prédications, ses pèlerinages, sa mort au milieu de ses disciples en pleurs.

En 1784 Hokousaï illustre deux ouvrages : 1° *Kaï-oun Aughino Hanaka*, LE PARFUM DES FLEURS D'ÉVENTAIL (2 volumes); 2° *Nozoki Karakouri Yoshitsouné Yama iri.* EXPÉDITION DE YOSHITSOUNÉ A LA MONTAGNE VUE DANS LA BOITE A SPECTACLE (2 volumes). Texte de Ikoujimonaï (propre à rien) et illustration de Shunrô. Cet Ikoujimonaï pourrait bien être Hokousaï.

En 1785 Hokousaï publie deux livres jaunes où il

n'est pas parlé du texte, et où seulement est annoncé que l'illustration est de Shunrô. Ce sont : 1° *Onnén Oujino Hotaroubi*, TRANSFORMATION DE LA HAINE EN FEU DES·LUCIOLES DE OUJI (3 volumes). — 2° *Oya Yuzouri Hanano Kômiô* L'HÉRITAGE DU PARENT, LA GLOIRE DU NEZ (3 volumes). Dans ce dernier ouvrage Shunrô devient Goummatei.

Oui, en ces premiers temps, souvent Hokousaï est à la fois l'illustrateur et l'écrivain du roman qu'il publie, et sa littérature est goûtée, grâce à des observations intimes de la vie japonaise, est même parfois attribuée, comme on l'a vu pour son premier roman, à des romanciers de la réputation de Kiôdén. Selon Hayashi, la littérature du peintre a un autre mérite : l'esprit railleur de l'artiste en aurait fait un parodiste de la littérature de ses contemporains, de leur style, de leurs procédés, et surtout de l'entassement des aventures, et du méli-mélo des bonshommes modernes en contact avec des personnages du XII° et du XIV° siècle, et ce serait très sensible dans LES COURRIERS DE KAMAKOURA, où il aurait employé, sur une légende du XVII° siècle, tous les faits fabuleux et invraisemblables de l'histoire du vieux Japon.

Ce double rôle d'écrivain et de dessinateur ne dure guère que jusqu'en 1804, où il n'est plus que peintre.

IV

En cette année 1789, où le jeune peintre a vingt-six ans, une circonstance particulière le fait quitter l'atelier de Katsoukawa. Il avait peint une affiche d'un marchand d'estampes, et le marchand en avait été si satisfait et si glorieux qu'il l'avait fait richement encadrer et placer devant sa boutique, lorsqu'un jour passe devant la boutique un camarade d'atelier, d'une réception plus ancienne que lui, et qui trouve l'affiche mauvaise, et la déchire pour sauver l'honneur de l'atelier Shunshô. De là une dispute entre l'ancien et le nouvel élève, à la suite de laquelle il quitte l'atelier avec la résolution de ne plus s'inspirer que de lui-même, de devenir un peintre indépendant des écoles qui l'ont précédé et, en ce pays où les artistes semblent changer de noms presque autant que d'habits, il abandonne la signature de Katsoukawa pour prendre la signature de Mougoura, qui signifie *buisson*, et disait au public que le peintre portant ce nouveau nom n'appartenait à aucun atelier. Et, secouant complètement le joug du style de Katsoukawa, les dessins signés Mougoura sont plus libres, plus vus sous une optique personnelle.

V

En 1786 Hokousaï publie le *Zénzèn Taïkeiki*, un fragment de l'histoire de Minamoto, où commencent à apparaître chez le jeune dessinateur les chevauchées terribles, les corps à corps homicides de son œuvre future.

En 1792 Hokousaï, toujours sous le nom de Shunrô, illustre un Conte pour les enfants de Kiôdén, se rapportant à la légende de Momotaro où ses dessins, mettant de la vie humaine sous des figurations d'animaux, ont quelque chose des Scènes de la vie privée des animaux de Grandville.

Une méchante vieille femme, au visage *aigre comme du vinaigre,* surprenant un moineau qui mangeait l'empois préparé pour empeser du linge, lui coupe la langue, et c'est une envolée comique des moineaux fuyant à tire-d'aile dans une bousculade de peur.

Mais, à côté de la méchante femme, il y a un bon ménage qui aimait ce moineau, et le mari et la femme s'en vont criant dans les champs et les bois : « Qui a vu le moineau à la langue coupée? Cher petit moineau, qu'es-tu devenu ? » Enfin ils trouvèrent le pauvre petit blessé dans la maison des moineaux où la mère avait déjà pansé la langue de son enfant et où il était soigné avec amour par ses frères et sœurs. Oh ! l'aimable accueil fait à ces bons vieux : le père leur dansa la *Souzoumé odo-ri,* la vraie danse des moineaux et, quand ils partirent, on leur apporta une boîte dans laquelle ils trouvèrent, à leur rentrée à la maison, un marteau, un marteau dont chaque coup miraculeux faisait tomber une pièce d'or.

Or, la méchante voisine avait vu cela par la fenêtre. Elle obtient d'être invitée par les moineaux, se fait donner par eux une boîte dont sort, lorsqu'elle soulève le couvercle, une collection de monstres cornus qui la mettent en pièces.

Par contre, la bonne femme trouve encore la pêche d'où sort Momotaro, le conquérant du royaume des monstres.

En 1793 Hokousaï illustre *Himpoukou riôdô dôt-chúki,* La Route de la Richesse et de la Pauvreté, un curieux livre dont le texte est de Kiôdén, et qui est, côte à côte, l'exposition de deux vies comme aimait à les représenter le peintre Hogarth.

La première planche représente le lavage de l'enfant pauvre par le père, près du lit de la femme couchée, tandis que la planche, en contre-partie, nous montre le lavage de l'enfant riche sous les yeux du médecin, de la sage-femme, des servantes.

Arrive pour le jeune riche et le jeune pauvre, à quinze ans, le *guén boukou*, la majorité, l'entrée dans la vie de l'homme, indiquée là-bas par le rasement du front et qui, chez le riche, est fait par un grand personnage, chez le pauvre par sa mère.

Et ici commencent vraiment les deux routes : la route du riche dans son norimon au milieu de ses serviteurs, la route du pauvre où il est tout seul et mal vêtu sous la pluie; la route du riche dans des paysages d'arbres à fleurs, tenant sa pensée dans les beautés de la peinture, la route du pauvre dans des paysages désolés, au milieu des montagnes, comme cette montagne près de Kiôto où les excavations forment comme le mot père, près de rochers comme ceux d'Isé, semblables aux mamelles desséchées de la mère du pauvre, peuplant sa pensée du souvenir de leurs privations.

Et les allégories continuent. C'est pour le riche la réception dans une auberge par de charmantes *mousmés* avec, dans le lointain, des lignes de paysages formant ainsi que des armoiries des femmes du Yoshiwara, tandis que le pauvre, qui est entré dans le commerce, passe sur un pont qui est un *soroban* (une machine à compter), se trouve sous des temples aux tours faites de pièces de monnaie, près d'une pagode au toit couvert d'un livre de caisse, et fait la rude route de sa vie *en allumant le bout de ses ongles*, ce qui veut dire en japonais : en supportant d'atroces souffrances.

Et, à la fin des deux routes, le pauvre devenu riche, monté sur un cheval traîné par un singe, — la volonté menée par l'intelligence, — rencontre tout dépenaillé le riche honteux de se trouver sur son chemin, tandis que disparaissent dans le lointain, sous des haillons de mendiants, deux de ses familiers au temps de sa richesse.

Et, comme apothéose du pauvre, la dernière planche le montre adossé à des caisses d'or surmontées de bouteilles de saké.

En 1794 Hokousaï, sous le nom de Tokitarô Kakô, illustre *Mousoumé no Tomo zouna*, LE CORDON D'UNE FILLE, petit livre dont le texte est de Kiorori.

Une histoire assez obscure, où se voit une jeune fille achetant un journal dont la lecture lui fait quitter la maison qu'elle habite, après avoir laissé une lettre qui met en larmes l'homme et la femme de la maison. En route, elle est attaquée par de mauvais samouraïs, et délivrée par un passant qui lui donne l'hospitalité. Elle serait partie dans l'idée de venger son père qui aurait été assassiné. Puis, au moment où elle va tuer l'assassin, elle apprend qu'il est le père de son sauveur, amoureux d'elle. Et Hokousaï la représente lâchant sa chevelure qu'elle tient dans sa main, prête à le tuer, et se contentant de lui faire perdre sa qualité de guerrier.

Peut-être cette année, ou les années qui suivent, paraît *Seïrô niwaka zénseï asobi*, FÊTE IMPROVISÉE AU QUARTIER DES MAISONS VERTES, une série d'estampes en couleur, réunies en un album, montrant le Carnaval des rues du Yoshiwara où l'on voit des femmes théâtralement costumées et couronnées de chapeaux de fleurs, exécutant des danses, jouant de petites scènes dramatiques, représentant des revues de l'année.

En 1795 Hokousaï, alors dit Shunrô, change encore une fois de nom, prend la succession de l'atelier de Tawaraya Sôri de l'école de Sôtat-sou, et signe Sôri.

C'est l'époque où il met au jour ces innombrables séries de merveilleux sourimonos.

VI

Les sourimonos, les impressions moelleuses où la couleur et le dessin semblent tendrement bus par la soie du papier japonais, et qui sont ces images à la tonalité si joliment adoucie, si artistement perdue, si délavée, de colorations pareilles aux nuages à peine teintés que fait le barbotage d'un pinceau chargé de couleur dans l'eau d'un verre, ces images qui, par le soyeux du papier, la qualité des couleurs, le soin du tirage et des rehauts d'or et d'argent, et encore par ce complément du *gaufrage* — obtenu, le croirait-on, par l'appuiement du coude nu de l'ouvrier sur le papier, — ces images n'ayant rien de similaire dans la gravure d'aucun peuple de la terre, font une grande partie de l'œuvre d'Hokousaï.

Ces impressions, dont le nom vient de *souri* (empreinte prise au moyen d'un frottement), et *mono* (chose), ne sont point faites pour le commerce. C'est une carte du Jour de l'An qu'on offrait à un petit nombre d'amis, c'est un programme de concert, c'est la commémoration d'une fête en l'honneur d'un lettré, d'un artiste mort ou vivant.

1793

Le premier sourimono qu'on connaît d'Hokousaï est à la date de 1793, avec la signature de *Mougoura Shunrô*. Il représente un jeune marchand d'eau fraîche, assis sur le bâton qui lui sert à porter ses deux barillets, à côté d'un petit dressoir où sont des pots de sucre, des bols de porcelaine, des bols de métal.

Ce sourimono porte, au dos, le programme d'un concert organisé au mois de juillet pour faire connaître le changement de nom d'un musicien, avec les noms des exécutants et avec l'invitation suivante qu'il est peut-être bon de donner :

« Malgré la grande chaleur, j'espère que vous êtes en bonne santé, et je viens vous informer que mon nom est changé, grâce à mon succès près du public, et que, pour célébrer l'inauguration de mon nouveau nom, le quatrième jour du mois prochain, j'organise un concert chez Kiôya de Riôgokou, avec le concours de tous mes élèves, un concert de dix heures du matin jusqu'à quatre heures du soir, et qu'il fasse beau ou pluie, je compte sur l'honneur de votre visite.

« TOKIWAZOU MOZITAYU. »

1794

En 1794, on connaît de Hokousaï quelques petites feuilles pour le Jour de l'An, de la grandeur de nos cartes à jouer.

1795

En 1795, des sourimonos de femmes mêlés à des sourimonos d'objets intimes, comme celui-ci, où se voient
accrochés à une grille une serviette brodée, un sac de
son, un parapluie, objets indiquant, que la maîtresse
de la maison vient de prendre un bain.

Ces sourimonos sont signés Hishikawa Sôri, ou simplement Sôri.

1796

En 1796, un assez grand nombre de sourimonos dont
les plus remarquables, deux longues bandes, sont une
réunion d'hommes et de femmes sur ces tables-lits aux
pieds plongeant dans la rivière, et sur lesquelles on
prend le frais, le soir.

1797

En 1797, des sourimonos tirés de la reproduction
d'objets de la vie familière, comme des enveloppes de
paquets de parfums avec une branche fleurie de prunier; des sourimonos où il y a une femme riant du
kami Fokorokou auquel elle a mis une cocotte en papier sur le crâne; ce sourimono où se voit un bateau
dans lequel il y a un montreur de singe; et toute une
série de sourimonos d'ironies contre les dieux de là-bas,
sur papier jaune, avec coloration des sujets en violet et
en vert.

En cette année qui, dans l'almanach japonais, est
une année sous le signe du serpent, un joli petit souri-

mono représentant une femme que la vue d'un serpent
a fait tomber sur le dos, une jambe en l'air.

Puis des bandes de grands sourimonos où se voient
des promenades de femmes dans la campagne.

1798

En 1798, de nombreux sourimonos où, particularité
curieuse, le cheval revenant avec l'élément de la terre
dans le calendrier japonais, beaucoup des sourimonos
représentent un cheval, et cette représentation du cheval va dans les sourimonos jusqu'à la figuration d'une
tête de cheval faite par les doigts d'un enfant à travers
un châssis.

Ce sont : un vendeur d'un joujou marchant sur une
natte et que regardent des Japonais ; deux enfants dont
l'un fait danser, par-dessus un paravent, un pantin
que l'autre accroupi à terre contemple, les deux mains
sous le menton ; un marchand de thé devant le temple
d'Ouyéno à Yédo, avec un groupe de femmes et d'enfants ; des hommes et des femmes se déguisant en dieux
et en déesses de l'Olympe japonais ; une course de chevaux ; un grand paysage au bord de la Soumida, avec de
tous petits personnages. Puis des sourimonos de femmes :
la cérémonie du thé *Tchanoyu* entre femmes ; deux femmes lisant couchées à terre, l'une la tête penchée sur le
papier, l'autre lisant avec un joli mouvement de tête
de côté, deux femmes roulées l'une sur l'autre sur le
plancher, s'arrachant une lettre.

Et, dans ces grands sourimonos de femmes de cette
année et des années qui vont suivre, Hokousaï échappe
à la grâce mignarde, poupine, conventionnelle de ses

premières années ; il arrive dans des créatures plus amples, plus en vraie chair, à la véritable grâce féminine donnée par l'étude d'après la nature.

1799

En 1798 est apparu pour la première fois le nom d'*Hokousaï* joint à celui de Sôri. Mais ce n'est qu'au jour de l'an 1799 qu'il annonce officiellement son changement de nom, *Sôri, changé de nom en Hokousaï*. Il a cédé son nom de Sôri à son élève Sôji et, avec le nom d'Hokousaï, il prend le prénom de *Tokimasa*. Et l'année suivante, en 1800, il signe dans les premiers mois *Hokousaï précédemment Sôri* et, dans les derniers mois, *Hokousaï fou de dessin*, en japonais, Gwakiojin Hokousaï.

L'année 1799 est une année où le mouton du zodiaque est revenu dans le calendrier japonais et où nombre de sourimonos ont, dans quelque coin de la composition, cet animal. Un de ces sourimonos même représente un Japonais tenant en ses bras un mouton, et c'est peut-être une allusion à ceci. Le Japonais d'autrefois, me disait le docteur Michaut, étonné de voir les Hollandais faire la traversée du Japon sans femmes, s'était persuadé que les moutons qu'ils avaient à bord les remplaçaient, et se l'était si bien persuadé qu'à l'heure présente les Japonaises qui ont commerce avec les étrangers sont appelées par leurs compatriotes *moutons*.

Des sourimonos curieux d'industries : la marchande de poudre dentifrice en train de façonner un bout de

bois de camphrier noir pour en faire une brosse à
dents ; la fabricante de perruques et de nattes ; la rou-
leuse de la soie et sa fabrication à la campagne.

Une série de femmes en buste.

Une série de petites femmes, à la grâce tortillarde :
une femme qui balaie la neige ; une femme qui debout
plie une étoffe de sa hauteur avec une retraite du corps
du plus joli contournement.

Un sourimono représentant le plus pustuleux de
tous les crapauds.

Un grand sourimono d'une facture surprenante : un
store à moitié relevé sur une branche en fleur dont
une partie se voit obombrée à travers le tissage du
store.

1800

Une série de quinze sourimonos : L'ENFANCE DES PER-
SONNAGES HISTORIQUES.

Une série de sept sourimonos : LES SAGES DES BAMBOUS,
de vieux sages représentés par des femmes modernes.

Une série de vingt-quatre sourimonos intitulée :
PIÉTÉ FILIALE, parmi lesquels un charmant dessin d'une
femme lavant, le haut du corps nu, et dont le torse est
tout étoilé des pétales d'un prunier en fleurs secoué
par le vent au-dessus de la laveuse.

Une série des douze mois de l'année, représentés par
des femmes, où est un gracieux dessin de fillette japonaise frottant un plancher et que regarde paresseusement sa maîtresse.

Trois musiques représentées par trois musiciennes.

Une série intitulée : HUIT CHAMBRES, qui sont huit

figurations de petites femmes dont l'une, le torse nu, fait sa toilette devant un singe sur lequel elle a jeté sa robe ; le singe étant cette année le dénominateur de l'année et revenant dans un certain nombre de planches.

Une jolie petite impression représentant un miroitier repassant sur une pierre un miroir de métal, à côté d'une femme dont le visage est reflété dans le miroir qu'elle tient à la main.

Une série un peu caricaturale de sourimonos, dans le genre des *Otsouyé* : cette imagerie industrielle d'Épinal du Japon se fabriquant à Otsou près de Kiôto.

Parmi les grandes pièces, qui sont en général des bandes ayant une hauteur de 19 centimètres sur une largeur de 51 :

Tortues en marche avec leurs petits sur la carapace.

Une enceinte de lutteurs, formée de sacs de sable dans des enveloppes historiées, avec, au milieu, sur une petite table, deux bouteilles de saké destinées à être offertes aux génies du Japon, aux Kami, dans une cérémonie religieuse précédant la lutte.

L'entrée du temple Hatiman Foukagawa.

La récolte du thé dans un jardin.

La visite chez un horticulteur.

Des femmes regardant du pont Yeitaï, l'île Tsoukouda.

Trois femmes dont l'une, à l'occasion du Jour de l'An, écrit sur un paravent une pensée, dont l'autre peint un éventail, dont une troisième illustre une poésie.

Trois femmes en train de plier et de repasser une robe en plumes de paon, avec le fer japonais qui ressemble à une petite bassinoire dans laquelle est un charbon incandescent.

1801

Une série de douze petites pièces en hauteur intitulée :
UNE PAIRE DE PARAVENTS.

Une série de petites femmes modernes ayant à leurs
pieds des vieillards historiques d'autres siècles.

Quelques planches représentant des femmes faisant
jouer des marionnettes sur un petit théâtre.

Parmi les pièces séparées, des acteurs et des scènes
théâtrales, dont l'une représente Daïkokou faisant pleu-
voir des pièces d'or sur une femme puisant de l'eau.

Cette année, commencent à paraître des sourimonos
de natures mortes qui vont fournir à Hokousaï de si
originales compositions et de si admirables impressions.
Ce sont, dans les petites pièces, un canard mort et un
bol de porcelaine sur un plateau de laque ; une cage
où est un oiseau et un vase de fleurs.

Dans les grandes planches :

L'arrivée des *manzaï* dans un palais où éclate la joie
d'un groupe d'enfants qui les acclament et où, derrière
des stores, s'aperçoivent les ombres chinoises des
princesses prises de curiosité mais ne se montrant pas.

Des femmes dans un jardin, l'une s'éventant avec un
écran, l'autre poursuivant des papillons avec un filet.

Des femmes donnant la liberté à des grues, le jour de
l'anniversaire d'une mort qui leur a été à cœur.

Et, parmi ces grandes pièces, deux très beaux sourimonos :

Une énorme et noueuse branche d'un de ces vieux
pruniers appelés là-bas : *dragon couché*, toute fleurie
de rose et de blanc.

Un chapeau de femme en paille, au fond de crêpe

rouge, laissé au milieu d'une allée de jardin et dans lequel sont tombées de feuilles d'arbres.

1802

Une petite série de trois planches représentant un jeu japonais par gestes, où il y a un juge, un chasseur, un renard et où, dans une des planches, la femme fait le renard avec ses mains rapprochées de sa figure et recourbées devant elle.

Une série de douze planches donnant un simulacre des scènes des rônins par des femmes et des enfants.

Une série en l'honneur de la Lune représentée par des femmes, et dans laquelle rien de plus gracieux que cette petite femme, la tête renversée en arrière et d'une main retenant sur sa gorge un fichu-fanchon de crêpe noir, un *bôshi*, tout envolé autour d'elle et, de l'autre main, tenant contre son côté un parasol fermé.

Une série sur Yédo, représentée par des industries et de petits paysages.

Une série intitulée : LES DOUZE ANIMAUX DU ZODIAQUE, qui y figurent en général sous la forme de jouets entre des mains d'élégantes petites femmes.

Parmi les grandes planches :

Une promenade de femmes près d'un cours d'eau où sont entrés des enfants dont l'un élève en l'air une petite tortue qu'il vient de prendre.

Une grande langouste à la teinte rougeâtre, du savant dessin d'un naturaliste, un sourimono fait pour le Jour de l'An aux frais d'une société de vingt personnes.

Des passants dans la brume : des hommes porteurs d'instruments de travail, des femmes, des enfants.

1803

Une série de trente-six planches : Les trente-six occupations de la vie. Parmi ces compositions, une charmante impression : un petit Japonais qui apprend à écrire et dont la mère guide la main armée du pinceau.

Une autre série de cinq planches : Les Cinq forces, figurées par des femmes.

Une autre série de dix planches : Les cinq chevaliers élégants : les cinq chevaliers élégants toujours représentés par des femmes.

Une série de sept planches : Les sept Komati, les sept périodes de la vie de la poétesse. Cette poétesse à la vie accidentée et si populaire au Japon, eut un moment l'ambition de devenir la maîtresse de l'Empereur, en même temps qu'un sentiment tendre pour un seigneur lettré de la cour, nommé Foukakousa-no-Shôshô, avec lequel on raconte qu'elle fit le pacte suivant. Il viendrait causer avec elle amour et poésie quatre-vingt-dix-neuf nuits, et, à la centième nuit, elle lui appartiendrait. L'amoureux remplit les conditions imposées par la poétesse mais, à sa sortie de chez elle, la quatre-vingt-dix-neuvième nuit, — c'était par un hiver très froid, — il fut gelé. Au Japon une femme et un homme ont la réputation d'être morts vierges : la femme c'est Komati, l'homme c'est Bénkéi.

Parmi les grandes planches :

La danse d'une jeune fille avec un double parasol dans un palais où, derrière un store, est l'orchestre et derrière un autre store sont les princesses.

Des scènes de théâtre, entre autres Kintoki et sa mère.

Quelques sourimonos dans la facture un peu brutale

des sourimonos de Kiôto, parmi lesquels une cantine en laque sur son tapis rouge, surmontée d'une branche de cerisier en fleurs.

1804

Une série intitulée : LES DOUZE MOIS DE L'ANNÉE. Rappelons une fois pour toutes que, sous tous ces titres, ce sont toujours de petits dessins de femmes.

Une série sans titre, et sans doute de dix, représentant les femmes de différentes classes : la femme de la noblesse, la grande courtisane, la *yotaka*, l'oiseau de nuit, raccrochant autour des chantiers et des entrepôts.

Une série d'une dizaine de planches : CONTEMPLATION DES BELLES VUES DE YÉDO.

Une série de dix planches ayant pour titre : LES DIX ÉLÉMENTS.

Dans les planches parues séparément, un jeu de jeune fille où l'on prononce des noms d'animaux et où l'on pince le dessus de la main de celle qui se trompe, — et des branches d'arbustes fleuris sur un papier ressemblant à notre basin, — et une curieuse nature morte rappelant un peu la simplicité des sujets traités par Chardin : sur des feuilles de bambou une tranche de saumon et une tranche de katsouô, un autre poisson très estimé des Japonais.

Parmi les grandes planches :

La cour du temple Ohji, avec son concours de monde.

La maison de thé d'été, provisoirement établie sur une route, où la mousmé remplit la tasse de thé d'un voyageur sur un banc ; à la porte, une femme à cheval et un garçonnet se rafraîchissant.

La coulisse d'une représentation dans un palais : l'ouverture du manuscrit de la pièce, les apprêts de la toilette des acteurs, les essais des instruments.

Cette année, étant sous le signe zodiacal du rat, un sourimono du Jour de l'An représente un énorme rat en neige, auquel un peintre peint l'œil dans un attroupement d'hommes et de femmes.

L'année 1804 est l'année où Hokousaï a publié un nombre de sourimonos tel que Hayashi dit que personne ne pourrait en publier le catalogue complet.

A ce catalogue de sourimonos, qui me sont presque entièrement fournis par la collection de Hayashi, et un rien par la mienne, je voudrais joindre quelques-uns des plus beaux, des plus originaux parmi les grands, parmi ceux qui mesurent comme largeur 50 centimètres sur 18 de hauteur, et qui se trouvent dans les autres collections.

Et, tout d'abord, je citerai parmi ceux de la collection Manzi, qui sont en grandissime nombre, et tous hors ligne, comme beauté d'épreuves :

Un vol de sept grues sur le rouge d'un soleil couchant.

Un prunier en fleurs, au pied duquel sont deux faisans, et dont les rameaux s'étendant sur une rivière laissent voir sous la verdure fleurie la perspective de deux bateaux.

Trois femmes agenouillées au bord d'une baie, le regard à la mer, pendant qu'une servante souffle avec le vent d'un écran le feu d'un réchaud sur lequel chauffe le saké.

Au-dessus de la neige d'un cerisier tout fleuri, le vol de deux hirondelles au col rouge. Rien ne peut donner une idée de la douceur de cette planche et, dans le nuage

de l'impression, le charme effacé de ces fleurs, où presque
un imperceptible gaufrage détache les pistils.

Je citerai parmi les sourimonos de la collection de
M. Gonse :

Un bouquet d'arbres sur une rivière, et la devanture
d'un intérieur de maison où deux hommes travaillent
à la fabrication de poupées. Ce serait l'habitation de
Toyokouni, le voisin d'Hokousaï, dans le Katsoushika,
en le temps où Toyokouni n'était pas encore peintre,
mais fabricateur de poupées.

Un paysage tout blanc, tout rose, qui par la floraison
des arbres fruitiers est comme le jaillissement du printemps dans un paysage d'hiver.

Je citerai parmi les sourimonos de M. Vever :

La promenade, dans un temple, de Japonais et de
Japonaises examinant les tableaux accrochés au mur,
et où est représenté un groupe de deux Japonais
arrêtés devant un kakémono, dont l'un regarde la
peinture et l'autre regarde les femmes.

Un Japonais dans une « Maison Verte » en train de
fumer. Sa maîtresse, à côté de lui, fait essayer, pour
l'amusement de son amant, un pas de danse à sa
kamouro, à sa fillette de service, dont un maître de
danse, agenouillé devant elle, guide les mouvements.

Je citerai, dans le format moyen, parmi les sourimonos de M. Haviland :

Un dieu du tonnerre se précipitant au milieu des
éclairs dans le bain d'une femme à moitié déshabillée;
un lutteur ou un kami, dont une femme remplit de
saké la coupe, une coupe grande comme un plat,
tandis que deux autres femmes accroupies à ses pieds
rient de sa grosse bedaine poilue, prenant l'air.

Dans les grandes bandes :

Une vue de la Soumida couverte de bateaux.

Des tisseuses de soie, au métier établi en pleine campagne, et dont l'une se voit à travers les fils d'un compartiment du métier.

De petits Japonais jouant auprès d'un pont. Impression signée : *Gwakiôjin Hokousaï, en état d'ivresse*.

Citons en dernier lieu, dans la collection de M. Chialiva :

Un sourimono unique, le plus grand sourimono qu'on connaisse (L. 100) et qui représente un pont dans le genre du grand pont de la Soumida d'Outamaro et où, dans un personnage de profil, au petit bonnet noir, à la robe bleuâtre, on croit reconnaître Hokousaï. C'est, sur ce pont, des promeneurs et des promeneuses dans une halte de repos et de contemplation. Il y a un groupe de trois femmes dont la tête penchée de l'une en dehors de la balustrade, regarde dans la rivière; un autre groupe d'hommes est en train de disserter; un Japonais, qui a accroché à une traverse une branche d'arbuste fleuri, est à demi couché sur la barrière tandis qu'au bout du pont une femme cause avec une amie, les deux mains appuyées contre la rampe dans une attitude charmante de vérité.

Ce sourimono qui est la réunion de deux grands sourimonos est signé : *Hokousaï Sôri*.

VII

Mais revenons en arrière; revenons à ces années où, en même temps que Hokousaï publie de nombreux sourimonos, il illustre un certain nombre d'ouvrages.

En 1797, paraît *Hatsou Wakana*, LES PRIMEURS DES LÉGUMES VERTS.

Un volume rarissime, illustré en tout d'une seule planche d'Hokousaï, qui signe : *Hokousaï Sori changé de nom*.

Une paysanne en train de cueillir des herbes, à laquelle un enfant indique que le soleil se couche, et qui se retourne une main devant les yeux.

La même année paraît : *Yanaghi-no-ilo*, CORDELETTES DU SAULE PLEUREUR, un volume de poésies, dont l'illustration était due à Yeshi, Kitao Shighémasa, et à Hokousaï, qui représente la rive de la mer, à Yénoshima, où déferle une grosse vague, une planche qui a le doux coloriage et le joli gaufrage d'un sourimono.

La même année paraît *Shunkiô-jô*, DISTRACTIONS DU PRINTEMPS, un volume de poésies dont Hayashi n'a jamais rencontré qu'un seul exemplaire, un volume aux nuances douces, amorties des planches, annonçant une publication faite par une société d'amateurs.

Une impression charmante est la planche en couleur où Hokousaï a représenté une collation dans la campagne, et où des femmes s'amusent à faire flotter sur un cours d'eau des coupes à saké, et l'homme auquel le courant l'apporte est obligé d'improviser une phrase poétique, sous peine, s'il ne peut l'improviser, de boire trois coupes.

La même année paraît encore *Sandara Kasoumi*, LA BRUME DE LA CAMPAGNE, un volume fait en collaboration avec Shighémasa et Tsoukané.

La planche qu'Hokousaï signe *Hokousaï Sôri* nous fait voir une habitation de la campagne dont sort une

paysanne, un enfant à la main, un autre enfant lié
sur son dos par sa ceinture, tandis que dans le fond
arrivent des femmes de la ville suivies d'un porteur.

Des roses, des gris, des jaunes, qui sont comme l'aube
de ces couleurs, et au milieu desquelles éclate le rouge
de la robe de l'enfant que la paysanne tient par la
main.

VIII

En 1798, paraît *Dan tôka*, Chansons de danse pour
hommes [1].

Un volume de poésies où collaborent les dessinateurs
Yékighi, Tôrin, Yeishi, Shighémasa, Outamaro, Hokousaï : chaque artiste apportant le dessin d'une planche.

Une impression très soignée ressemblant à de la
vraie aquarelle, avec le marron comme couleur domi-
nante dans les robes des femmes.

La même année Hokousaï publie, sous la signature
Kakô, l'Histoire naturelle des Monstres, *Wakémono
Yamato Honzô*, dont le texte était donné par Kiôdén.

Un livre aux allusions ironiques, sans doute à propos
de la publication d'un sérieux ouvrage sur l'histoire
naturelle, et où l'imagination du dessinateur se donne
toute liberté dans la création de ses monstres, les faisant,
tour à tour, ridicules ou terribles. C'est dans l'effroi de
femmes se cachant la figure, d'hommes couchés à
terre, un monstre aux ailes de toile d'araignée, à la

---

1. Le titre est trompeur, car le volume ne contient que des
poésies qui ne peuvent pas se chanter.

queue formée par le déroulement d'une lettre japonaise,
à la tête faite par des besicles jouant l'appareil visuel
de la libellule ; c'est une tête de femme flottant sur l'eau,
dont les épingles de la chevelure lui donnent l'aspect
d'un crabe ; c'est un arbre dont les feuilles sont des
pièces d'or ; c'est un oiseau à deux têtes, un dessin
faisant revivre la légende des deux oiseaux si amoureux
l'un de l'autre qu'ils semblaient ne faire qu'un oiseau.

IX

En ces années, en cette fin du xviii° siècle, le talent
d'Hokousaï n'a pas seulement fait sa popularité chez ses
compatriotes, ce talent commençait à être apprécié par
les Hollandais faisant leur visite d'office, tous les cinq
ans, à Yédo, et l'un d'eux, que l'on croit être le capitaine Isbert Hemmel, avait eu l'intelligente idée de
rapporter en Europe deux rouleaux dus au pinceau de
l'illustre maître, représentant, le premier, tous les épisodes de l'existence d'un Japonais depuis sa naissance
jusqu'à sa mort, le second, tous les épisodes de l'existence d'une Japonaise, également depuis sa naissance
jusqu'à sa mort.

Le prix convenu de ce curieux historique de la vie
japonaise était de 150 rios d'or (le rio d'or vaut une
livre sterling). Et Hokousaï recevait du médecin hollandais attaché à l'expédition une commande d'un
double des deux rouleaux.

Hokousaï apporta tous ses soins et sa science à la confection des quatre rouleaux, terminés au moment du
départ des Hollandais. Et, quand Hokousaï livra ces

rouleaux, le capitaine, très enchanté, lui remit l'argent convenu, mais le médecin, sous prétexte qu'il avait un traitement inférieur à celui du capitaine, ne voulut payer que la moitié du prix. A quoi Hokousaï se refusa, aussi bien qu'à lui laisser un rouleau à 75 rios.

Mais la somme que le peintre devait toucher était déjà escomptée pour payer des dettes, et la femme d'Hokousaï lui reprochant de n'avoir pas cédé un rouleau au médecin, dont les 75 rios auraient sauvé le ménage de la grande misère, Hokousaï laissant parler sa femme, après un long silence, lui disait qu'il ne se faisait aucune illusion sur la misère qui les attendait, mais qu'il ne pouvait supporter le manque de parole d'un étranger les traitant avec si peu d'égards, ajoutant : « J'ai préféré la misère à un *piétinement* (humiliation). »

Le capitaine, mis au fait du procédé du médecin, envoyait son interprète avec l'argent et faisait prendre les deux rouleaux commandés par le médecin.

Maintenant, sont-ils arrivés en Europe ces quatre rouleaux ? Le capitaine Isbert Hemmel mourait en 1798, dans la traversée de Yédo à Nagasaki. Ce qu'il y a de certain, c'est qu'ils ne sont pas au musée de la Haye, dont M. Gonse a fait une étude.

Hokousaï continua de vendre un certain nombre de dessins aux Hollandais, jusqu'au jour, où il lui fut interdit de livrer aux étrangers les détails de la vie intime des Japonais.

X

Si vraiment il a été versé 300 rios d'or à Hokousaï par le capitaine hollandais, Isbert Hemmel, pour les quatre makimonos sur la vie japonaise, je crois bien que c'est la seule fois où sa peinture a été richement payée, car ses dessins pour l'illustration des livres — le revenu le plus clair de l'artiste, — sont misérablement rétribués par les éditeurs, et au moment où l'artiste jouit de toute sa célébrité. Je donnerai, comme preuve, ce fragment d'une lettre, adressée en 1836, d'Ouraga, à l'éditeur Kobayashi.

. . . .

Je vous envoie trois feuilles et demie des Poésies de l'époque des Thang. Sur 42 mommés (le mommé vaut 10 sous), *que j'ai à toucher, retranchez un mommé et demi que je vous dois; et veuillez remettre le reste, 40 mommés et demi, au porteur de la lettre.*

D'après cette lettre, ça mettrait le payement des dessins d'Hokousaï de six à huit francs.

Et il se conserverait au Japon des billets où Hokousaï empruntait de misérables sommes pour le payement des choses de la vie journalière, près des fruitiers, des marchands de poissons. et c'est ainsi que j'entendais conter à M. Bing que, parmi les documents qu'il avait réunis sur Hokousaï, il existait la demande par le peintre à un éditeur d'un emprunt d'un riô (25 francs), le priant de lui payer ces 25 francs dans la plus petite monnaie possible, afin de solder ses infimes dettes criardes près des fournisseurs de son quartier.

Oui, ainsi que le témoigne une autre lettre, où Hokousaï se plaint de n'avoir qu'une robe pour défendre son vieux corps de 76 ans contre le froid d'un hiver rigoureux, l'artiste a vécu, toute sa vie, dans une misère noire, par suite des bas prix payés au Japon par les éditeurs aux artistes, et l'effet d'une indépendance d'es-

prit qui lui faisait accepter seulement le travail qui lui
plaisait, et aussi à l'occasion des dettes qu'il eut à payer
pour son fils Tominosouké et son petit-fils, né de sa fille
Omiyo, — du reste tirant une espèce de vanité de cette
pauvreté.

XI

En 1799 Hokousaï publie *Azouma Asobi*, PROMENADE
DE L'EST (Promenade de la capitale de l'Est, qui est Yédo),
un volume en noir, republié en trois volumes en couleur,
l'année 1802.

Des intérieurs de ville et des paysages vilainement
coupés de langues de nuages rouges, couleur de soleil
couchant, dissimulant tout ce que l'artiste ne trouve pas
d'intérêt à dessiner, procédé qu'abandonna plus tard
Hokousaï.

Dans le premier volume : la vue intéressante du temple
sinthoïste Shimméi avec sa sobre architecture, et le pont
de Nihon-bashi avec la foule grouillante qui l'emplit
tout le jour.

Dans le second volume : une boutique de *nori*, la
plante marine comestible dont il se fait au Japon une
grande consommation ; une maison de thé où se tient
sur la porte une *guésha*; une rue du quartier marchand
de Sourouga-tcbô ; une boutique de poupées à Jikkendana,
avant la fête des filles, avec les pyramides des caisses, le
petit monde de ses vendeuses, la queue interminable des
acheteurs allant jusqu'au bout de la rue ; une teinturerie
à la porte de laquelle un teinturier tend ses étoffes ; une
tuilerie; l'hôtel des Hollandais, Nagasakiya, devant

lequel un rassemblement de curieux regarde trois habitants de l'hôtel à une fenêtre; la boutique du libraire Tsoutaya, l'éditeur d'Outamaro, avec sa marque faite d'une feuille de vigne vierge surmontée du pic de Fouziyama, sur une lanterne, et ses piles d'images, et ses commis en train de faire des rangements, et l'annonce de ses albums nouveaux sur les planches de bois de la devanture.

Dans le troisième volume : la cour du temple Asakousa emplie de la presse des acheteurs et des acheteuses devant les petites boutiques de la cour ; un atelier d'armurier où un ouvrier martèle une pièce et où sont suspendus une selle, des étriers, des gants pour l'escrime du sabre.

XII

Avec les livres et les sourimonos mis au jour par Hokousaï depuis 1778 jusqu'à la fin du siècle, il est de toute nécessité de cataloguer les planches publiées séparément par l'artiste pendant ces vingt années.

D'abord, dans ces planches publiées séparément, — quoique souvent réunies en albums, — ce sont vers 1778, avons-nous déjà dit, des impressions d'acteurs ressemblant tout à fait à des Shunshô, et tirées dans des tons jaunes avec un rien de coloration rosâtre, d'une harmonie un peu triste.

Et parmi les rarissimes estampes de ces années, il y a un Kintoki entre un singe et un chien portant son coffre; un petit Japonnais riant d'un pêcheur auquel une pieuvre s'est attachée; des têtes caricaturales destinées à être découpées pour l'amusement des enfants ; des promenades de Japonaises dans des campagnes désagréablement coupées par ces nuages rouges qui sont des imitations malheureuses des bandes de poudre dorée des anciens rouleaux. Au fond, des reproductions assez grossières de dessins que ne recommande pas encore aux éditeurs un nom connu.

Vers 1793, une belle planche représentant le corps à corps de deux lutteurs aux anatomies éléphantines.

Dans les années suivantes, un *bateau de bonheur* sur lequel l'Olympe japonais pêche à la ligne ; deux diptyques, l'un représentant une procession d'enfants, l'autre, une réunion d'enfants dessinant d'après des images ; un triptyque de l'attaque du château de Kôzouké par les ronins.

Parmi ces compositions, un dessin tout à fait capital, signé *Shunrô*, et où s'annonce la maîtrise future de l'artiste. Un dessin, où Kintoki est représenté une main autour du cou d'un ours, un aigle sur l'épaule, et où le corps couleur de brique de l'enfant herculéen, entre le noir de l'aigle et le fauve de l'ours, fait de la coloration toute-puissante.

Une autre impression d'un grand caractère, représentant l'impératrice Dakki qui, d'après une légende japonaise, serait un *renard à neuf queues* : cette impératrice ayant le goût du sang, faisant ouvrir le ventre des femmes enceintes, et que l'on voit à une fenêtre, regardant un enfant qu'un bourreau tient suspendu en l'air par le collet de sa robe, prêt à lui couper la tête avec son sabre.

Une autre impression vous montre la déesse du Soleil, née du mariage de Isanagui et de Izanami, les

premières divinités mâles et femelles créatrices du
Japon, retirée dans la grotte fermée par un immense
rocher, et laissant le ciel et la terre plongés dans les
ténèbres au moment où le dieu Tatikara, *aux bras
puissants*, va la tirer, charmée qu'elle est par le chant
d'Ousoumé, va la tirer hors de sa grotte.

En 1796 Hokousaï apprend la perspective de Shiba
Kôkan, qui la tenait des Hollandais, et cette étude
amène, cette année, la publication d'une suite de
douze paysages qui ont, sous le pinceau du maître
japonais, comme un sentiment hollandais, et où Hokousaï signe son nom horizontalement, ainsi que dans
l'écriture de l'Europe.

De cette série qui renferme la première idée de « la
Vague », M. Mauzi possède un tirage extraordinaire
qui a l'air d'une suite d'aquarelles tirée sur un papier
torchon.

Vers cette époque Hokousaï publie encore une série
de huit feuilles représentant huit vues du lac Biwa,
dans une teinte de grisaille violacée où bien certainement existe une influence européenne.

Ici il faut énumérer les séries de Tôkaïdô, la route
principale reliant Yédo à Kiôto, et qui traverse les villes
servant de stations. De là le nom des 53 *stations* qui,
ajoutant celles de Yédo et Kiôto, forme une suite de
55 planches.

On compte cinq séries, car cette route de Tôkaïdô a
été un des sujets préférés par le pinceau d'Hokousaï
qui, d'après Hayashi, en aurait dessiné quatre avant
1800.

Une première série est du format in-4 en largeur avec
un médaillon :

De petits croquetons spirituels.

Une deuxième série également du format in-4 en largeur, tirée sur le papier des sourimonos, et où, comme ton, domine le bistre.

Une jolie impression : un enfant faisant du trapèze à la branche d'une ancre.

Une troisième série d'un petit format carré et où Yédo et Kiôto font des diptyques.

Coloriage d'une publication à bon marché.

Une quatrième série in-12 en hauteur. De beaux dessins anatomiques.

Une cinquième série de format in-12, tirée en sourimono, et qui a paru seulement en 1801.

Dans cette série il y a sept planches en format double et en largeur. Série d'une grande finesse dans le trait et d'une remarquable douceur de couleur.

Deux planches charmantes : une femme se coiffant accroupie à terre et tenant d'une main derrière elle sa natte qu'elle peigne de l'autre, tout en se regardant dans un miroir ; et une femme faisant du filet, qui se retourne dans sa marche vers un petit enfant se traînant derrière elle, attaché par une corde à sa robe.

Il y a encore des séries de paysages.

La série des six Tamagawa, série de six paysages d'un faire un peu brutal.

Une seconde série des six Tamagawa, avec le médaillon.

Une série des trois Soirées, série de trois petits paysages animés par des promenades de femmes.

Une grande vue panoramique des deux rives de la Soumida (H. 25, L. 65), aux maisons et aux arbres minuscules, commençant à la fin d'un pont qui réunit les deux rives, et où se voit dans le haut du ciel un imperceptible cerf-volant.

Et sans doute il existe d'autres, bien d'autres de ces feuilles de paysages séparées, que peut-être la publicité donnée au nom d'Hokousaï fera retrouver au Japon ou ailleurs. Pour ma part je possède seize de ces paysages en largeur, réunis en un album qui porte sur la couverture le titre écrit à la main : *Tôto Meisho shû*, COLLECTION DES ENDROITS CÉLÈBRES DE YÉDO, ILLUSTRÉS PAR DES POÉSIES : seize feuilles au tirage le plus rapproché des sourimonos et qui ont dû être publiés à la fin du dernier siècle, ou au commencement de celui-ci.

1. Le coucher du soleil sur la mer à l'embouchure de la Soumida.

2. Dans la campagne, un grand cercle en paille entre deux bambous, un cercle sacré où un prêtre fait passer les enfants d'après la croyance que ce passage évite aux enfants les épidémies.

3. Un coup de vent forçant deux femmes à ramener sur elles leurs robes enroulées dans un enveloppement plein de grâce.

4. Admiration de Japonais et de Japonaises devant les pruniers en fleurs de l'autre côté de la Soumida.

5. Terrasse de Ouyéno où un enfant laisse tomber des feuilles de papier en bas.

6. Japonais flambant le fond d'un bateau qu'il vient de construire.

7. Promenade de trois femmes de la société suivies d'un serviteur au bord de la Soumida.

8. Le grand sapin sacré du temple de Miôkén à Yanaghishima, entouré de paille.

9. Terrasse du temple d'Inari à Mimégouri, où

un Japonais porte sur ses épaules son petit garçon.

10. Maison de paysan à Sékiya, un endroit renommé pour la quantité de ses lucioles que les Japonais s'amusent à enfermer dans une petite cage de soie.

11. Deux femmes, suivies d'un serviteur porteur d'une plante et de deux bouteilles de saké, se promenant au bord de la Soumida, en vue d un grand bateau d'où un homme puise de l'eau avec un seau.

12. Jardinier arrosant des légumes à Ayasé, près d'un petit pont sur lequel sèchent des bottes de paille de riz.

12. Une femme apportant une tasse de thé à un Japonais, jouissant à l'endroit, appelé autrefois Mattiyama, de la belle vue de la rivière.

14. Une barque où sont embarquées deux Japonaises.

15. Effet de neige à Mouméwaka.

16. Et la promenade se termine, comme pas mal de promenades de Hokousaï, par la descente de deux Japonais dans une « Maison Verte » du Yoshiwara.

Parmi d'autres impressions de collections parisiennes.

Une promenade dans le Yoshiwara.

Une vue de l'entrée d'un théâtre, avec les têtes de la foule d'hommes et de femmes rassemblés pour entendre le boniment des acteurs sur l'estrade.

Des teinturières, cette composition de deux femmes coupées par une bande d'étoffe, qui a tenté successivement Outamaro, Toyokouni.

Des bûcheronnes, la tête chargée de fagots.

Une série de caricatures amusantes par le changement de place du nez, de la bouche, des yeux.

Une série de Six poètes, série de six feuilles, avec le portrait du poète accompagné d'un paysage ou d'une fleur. Imagerie un peu vulgaire.

Une représentation d'un théâtre chantant où les acteurs ne font que les gestes et où les paroles sont dites par des récitateurs aux bouches immenses.

Une planche de trois musiciennes, l'une jouant du *koto,* l'autre du *schamisén,* la dernière du *kokû* (espèce de violon).

Une planche d'une femme passant en barque sous un pont.

Une planche d'une femme se promenant sur un bœuf, dans la province de Yénoshima.

Deux planches d'hommes et de femmes, la marée retirée, pêchant avec des paniers le poisson resté dans les anfractuosités de la plage.

Une planche représentant la réunion des six poètes sur une terrasse.

La plantation du riz.

La cueillette du thé.

Une charmante impression est une impression où un amoureux joue de la flûte à la porte d'une habitation, et où l'on voit une servante, envoyée par sa maîtresse qui l'entend de son balcon, traverser le jardin et lui ouvrir la porte.

XIII

En 1800 Hokousaï publie encore un petit livre jaune, avec son titre bien japonais, *Kamado Shôgoun,* La tactique du général Fourneau, un petit livre dont les dessins et le texte sont fournis par le peintre.

Il est curieux, ce petit livre, par la figuration de l'auteur présentant son livre à l'éditeur, agenouillé, les deux mains posées à terre dans une attitude de supplication, curieux par la modestie de la préface de l'écrivain-dessinateur.

Voici à peu près la préface de ce volume, qui va être un des derniers volumes dont Hokousaï écrira le texte :

Je viens de faire un travail maladroit, si cependant, après examen, ça faisait votre affaire? Et comme je ne suis pas habitué à écrire, pour les passages non réussis, faites-les retoucher par le maître Bakin. Or, si j'ai la chance d'avoir le moindre succès cette année, je travaillerai mieux l'année prochaine.

Maintenant si l'on veut avoir une idée de la littérature du peintre, voici un bout de traduction du livre jaune :

Dans une lointaine province de l'Ouest, il y avait un grand seigneur, nommé « le grand cœur », ayant un revenu d'un million de tonnes de riz. On le surnomma Dadara Daïjin, le Seigneur Désordonné, comme grand amateur de voluptés et fort buveur de saké. Et, non content du plaisir de la chasse dans les montagnes, de la pêche dans la mer, il s'amusait à faire nager les gens avec de lourdes pierres attachées à leurs corps, ou à les faire courir, pieds nus, sur la glace ; et le monde de son entourage, il voulait qu'il fût habillé de chaude ouate, en été, et de toile claire, en hiver. Enfin il aurait fallu, pour la distraction de ce seigneur, que les poules chantassent et les roues tournassent de côté. C'est dire que l'argent et l'or étaient entre ses mains, comme l'eau de la rivière.

Or, il se trouvait dans la province voisine un autre

seigneur appelé « l'Eau de riz », habitant le château des Créanciers...

Mais ici, le traducteur s'est arrêté, déclarant que le texte, se composant, d'un bout à l'autre, de jeux de mots et d'allusions seulement compréhensibles pour des Japonais, est intraduisible en français.

XIV

La même année, en 1800, Hokousaï illustre les trois volumes de *Soumida gawa Riôgan itiran,* Coup d'œil sur les deux rives de la Soumida, un panorama des deux rives pouvant se déplier. Dans le premier volume, c'est à Takanava la vue de la baie où l'on voit contre le vieux mur des fortifications de Yédo, à la porte d'une maison de thé improvisée sous des nattes attachées à des bambous, une *mousmé* invitant les passants à se rafraîchir. Puis, en remontant la rivière, en face de l'île de Tsoukoudajima, ce sont des enfants enlevant un cerf-volant près d'un porteur de ballots de ouate, de cette ouate dont la mariée se voile le visage dans les cérémonies du mariage. A Ohhashi, une femme, à demi couchée sur un grand banc, prend le frais avec ses enfants.

Dans le second volume, voici le pont de Riôgokou, qui joint les deux rives de la Soumida, et que traverse une foule compacte au-dessus de laquelle s'élèvent les lances de l'escorte d'un daïmio. Plus loin, à Shubino Matzou, d'élégantes femmes en bateau pêchent à la ligne, avec des hameçons en forme de tridents. A Ohkavabashi, un saltimbanque fait des tours de force devant des enfants.

Dans le troisième volume, c'est la toiture élancée du temple d'Asakousa dans une nuée volante de corbeaux. Plus loin, toujours en remontant la rivière, nous sommes sur la colline Mattiyama d'où l'on découvre la campagne paysanne et maraîchère de Katsoushika. Enfin nous voilà à Invinado, le quartier de la tuile et de la céramique. Là, nous abandonnons la Soumida, et Hokousaï nous mène à l'entrée du Yoshiwara et nous promène devant les maisons aux grilles de bois, et dans les rues tout égayées de la musique des flûtes et des tambourins, la veille du Jour de l'An.

Car ce spectacle des deux rives de la Soumida, Hokousaï le commence au printemps d'une année et l'achève à la fin de cette année.

XV

En 1801 Hokousaï, qui quitte la signature Shunrô pour prendre la signature Goummateï, publie :

Un Téngou tombé du haut de son nez dans le monde bête d'ici-bas, un petit livre fantaisiste dont le texte est de Jakouseï. C'est l'histoire d'un de ces esprits aériens, de ces génies bons ou mauvais à l'interminable nez pointu, aux ailes de chauve-souris, si souvent représentés dans les albums japonais.

Du haut du ciel, un Téngou aperçoit une Japonaise, en devient amoureux, descend sur la terre et, tant bien que mal dissimulant son nez sous l'envolée d'un cache-nez, file le parfait amour avec elle, est réduit à vendre ses ailes à un marchand de plumes pour subvenir aux caprices de la femme, enfin tout à fait ruiné devient un vendeur de *sarasins* (de pâtes en forme de macaronis et de nouilles), tombe malade, a la vision, en un rêve, d'un acteur représenté dans un kakémono, qui a un nez comme les Téngou, obtient qu'il le soigne, le médicamente, lui fasse revenir le pouvoir mystérieux qu'il avait autrefois comme Téngou et qu'il a perdu dans le commerce de la courtisane, retourne enfin chez les Téngous, inquiets de sa disparition et qui lui ont dépêché un messager pour le ramener.

Et la dernière planche le représente écrivant les Mémoires de sa vie sur la terre.

La même année paraît le *Onna Sanjû rokkasén*, Les TRENTE-SIX POÉTESSES, illustré par Yeishi : un album renfermant peut-être les plus originales impressions en couleur existant dans les livres japonais, et au milieu d'une calligraphie jetée sur es espèces de nuages teintés des nuances du ciel, de l'aube au coucher du soleil. Et Hokousaï peint, en tête de l'album, une promenade de personnages de la cour dans la campagne.

La même année paraît encore *Hitori Hokkou*, CHACUN UNE PENSÉE, deux volumes contenant, en leurs cent pages et leurs cinquante dessins, de la littérature et des croquis de presque tous les lettrés et les artistes du temps.

Hokousaï n'a qu'un croquis, mais un croquis merveilleux : une oie sauvage, volant la tête en bas, une aile repliée, une aile éployée, les pattes rebroussées sur le ventre. C'est, pour ainsi dire, un instantané dont le cliché a été gardé au fond d'une mémoire.

XVI

Hokousaï publie, en 1802, *Isosouzou-gawa Kiôka-gourouma*. Cinquante Poètes modernes, album en couleur signé *Hokousaï Tokimasa*, où l'artiste a donné à ces poètes modernes un caractère ancien, les a comme travestis dans un carnaval archaïque. Une jolie planche est la première où les danseuses vierges d'un temple sinthoïste tournent autour d'un petit simulacre de torï-i, avec leurs couronnes en métal doré aux boules de cristal, et ayant en main des grelots, des branches de pin, de petits bâtons blancs traversés de papier portant des prières.

La même année Hokousaï publie le *Yéhon Tchûshïn goura*, Magasin des fidèles vassaux, une suite de scènes de l'histoire des 47 ronins, tirées de la pièce jouée un an après l'évènement.

Ce sont deux petits volumes en couleur, d'une exécution assez peu soignée, signés *Hokousaï Tokimasa*, ajoutant des épisodes peu connus aux épisodes connus. Ainsi la première planche vous donne la raison de la haine secrète entre le daïmio Takoumi no Kami et Kôzouké le maître de l'Étiquette près du shôgoun. Takoumi no Kami avait la garde d'un casque porté par l'aïeul du shôgoun vivant, et une planche montre la femme du daïmio le montrant dans une caisse à Kôzouké, envoyé pour l'inspecter. Dans cette entrevue Kôzouké devenait amoureux de la femme, écrivait une déclaration qu'elle traitait avec le mépris d'une honnête femme. De là sans doute la raison qui faisait mettre le sabre à la main à Takoumi no Kami contre Kozouké, dans le palais du shôgoun.

Le bruit a couru au Japon que Hokousaï n'aimait pas à dessiner les épisodes de l'histoire des 47 ronins parce qu'il était un descendant d'un vassal de Kôzouké, mais il n'en est rien : Hokousaï ayant dessiné un grand nombre de scènes de cette dramatique histoire[1].

La même année, sous le titre de *Itakoboushi*, le nom d'une chanson à la mode dans ce temps, Hokousaï illustre deux volumes consacrés à la femme japonaise et la montrant saisie sur le vif, dans tous les abandonnements de ses poses et les coquets accroupissements de son être quand une pensée amoureuse l'occupe.

La série commence par une planche vous donnant à voir une jeune femme penchée sur un papier qu'elle déroule et sur lequel elle va écrire une lettre avec le pinceau dont elle tient le bout dans sa bouche. Suivent d'autres femmes, l'une arrangeant sa chevelure avec ce gracieux mouvement où la tête est de face et où les deux bras disposent la coiffure sur le côté ; une autre, étendue à terre, une main sous le menton, lit un roman d'amour pendant qu'un enfant lui grimpe sur le dos ; une dernière, dans un affaissement désolé, pleure sur le retard d'un amoureux qu'on aperçoit au bas de l'escalier. Et des attitudes de recueillement amoureux, et des causeries sur l'amour, entre deux femmes penchées en dehors d'un balcon sur des arbustes en fleurs, et encore des confidences d'amie à amie où, étendues tout de leur long à terre, l'une contre l'autre, deux autres

---

1. En effet nous avons une série en largeur, publiée, vers 1798, signée Kakô, puis deux séries en hauteur chacune de 12 feuilles en couleur, portant toutes deux le même titre *Tchûshin-goura*, LE MAGASIN DES VASSAUX FIDÈLES, une série de 11 feuilles en largeur.

femmes réfléchissent, un moment silencieuses : l'une d'elles, dans sa préoccupation, jouant avec un bout de fil.

Mais l'une des compositions les plus intimement charmantes est celle-ci : près d'une lanterne encore allumée, qui a dû servir à la reconduite de quelqu'un, c'est le ramassement à la fois heureux et accablé de la femme que vient de quitter son amant.

La même année paraît encore un volume de poésies, sans titre, illustré par Hokousaï d'une seule planche, mais d'une planche qui est une petite merveille et qui n'est qu'une branche de prunier fleuri passant sur l'argent oxydé d'une pleine lune.

XVII

En 1803, au commencement de l'année, c'est encore un petit livre jaune que publie Hokousaï, et qui a pour titre : *Boutchôhô Sokouséki-riori*, LA CUISINE IMPROVISÉE, une histoire de ménage éditée en 3 volumes dont le peintre fournit encore une fois et l'illustration et le texte et la préface, que voici :

Cette année, vous avez bien voulu me commander un livre, mais vous savez bien que je ne suis pas habile, et ça n'a pas marché, d'autant plus que vous m'avez pressé. J'ai commencé par le dessin et, seulement après, j'ai écrit le texte, ce qui pourrait bien avoir amené du décousu dans certaines parties du livre. Toutefois, si vous trouvez l'ouvrage présentable au public, je vous serais obligé de le faire graver.

Le volume est curieux, parce qu'il traite d'une manière fantaisiste des choses de la cuisine : Du riz. — Des soupes. — Des sakés. — Du thé et des gâteaux. — Des légumes frais. —Des légumes secs. — Des crustacés. — Des œufs. — Des plats au vinaigre. — Des rôtis. — Des bouillis. — Des poissons grillés. — Des sarasin, macaroni, vermicelle.

Il est aussi question de choses qu'on ne mange pas en France, de pommes de caladium, de sésame brûlé, d'aubergine salée, d'ignames, de pieuvre, de bêche de mer, d'algues, de pousses de bambou, de racines de lotus.

Et voilà le morceau humoristique jeté par Hokousaï en tête du chapitre du saké :

S'il y a le moraliste qui dit qu'à la première coupe c'est l'homme qui boit le saké, qu'à la seconde coupe c'est le saké qui boit le saké, qu'à la troisième coupe c'est le saké qui boit l'homme, il en est d'autres moins sévères qui déclarent qu'il n'y a pas de limite pour boire du saké tant que ça n'amène pas du désordre. C'est ainsi que nous avons les gens qui avalent une grande quantité de saké pour se vanter de leur capacité, aussi bien que nous avons les gens qui se retiennent, pour vanter leur modération et proclamer qu'une petite quantité de saké est le meilleur des médicaments. Et nous avons les gens qui succombent tout de suite, et les gens qui se grisent indéfiniment. Au fond, la limite est le mal de cœur, aussi bien pour les grands buveurs que pour les apôtres de la modération. L'équilibre du buveur qui tient debout, le ventre vide de saké n'est-ce pas l'inverse de l'équilibre de la bouteille, toute droite quand elle est pleine, et qui chute à terre quand elle est vide ?

Puis Hokousaï décrit les différentes qualités des boissons fermentées, depuis l'esprit d'alcool qui brûle, jusqu'au *mirin* qui est doux comme du muscat.

La même année Hokousaï publie sous la signature de *Tokitarô Kakô* L'INVENTAIRE DES MENSONGES, *Mouna-zanyô Ousono Tana-oroshi,* un livre ironique où le texte et l'illustration, qui sont tous deux encore du peintre, semblent se moquer des affirmations mathématiques et qui pourraient bien être exagérées et aller au delà de la vérité, dans l'arpentage d'un champ, le mesurage d'un arbre, le pesage d'un éléphant. Et cela sous une forme blagueuse dont voici un échantillon, à propos d'une planche toute noire de rats : « Il est établi qu'un ménage de rats met au monde douze rats dans un mois, et au bout du douzième mois, chaque couple produisant 12 rats, il en existe 908, et la naissance continuant dans la même proportion, on arrive à la fin de la seconde année, au chiffre colossal de 27.682.574.402.

Enfin, la même année, Hokousaï illustre encore *Ada-déhon Tsoushin-mouda,* ALLUSION A LA PIÈCE DES 47 RONINS. Deux volumes contenant de petits bois sans importance.

XVIII

En 1804 paraît une publication importante d'Hokousaï, trois volumes aux images on couleur portant le titre de *Yama mata yama,* MONTAGNES ET MONTAGNES (paysages), qui sont une suite de vues prises autour de la baie de Yédo et qu'annonce ainsi la préface :

« Ceux qui ont rendu la beauté de ces paysages en peinture ou en poésie sont le dessinateur Hokousaï et le poète Taïguéntei. »

La première planche du premier volume représente la colline du temple Hatiman d'Ityaga, et l'on y voit deux femmes avec un enfant porteur d'un cerf-volant sur son dos, au moment de passer sous un tori-ï : une de ces portes à jour à l'entrée d'un temple sinthoïste.

La seconde planche est une vue du quartier Horinoouti, que traverse une femme portée dans un kago sur le toit duquel est une branche d'arbuste en fleurs ; puis c'est à Ohji, devant une maison de thé, des hommes en train de laver des plateaux à une fontaine ; puis à Asouka, c'est un porteur d'un barillet de saké en compagnie d'un camarade, dont la titubation d'ivrognes fait sourire deux femmes ; puis à Hongo, c'est un balayeur grotesque balayant le chemin que prennent deux promeneuses. Et c'est sur la colline de Takata, d'où l'on voit le Fouzi-yama, trois femmes de la société, reconnaissables au rouleau de soie qui entoure leur chevelure, faisant collation auprès d'un arbre dans l'entre-deux des branches duquel est posé un télescope dirigé vers la montagne ; et c'est dans la chute d'eau de Dondo, nommé ainsi à cause du bruit, des gens pêchant avec des charpagnes. Et c'est à Yédogawa, endroit célèbre par sa fraîcheur et d'où vient dans un conduit l'eau excellente baptisée *eau pour le thé*, des pêcheurs dans leurs barques.

Le second volume nous montre dans une planche des hommes et des femmes que surprend une pluie d'orage à Ohkido, contre l'enceinte de la fortification du shôgoun, et leurs attitudes comiques ou gracieuses

pour s'en défendre ; dans une autre planche, des jeunes
femmes sur une terrasse d'Atago, en contemplation du
vert paysage qu'elles ont sous leurs pieds ; dans une
autre planche à Shinjikou, un homme, le jour de la
fête des Étoiles, attachant des lanternes et des papiers
de couleur à un bambou ; dans une autre planche à
Foukagawa, une femme qui achète, à un marchand
d'oiseaux et de poissons vivants, un oiseau qu'elle
emporte dans une cage.

Nous trouvons dans le troisième volume une vue de
la statue en pierre de Niô et l'entrée du temple à
Zôshigaya ; une vue de la terrasse du temple à Akasaka
où sont des femmes et des enfants ; une vue d'un
paysage où un homme souffle devant des promeneurs
des caramels pour les enfants, en forme d'oiseaux, de
théières ; une vue en pleine neige de Koudan, où une
Japonaise est si joliment encapuchonnée de noir ; une
vue d'Asouka, où un Japonais est en train de tirer,
sur une feuille de papier étendue sur l'inscription
d'un monument commémoratif d'un artiste ou d'un
lettré (sékihi), une épreuve de cette inscription dont
une autre épreuve est tenue, séchant devant elle, par
une femme.

La femme qui peuple les promenades de ces trois
livres, c'est la femme très reconnaissable que dessine
l'artiste vers ses quarante ans, la gracieuse petite
femme longuette, au haut échafaudage de la chevelure
traversée d'épingles, aux traits mignons rendus par
trois points pour les yeux et la bouche et trois petites
lignes pour le nez et les sourcils, à l'ampleur des
manches et de la ceinture, au placage contre le ventre
et les cuisses de la jupe étroite, s'évasant et se répan-

dant en vagues à ses pieds : un type de femme élégant, fluet, gentillet, mais un peu mièvre.

La même année Hokousaï illustre encore *Misoka Tsouzoura*, LE PANIER A PAPIER, un petit album de la plus grande rareté, contenant des pensées, des réflexions de Hakousouï.

Une jolie planche, dans ces colorations délavées des impressions de ce temps, est une planche où se voient deux jeunes Japonaises jouant avec une souris blanche.

XIX

Fantasque comme tous les grands artistes, Hokousaï avait parfois l'humeur pas commode et trouvait un malin plaisir à se montrer désagréable aux gens qui ne lui témoignaient pas la déférence qui lui semblait due ou dont l'aspect lui était tout bonnement antipathique.

Onoyé Baïkô, un grand acteur des premières années du siècle, reconnaissant le talent tout particulier de Hokousaï pour inventer des revenants, avait l'idée de s'adresser à l'imagination du peintre pour qu'il lui dessinât un être de l'autre monde devant servir à la figuration d'une scène dans son théâtre. Et l'acteur invitait le peintre à venir le voir, ce que se gardait bien de faire Hokousaï. Alors l'acteur se décidait à lui faire visite mais, trouvant l'atelier d'une saleté telle qu'il n'osait s'asseoir à terre, il faisait apporter sa couverture de voyage sur laquelle il saluait Hokousaï. Mais le peintre froissé ne se retournait pas, continuait à dessiner, et l'illustre Baïkô, tout à fait mécontent, se retirait. Toutefois il tenait tant à son dessin qu'il avait, un jour, la faiblesse de faire des excuses à Hokousaï pour l'obtenir.

Vers la même époque Hokousaï recevait la visite d'un fournisseur du Shôgoun qui venait lui demander un dessin. On ne sait ce qui déplut du visiteur à Hokousaï, mais on sait que, dans ce moment, le peintre était à prendre, en plein soleil, des poux sur sa robe, et qu'il jeta brutalement au visiteur qu'il était très occupé et qu'il ne pouvait être à lui. Le visiteur se résignant à attendre la fin de la chasse d'Hokousaï, il obtenait le dessin qu'il désirait. Mais le visiteur avait à peine passé la porte que Hokousaï, courant après lui, lui criait d'une voix railleuse : « *Ne manquez pas, si l'on vous demande comment est mon atelier, de dire qu'il est très beau! très propre*[1]! »

XX

Le roman japonais est toujours un roman d'aventures, — d'aventures tragiques, le plus souvent amenées par la vengeance ou la jalousie, les deux mobiles du roman de l'Empire du Lever du Soleil. De là, presque à chaque page, des batteries, des assassinats, des scènes de torture, des suicides, des *hara-kiri* (ouvertures de ventre), des expositions de têtes coupées : épisodes mêlés, dans le roman historique, aux tueries universelles de la lutte des Taïra et de Minamoto, prêtant à un dessinateur de la vie en action la bonne fortune de faire, dans une

---

1. Biographie d'Hokousaï Katsoushika Hokousaï dén, par I-ijima Hanjurô.

illustration, de beaux dessins mouvementés de la Guerre et du Crime. C'est dire, n'est-ce pas, que l'illustration de tels romans devait tenter Hokousaï, qui s'y absorbe presque tout entier, en 1805, 1806, 1807, etc., et lui donne, pendant près de vingt ans, les plus longues heures de son travail quotidien.

Puis, pour Hokousaï, il y avait encore une autre séduction dans cette illustration. Le Japon est amoureux du surnaturel, et ses romans sont pleins d'apparitions. Or l'artiste appelé là-bas *le peintre des fantômes*, le peintre qui a dessiné ces têtes des Cent Contes qui vous laissent dans la mémoire un souvenir d'épouvante, le peintre auquel les directeurs de théâtres venaient demander des maquettes de visions d'effroi, le peintre près duquel les conférenciers macabres sollicitaient des figures de mortes, devait aimer à traduire, avec les imaginations de son art, les rêveuses imaginations dans le noir des lettrés de son pays, et c'est ce qui explique les longues années où une partie de son talent appartint à l'illustration des romans.

En 1805 Hokousaï illustre *Yéhon azouma foutaba nishiki*, LE BROÇARD (l'éclat) DES DEUX POUSSES DE LA PLANTE DE L'EST, roman en cinq volumes dont le texte est de Kohéda Sighérou et dont l'illustration est, par volume, de six planches doubles.

Ce sont deux enfants d'un riche paysan des environs de Yédo, dont l'aîné est assassiné et que le cadet venge avec l'aide de sa femme et de la veuve de son frère.

Un dessin plein de mouvement : le dessin de l'assassin passant, dans sa fuite précipitée, sur le corps d'une femme couchée qui le reconnaîtra.

Une foule de péripéties et un tas de comparses prenant part à la fabulation, au bout de laquelle le cadet, à la recherche de l'assassin de son frère, arrive à une habitation mystérieuse où il retrouve la femme de son aîné, qui n'a pas cédé à l'assassin, toute suppliciée, tout attachée qu'elle est au milieu de cadavres, jetés la tête en bas sur le revers d'une colline et dont les côtes traversent les chairs pourries de la poitrine, et dont les figures ont les orbites vides des têtes de mort. Une horrifique planche !

Et le roman se termine par un jugement de Dieu, devant un tribunal où, en champ clos, les deux femmes, soutenues par le cadet, combattent et tuent l'assassin, à la suite de quoi le valeureux frère est fait samouraï par un daïmio.

L'année suivante, en 1806, Hokousaï illustre un autre roman dont le texte est également de Kohéda Shighérou, roman publié en dix volumes, dont les cinq premiers paraissent en 1806 et les cinq autres en 1808.

Ce roman, qui a pour titre : *Yéhon Tamano Otiho*, L'ÉPI DE PERLES TOMBÉ A TERRE, est l'histoire de Tokoujumarou, le jeune prince de Nitta, un moment dépossédé de ses États.

Un roman illustré par nombre de dessins d'un grand intérêt pour l'histoire des mœurs du Japon, dessins de la réalité la plus absolue, entremêlés de dessins fantastiques, comme l'apparition d'un esprit à une mariée, la nuit de ses noces, apparition la faisant accoucher d'un monstre que le mari étrangle ; comme l'étrange vision, en un paysage, la nuit, de milliers de renards dans la lumière d'un clair de lune : roman dont le dénouement montre, au milieu d'un noir ciel sillonné d'éclairs, le prince agenouillé devant la tombe de son père, la tête de son assassin posée sur un présentoir.

En 1807 Hokousaï illustre *Shin Kasané guédatsou monogatari,* LA CONVERSION DE L'ESPRIT DE KASANÉ, un roman en cinq volumes, du célèbre et populaire romancier Bakin.

Bakin, un romancier dont tous les romans ont, comme point de départ, une légende ou un fait historique et qui, dans son ambition de donner près du lecteur un caractère de vérité à ses récits, s'est fait un descripteur très fidèle, un géographe merveilleux, selon les Japonais, des paysages où se passe l'action de ses romans ; — et la première planche d'Hokousaï offre la vue du village qu'habite Kasané.

Kasané est une femme laide et mauvaise, tuée par son mari et dont l'esprit hante la seconde femme de l'assassin : tel est le sujet du roman.

Et, dans les images, c'est tout d'abord la femme du passé, la femme jalouse devenue une religieuse, dont la légende a servi à la fabrication du roman, et qui est représentée près d'un plateau assailli par des volées d'oisillons ! un symbole de là-bas pour exprimer le payement des péchés.

Le mari assassin, lui, est figuré montrant, au-dessus de sa tête, un écrit japonais qui se contourne et se termine en un serpent, tandis que sa vilaine femme à la tête pareille à une calebasse brandit un écran où se voit un crapaud.

Un dessin des plus spirituels : le père de Kasané, un marchand de marionnettes, qui en a de suspendues tout autour d'un parasol ouvert au-dessus de sa tête, et tient une espèce de pelle où les mouvements de sa main font danser un pantin aux articulations attachées à cinq ou six ficelles.

Une planche d'un grand effet est l'assassinat où la femme, jetée à l'eau, et se cramponnant des deux mains à la barque, se voit assommée par son mari à coups de rame.

Une autre planche curieuse montre la seconde femme se tuant par la souffrance qu'elle éprouve de la hantise de la femme assassinée : et, au moment où elle meurt, sort d'elle l'esprit qui la hante, sous la forme d'une fumée surmontée de la tête de la laide femme.

Et la dernière planche étale, dans une grisaille, une vision de l'enfer bouddhique avec un luxe de supplices inimaginable.

Dans cette année 1807 Hokousaï illustre *Sou mida gawa Baïriu Shinsho*, NOUVEAU LIVRE SUR LE PRUNIER ET LE SAULE DE LA SOUMIDA, un roman en six volumes dont le texte est de Bakin.

C'est le roman de deux jeunes frères de la noblesse, Matsouwaka et Ouméwaka, deux enfants que la mère, après la mort du prince son mari tué à la guerre, a fait cacher et, suivant une légende du xii° siècle, à la recherche desquels elle se met quand il n'y a plus à craindre pour leur vie, et ne trouve que leur tombeau : un roman sentimental qui a eu un grand succès au Japon.

En tête de la table des matières est représenté, ainsi que c'est l'habitude dans les romans quasi historiques de Bakin, le paysage sur la rive de la Soumida où se trouvait le tombeau des deux frères. Et, dans une planche d'Hokousaï, l'on voit cette mère, en la recherche de ses enfants, sous la robe d'une mendiante jouant la folie, entourée d'une troupe d'enfants se moquant de la princesse Hanako devenue méconnaissable, et portant une branche d'arbuste où est pendu un éventail sur lequel est écrite une phrase qui doit seulement la faire reconnaître par ses enfants.

Puis, dans une autre planche, on voit la pauvre mère arrivée à l'endroit où est mort son plus jeune fils, avoir la vision, à travers les branches d'un saule, du cher mort, dans une robe lumineuse éclairant le paysage.

Dans cette même année 1807 Hokousaï illustre *Kataki-outi Ourami Kouzou-no-ha*, LA VENGEANCE DE KOUZOU-NO-HA, un roman en cinq volumes dont le texte est de Bakin.

Dans ce roman fabuleux qui se passe au temps de la guerre de Minamoto et des Taïra, le guerrier Tadanobou, parti en campagne, a laissé à la maison une femme et un tout jeune enfant. Pendant la guerre, au moment où un vieux renard allait être tué d'un coup de flèche par un de ses compagnons d'armes, Tadanobou l'a sauvé et le renard est resté reconnaissant au guerrier. Dans ce temps meurt assassinée la femme de Tadanobou. Or, le vieux renard qui a vécu mille ans et qui, d'après les croyances de là-bas, a le pouvoir de se changer en ce qu'il veut, se métamorphose en femme et va élever l'enfant de Tadanobou. Et une planche ingénieuse d'Hokousaï montre la femme qu'est devenu le renard se regardant dans la rivière et se voyant reflétée en renard.

Puis, au retour du mari, qui trouve son enfant tout élevé, la femme-renard disparaît, mais le père et le fils vont à sa recherche, et la femme-renard leur apparaît dans une de ces visions, semblables aux visions de Rembrandt, en un coin d'eau-forte à peine mordue, et apprend à l'enfant l'homme qui a assassiné sa mère — et que l'enfant tue.

Dans cette même année 1807 Hokousaï illustre : *Sono-no-Yuki*, LA NEIGE DU JARDIN : un roman de Bakin en six volumes, qui est l'histoire du guerrier Sonobé Yoritsouné et de la princesse Ousouyuki.

Cette illustration, supérieure à l'illustration des autres romans publiés cette année, pourrait faire supposer que les dessins d'Hokousaï, qui ont été gravés en 1807, sont, quelques-uns, de plusieurs années antérieurs à cette année et que ces dessins attendaient un éditeur.

L'illustration d'Hokousaï débute par la représentation d'animaux fantastiques et d'animaux réels, mais d'une grandeur, d'une puissance, d'une force qui les fait un rien surnaturels. C'est une araignée gigantesque, une araignée à la tête d'une pieuvre, au corps pustuleux d'un crapaud, ayant un chapelet de crânes d'hommes autour d'elle, une araignée montrée à la lueur de la torche de Yoritsouné qui a pénétré dans sa caverne ; c'est une carpe du format d'un cachalot, soulevée au-dessus des flots ; c'est un tigre chevelu, aux poils en forme de flamme, enchevêtré dans les replis d'un dragon interminable ; c'est un ours aux griffes terribles dans des emmanchements de mastodonte ; c'est un aigle, en le vigoureux et tressautant déploiement de ses ailes, avant de monter dans les airs : — des animaux qui ont des solidités de sculptures de bronze.

A côté de ces bêtes sorties d'une réalité imaginative, des dessins de femmes, tantôt d'une délicatesse de rêve, comme cette longue femme dans sa robe blanche, avec le flottement autour d'elle de sa noire chevelure, tantôt d'une originalité gracieuse, comme ces deux femmes dans un coup de vent qui les courbe presque à terre, avec l'envolée derrière elles de leurs cheveux et de leurs robes.

Une planche curieuse est un cimetière japonais avec ses tombes en pierre et ses longues et hautes planchettes portant écrites des prières : cimetière où la princesse et sa suivante sont cachées sous une tente de papier et qu'envahit une troupe d'hommes armés.

Et la dernière planche représente le traître écartelé par des bœufs, auxquels sont attachées ses deux jambes.

Hokousaï publie encore, en 1807, l'illustration de *Thinsétsou Yumihari-Zouki*, le Croissant de la Lune ou le Conte du Camélia, roman de Bakin, en six parties, dont la première et la seconde partie paraissent en 1807, la troisième vers 1808, la quatrième, la cinquième et la sixième en 1811 : ces six séries forment vingt-huit volumes.

Ce roman est l'histoire de Tamétomo, un héros du xi° siècle, prenant parti pour un empereur dépossédé à la suite d'une révolte, et qui tente de reprendre le pouvoir. Au fond, ce roman est, comme une série de contes des Mille et une Nuits, une suite de voyages fabuleux dans l'île de Lieou-Khieou, Formose, les Pescadores, et autres îles de la mer du Japon, par ce Tamétomo, à l'arc irrésistible et où la topographie des

endroits est entremêlée de toutes les croyances des
localités et de toutes les légendes merveilleuses de ces
îles dont quelques-unes passaient pour être habitées
seulement par des femmes, et dont l'imagination de l'artiste a peut-être donné une habitante dans cette voluptueuse femme montée sur un bœuf, jouant d'une flûte
où est posé un oiseau. Et Tamétomo terrorise et dompte
ces populations sauvages, — représentées par Hokousaï assez semblables aux Aïnos couverts de poils, —
par la puissance de son arc, avec lequel il coule un
navire, fait sauter un quartier de rocher, et qu'aucun
des hommes des contrées qu'il traverse ne peut tendre.
Le roman n'a peur d'aucune invraisemblance : le fils
de Tamétomo tombe malade, le père fait fabriquer un
immense cerf-volant pour le transporter au Japon,
tandis que l'empereur dépossédé, devenu dans un coup
de foudre un Téngou, — un de ces génies du bien et
du mal, si accrédités au Japon, un de ces génies au nez
en vrille, — et qu'on voit tenir un conseil de guerre
avec des généraux qui sont tous des Téngous, sauve par
leur entremise Tamétomo d'un naufrage ; et l'on voit à
la fin Tamétomo dans une apothéose, entouré de flammes
sur son cheval qui prend feu.

Et ce roman fabuleux, où se trouve un méli-mélo de
géographie exacte et de récits impossibles, et de planches
dignes d'une icthyologie sérieuse à côté de sirènes, finit
par une interminable généalogie de Tamétomo dont
les rois de l'île de Lieou-Khieou seraient des descendants.

Toujours en cette année 1807, Hokousaï publie l'illustration des cinq premières séries du *Shimpen Souiko*

Gwadén, Nouveau Commentaire illustré de Souiko : un roman historique chinois, écrit sous la dynastie des Song par Sétaï-an, et présenté au public japonais dans une traduction arrangée par Bakin et Ranzan, publiée en neuf suites de dix volumes, dont la sixième, la septième, la huitième n'ont vu le jour, après un intervalle de trente ans, qu'en 1838 et années suivantes ; — ces neuf séries composant un roman de quatre-vingt-dix volumes dont Ranzan a écrit quatre-vingts volumes.

L'illustration de ce roman célébrant les exploits guerriers de cent huit héros chinois, qui meurent tous l'un après l'autre, et qui n'est qu'une suite de duels mortels, de combats, de batailles, débute par la portraiture effrayante de neuf de ces héros, portraiture suivie du renversement d'un monument sacré d'où sortent, comme d'une éruption de volcan, toutes les dissensions et les guerres de ces années.

En même temps que le roman est une glorification de ces cent huit héros, c'est déjà un pamphlet contre la corruption gouvernementale de la Chine de ce temps, et un prêtre, qui revient dans toutes les pages, une barre de fer à la main comme bâton, apparaît comme le grand justicier de cette épopée. Une des planches de l'illustration qui a une réputation au Japon, et dont les artistes s'entretiennent comme d'un tour de force, est la composition où l'artiste représente ce prêtre poursuivant un fonctionnaire prévaricateur qui s'est jeté sur un cheval que, dans sa terreur de la barre de fer, il n'a pas vu attaché, et dont l'effort impuissant pour prendre le galop a fourni le Géricault le plus mouvementé qui soit.

C'est aussi, dans cette pile de livres, un étonnement

même pour les Chinois de trouver une Chine si exactement rendue avec ses costumes, ses types, ses habitations, ses paysages, chez un artiste qui ne l'a pas vue
et qui a eu à sa disposition d'assez pauvres éléments de
reconstitution du pays.

Et tout le temps, dans ces trois premières séries de
puissants dessins, comme le dessin du guerrier Boushô
étranglant un tigre, d'une grandeur telle qu'on le voit
porté par plus de vingt hommes dans une autre planche ;
le dessin du même guerrier jetant par-dessus sa tête un
colosse à terre, dont la chute forme la courbe d'un corps
brisé, déjà mort; le dessin du même guerrier, deux
têtes coupées à côté de lui, et écrivant sur un mur,
avec le sang de ces têtes, que c'est lui qui a tué ces
malfaiteurs.

Un dessin, d'un caractère indicible, montre un assassin, vu de dos, une main tenant son sabre prêt à
frapper derrière lui, son autre main serrant à la gorge
sa victime, un dessin où il n'y a d'ombré que ses cheveux et où le reste de l'assassin est dans la lumière d'un
croquis esquissé seulement avec des traits.

Un autre dessin, d'une grâce douloureuse, est une
scène de torture représentant une femme suspendue
en l'air, les bras attachés derrière le dos, sa tête tombée
de côté contre une de ses hanches, ses pieds dans le
vide cherchant la terre.

Dans ces séries, Hokousaï tente — et je crois là seulement, — de tirer un parti pittoresque, dans ces compositions, de l'escalier, de l'escalier extérieur des habitations
chinoises et japonaises, tente de représenter des scènes
d'intérieur coupées par la montée ou la descente au
premier plan d'un homme ou d'une femme dans un de

ces escaliers aériens, — et c'est vraiment d'un très joli effet.

Dans la quatrième série, après un dessin représentant un médecin pansant la blessure faite dans le corps du guerrier Liô par une flèche qu'il vient de retirer et qu'il tient dans sa bouche, c'est une suite de violents, de colères, d'homicides dessins. Ici c'est un guerrier qui tombe avec son cheval dans un précipice, le cheval cabré dans le vide du trou noir sans fond, un dessin où il y a la *furia* d'un croquis de Doré réussi ; là c'est l'herculéenne cavalière Itijôsei faisant un prisonnier qu'elle immobilise emprisonné dans son *lasso ;* plus loin, un homme qu'un guerrier décapite d'un coup de sabre, et dont le tronc s'affaisse, pendant que sa tête, projetée en l'air, retombe d'un côté, son chapeau de l'autre.

L'amusant, chez Hokousaï, c'est la variété des sujets. Au milieu de ces féroces épisodes de la guerre, voici tout à coup, dans la sixième série, un palais féerique au haut d'un rocher auquel on arrive par des ponts, des escaliers, une montée d'un pittoresque charmant : palais né dans l'imagination du peintre au fond de son atelier. Et, à côté de cette architecture poétique, des dessins d'un naturel, comme cet homme qui dort la tête sur une table, visité par un rêve paradisiaque ; comme cette société sur un pic de montagne, saluant le lever du soleil, les robes et les cheveux flottants et soulevés derrière eux par l'air du matin.

Et, jusqu'au bout, jusqu'à la fin de la neuvième série, toujours des images différentes ne se répétant pas. C'est la danse d'une femme au moment où, après s'être inclinée, elle se relève avec cette flexibilité des reins qu'Hokousaï sait si bien rendre, les bras étendus, la tête amou-

reusement renversée en arrière ; c'est la vue d'un
vaisseau de guerre japonais avec son architecture de
pagode ; c'est l'incendie d'un convoi militaire de vivres ;
c'est enfin une des dernières planches où, dans une nuit
éclairée par une lune qui rend les vagues toutes blan-
chissantes, sur une barque que fait avancer un marinier,
penché sur un long bambou, Roshûn, un des cent huit
victorieux, boit une coupe de saké que lui verse une
élégante femme, et la légende de la gravure est celle-
ci : *Roshûn buvant sous la belle lune dans la rivière
de Waï.*

L'illustration de ce roman en quatre-vingt-dix volumes est en général de trois images doubles par volume, ce qui fait avec les frontispices, pour l'ouvrage
entier, près de trois cents estampes.

Une autre publication a été faite d'estampes se rapportant à l'illustration de Souiko par Hokousaï, mais
d'estampes différentes de celles du roman, éditées en
1829 sous le titre : *Yéhon Souikodèn*, ILLUSTRATION DES
PERSONNAGES DE SOUIKODÈN.

Nous y retrouvons le prêtre à la barre de fer, Rotishin,
le tueur de tigre, Boushô, et Itijôsei la femme forte, à
côté de Kiumonirô Shishin, l'homme au corps entièrement tatoué de dragons, et de Rosénsho, ce mortel qui
avait le pouvoir de produire des orages pour terrifier
l'ennemi ; — tous deux faisant partie des cent huit
héros de l'épopée chinoise.

En 1808, Hokousaï illustre *Yttriakou Onna Kiôkoun*,
L'ÉDUCATION D'UNE FEMME HÉROÏQUE, un roman écrit par
Ikkou sur une légende du xve siècle, racontant ce qui

s'est passé, dans le temps, au château du daïmiô Kitabataké, où l'une des planches vous montre une femme s'exerçant au maniement du sabre.

La même année 1808 Hokousaï illustre *Kataki-onti Miyorino Miôgô*, LA GLOIRE D'UNE VENGEANCE.

Un roman du romancier Bakin, un roman en six volumes très chargé d'incidents, où il est question d'une méchante femme représentée dans un beau dessin, un sabre dans les dents, des malheurs d'un garçon de marchand de saké, d'une femme possédée par un esprit, d'un papier volé à un samouraï assassiné, d'une fille sauvée par le fils de l'assassin des mains de la méchante femme, de tueries nombreuses, de la retrouvaille du papier rapporté au prince, et du mariage du jeune homme avec la jeune fille qu'il a délivrée.

En 1808 Hokousaï publie l'illustration de *Shimoyono-Hoshi*, LES ÉTOILES D'UNE NUIT, OU IL GÈLE, un roman de Tanéhiko en cinq volumes.

La jalousie de la femme est un des sujets le plus souvent traités par le roman japonais, et il s'agit encore — comme dans le roman de la CONVERSION DE L'ESPRIT DE KASANÉ, de Bakin, — de la jalousie d'une femme contre une rivale et de son assassinat par son mari.

La préface de Tanéhiko est gravée sur un éventail blanc jeté sur une page noire : l'imagination de Hokousaï trouvant à tout un ingénieux motif d'ornementation et, dans un autre roman, mettant la table des matières contre un cadre attaché sur un treillage de bambous tout garnis de feuillages et de fleurs.

C'est donc, comme première planche, Osawa, la femme jalouse, qui se regarde dans un miroir, en un mouvement de retraite du corps en arrière, les cheveux envolés d'où tombent son peigne et ses épingles, et sa ceinture aux fleurs de glycine se tordant autour d'elle comme la vraie image d'un serpent, — qui se regarde, effrayée de la laideur future que la jalousie va apporter à sa figure et qu'elle voit d'avance.

Puis une autre figuration de la jalousie de cette femme, sous la forme d'un monstre échevelé, un enfant attaché la tête en bas sur son dos, dont les deux pieds passant dans ses cheveux ébouriffés lui font deux cornes de diablesse, tandis que ses paroles de colère, à la sortie de sa bouche, se changent en une légion de rats et de souris qui se jettent à la gorge de son mari Itoyé.

Alors une autre planche, où le mari a mis à la torture sa femme qu'on voit battre des pieds dans sa souffrance et qui est après jetée à l'eau.

Cet assassinat est l'occasion d'une composition curieuse où l'on voit, dans le courant d'une rivière, une planche arrêtée sur laquelle est un fourneau allumé et un coq, d'après une croyance du Japon, qui veut que la planche, ainsi chargée, s'immobilise là où il y a un cadavre sous l'eau.

Et l'esprit vengeur de la femme assassinée pénètre sous la forme d'un serpent dans la chambre nuptiale où se trouve Itoyé avec sa nouvelle et charmante femme Ohana. Mais bientôt, dans un état de fureur étrange, il tirera son sabre, que cherche à rabattre Ohana, — elle, n'apercevant pas l'effrayante vision que voit seul son mari. Oh ! une terrible vision ! une tête de toute la grandeur de la page, où sont les traits reconnaissables de la morte, apparaît dans une broussaille de cheveux mêlés de terre, avec d'inquiétants yeux de gnome, un nez qui n'est plus qu'un trou nasal, des dents noires aux gencives rongées par les vers.

En 1808 Hokousaï publie l'illustration de *Kanadéhon Gonitino Bounshô*, Histoire des Fidèles vassaux après la Vengeance, un roman en cinq volumes, dont le texte est dû à Tanshûrô Yémba.

Un roman dont l'intérêt artistique est tout entier dans la première composition, représentant les quarante-sept rônins qui déposent la tête de Kira sur le tombeau d'Asano.

Le reste du roman a l'air de se rapporter à des incidents de la vie d'Amanoya Rihei, le marchand qui a fourni les armes et les équipements militaires pour l'attaque du château fortifié de Kira. Tout au plus, dans l'illustration, une gravure amusante vous donnant, je ne sais à quel propos, la vue très détaillée de la cuisine d'une « Maison Verte », — tout comme dans les Étoiles d'une nuit où il gèle se rencontre également le jardin d'une « Maison Verte », dans lequel se profile sur le fond une longue galerie au travers de laquelle les femmes de l'intérieur se voient reflétées, sur les châssis de papier, en de caractéristiques ombres chinoises.

En 1808 Hokousaï publie l'illustration d'*Onna-moji Nouyé Monogatari*, l'Histoire de Nouyé écrite en lettres de femmes (en langue vulgaire), roman dont le texte est de Shakou yakoutei et forme cinq volumes.

Un roman écrit d'après une légende du xie siècle et où l'empereur Toba prend sur une de ses femmes un petit

sabre avec lequel il croit qu'elle va l'assassiner. Alors
des scènes de torture et la mort. Mais la femme est
innocente et le sabre a été mis dans ses vêtements par
une rivale, jalouse d'elle. Le juge qui a prononcé sa condamnation, on le voit se réveiller d'un cauchemar où
il a été visité par l'esprit de la morte dans une peau de
tigre.

Est-ce avec la morte une résurrection du *nouyé*, cet
animal fantastique qui a la tête d'un tigre, le corps d'un
taureau, la queue d'un serpent, et qui est tué dans une
image par Yozimasa?

La même année 1808 Hokousaï publie *Yuriwaka
Nozouyé no Taka*, LE FAUCON DE YURIWAKA, un roman
en un volume dont le texte est de Mantei-Sôsa.

Un roman dans lequel le prince Yuriwaka, un prince
du XII° siècle, met à mort Beppou, l'ennemi de sa famille,
un roman où se trouve un puissant dessin du faucon qui
a donné son nom au roman, et un caractéristique dessin
de Beppou qui, tombé à terre, se tient la tête, se
bouche les oreilles sous le sifflement d'une flèche qui
passe au-dessus de lui.

Dans ce roman il y a d'élégantes planches d'amour
entre le prince Yuriwaka et la belle Nadéshiko dans
leurs robes fleuries, pour l'homme de fleurs de cerisier,
pour la femme de fleurs d'iris, et la gravure, qui traduit
dans ce livre les dessins d'Hokousaï, différente, plus précieuse que les autres, a sur le bois des fonds ressemblant
à l'aquatinte obtenue sur le cuivre et l'acier.

En 1808 Hokousaï publie l'illustration de *Raïgô Ajari
Kwaïso Dén*, LE RAT MONSTRE DU PRÊTRE RAIGO; un roman

de Bakin se passant au xii° siècle, et où il a introduit la
légende des rats du prêtre Raïgô dans l'histoire de la
tentative de vengeance du prince Minamoto Yoshitaka
contre Yoritomo : un roman édité en huit volumes.

Ce sont d'abord deux figurations en pied de ce prêtre
Raïgô, qui est représenté dans l'une élevant en l'air un
rouleau magique, avec des mains qui ressemblent, ainsi
que ses pieds, à des pattes griffeuses de rats ; dans l'autre,
en train d'exercer son pouvoir sur ces animaux destruc-
teurs, entouré de millions, de milliards de rats passant
et repassant autour de l'estrade où il fait ses invoca-
tions, agite une sonnette : une planche extraordinaire
par le rendu de l'infinie et grouillante multitude, en sa
presque effrayante perspective à la cantonade. Et d'autres
compositions nous montrent le prince Minamoto Yoshitaka, dans un pèlerinage, faisant la rencontre de Raïgô,
et le prêtre lui communiquant son pouvoir surnaturel,
si bien qu'un jour le prince, poursuivi par un ennemi,
fait un appel aux rats dont le flot montant entre eux
deux empêche de l'atteindre. Et une planche vous
montre le roi de ces rats, le rat monstre du prêtre Raïgô,
un rat qui, comparé à l'homme monté sur lui, est de la
grandeur d'un éléphant.

Mais il se trouve que l'homme protégé par les rats a
un adversaire protégé par les chats, un homme dans
la famille duquel on a trouvé, en creusant la terre, un
chat en or.

Des voleurs ont dérobé le chat en or, et la recherche
de ce chat porte-bonheur par les anciens possesseurs,
tombés dans la misère et la détresse, recherche mêlée à
l'action d'une femme méchante nommée Karaïto, mêlée
à l'organisation d'un complot et à quelques tueries, met

mille incidents, mille complications dans ce roman où apparaît, çà et là l'élégante figure de Masago, la maîtresse de Yoritomo.

Au dénouement, sur l'ouverture d'un panier où se retrouve le chat d'or, tous les rats prennent la fuite, et le prêtre Raïgô, qui s'était engagé à tuer Yoritomo, se contente d'un assassinat allégorique, en perçant de son sabre le manteau du prince qui l'a gracié; et dans ces circonstances l'homme du chat, réduit à ne pouvoir mettre à mort l'homme des rats, perce également de son sabre le casque de ce dernier.

En 1808 Hokousaï publie l'illustration de *Foutatsou Tchôtcho Shiraïto Zôshi*, LES DEUX PAPILLONS OU LES DEUX LUTTEURS, roman dont le texte est de Shakouyakoutei, édité en cinq volumes.

C'est l'histoire de deux lutteurs, Nourégami et Hanarégoma, en une illustration très coloriste dans le noir.

L'une des planches représente Hanarégoma déracinant des rochers à la force de ses bras tirant une corde. Puis l'on voit les deux lutteurs mesurer leurs forces et, à quelques planches de là, se constituer volontairement prisonniers et comparaître devant un tribunal qui les déclare innocents d'un crime commis par d'autres.

Pourquoi ce titre : LES DEUX PAPILLONS? L'explication n'en est guère donnée que par un jardin où l'on voit de nombreux papillons, parmi lesquels est un papillon mort, tombé à terre.

En 1808 et 1811, Hokousaï publie l'illustration de *Sanshiti Zéndén Nanka no Yumé*, LE RÊVE DU CAMPHRIER du Sud, un roman en dix-sept volumes, divisé en deux parties, et dont le texte est de Bakin.

Un roman contenant l'histoire de trois générations, commencée avec l'histoire du ménage Sankatou et Hanshiti, et finissant à Onono Otzou, la célèbre femme de lettres du xvi° siècle, qui a écrit au Japon la première pièce de théâtre sous une forme moderne.

'L'illustration du roman commence par l'abatage d'un très vieux camphrier poussé sur la montagne de Yonédani-Yama, l'abatage d'un camphrier sacré, où les bûcherons, dans leur œuvre sacrilège, se blessent en tombant des branches. Et la chute des bûcherons amène l'image d'un vendeur de pommade pour les blessures, qu'on voit accroupi sur une peau d'ours, à côté d'un grand pot où, après s'être fait une entaille à la peau, il puise de la graisse d'ours et montre aux assistants que l'application de cette graisse arrête le sang.

Hanshiti, auquel est apparu l'esprit du camphrier, un jour qu'il dormait sous son ombre amie, n'éprouve plus que des malheurs depuis l'abatage de l'arbre. Sa femme Sankatsou est obligée de se faire chanteuse de la rue, à jouer du *kokiu*, espèce de violon-guitare, sur les places publiques, et ils tombent dans une telle misère, lui, sa femme et sa fille, la femme de lettres future, déjà grandelette, que le malheureux est au moment de se suicider, quand l'inspiration lui arrive de fabriquer des chignons pour femmes, — les Japonaises portant de faux cheveux tout comme les Européennes, — et nous voyons le ménage installé dans une boutique où commence pour ces pauvres gens la bonne fortune. Mais ils sont accusés de vilaines actions, et obligés de

quitter la province où les vrais coupables, après leur
départ, avouent leurs méfaits en se suicidant dans un
cimetière.

Au fond, Hanshiti est d'origine noble, mais descendu
à l'état de rônin en sa détresse ; seulement, s'il retrouve
un sabre dont il était le détenteur, il redeviendra noble,
et la seconde partie du roman se passe à la recherche
de ce sabre, au milieu de toutes sortes d'aventures
dans le genre de celle-ci : dans une attaque de malfaiteurs, la jeune fille a perdu une de ses chaussures en
bois, un malfaiteur la lui rapporte et, enflammé par sa
beauté, veut la violenter : — elle le tue.

Et ce roman, qui commence par la description du
camphrier, qui passe à la fabrication des chignons de
femmes, se termine par une pièce de vers pour arrêter
la sécheresse d'un été caniculaire, et la retrouvaille du
sabre de Hanshiti, qui rentre dans la classe des guerriers.
— toutes ces péripéties diverses du roman amenant à
la fin, on ne sait trop comment, le salut de la princesse Yénju.

En 1810, Hokousaï publie l'illustration de *On-yô
Imoséyama*, LES FIANCÉS ISOLÉS SUR DEUX MONTAGNES EN
FACE, roman dont le texte est de Shinrotei, édité en
six volumes.

Un roman où deux familles, séparées par des dissensions politiques, habitent deux montagnes voisines,
et où le fils d'une de ces familles devient amoureux de
la fille de l'autre famille et, plus heureux que Roméo,
arrive à se la faire accorder : roman dans lequel l'intérêt amoureux est associé à l'intérêt dramatique d'une
conspiration du prince Irouka contre l'empereur ré-
gnant.

Des planches représentant les palais des deux familles vous apprennent, par des cordes reliant les toi-
tures et sur lesquelles glissent des cerfs-volants, les ingénieux moyens de communication qu'ont trouvés les
amoureux.

Une autre planche, où Hokousaï donne un curieux
échantillon de son imagination fantomatique, est la
gravure de la salle où a lieu la conspiration, salle ayant
la réputation d'être hantée par les mauvais esprits et
qu'a choisie exprès Irouka pour n'être pas dérangé
dans ses conciliabules.

Une salle éclairée par une lampe faite par l'assem-
blage de fémurs au haut desquels une tête coupée
crache de la flamme; une salle qu'escaladent du dehors
les branches d'un arbre à l'apparence d'ailes de
chauve- souris. Là, court à quatre pattes un squelette
d'enfant, au milieu de femmes qui ont des mufles de
bouledogues, deux ou trois dents leur saillant hors la
bouche, toutes avec les deux petites mouches au front
des femmes de la noblesse; et cela sur des fonds de toile
d'araignée derrière lesquelles s'entrevoient vaguement
des visions d'êtres surnaturels.

En 1812 Hokousaï publie l'illustration de *Matsouwô
Monogatari*, Histoire de Matsouwô, roman dont le texte
est de Koyéda Shiguérou, édité en six volumes.

Un roman qui est une suite d'apparitions, parmi
lesquelles l'apparition de la jeune morte Yokobouyé,
apparaissant, dans un éclair, au pied du lit de son
amoureux Tokiyori, est d'un effet saisissant.

En 1812, Hokousaï publie l'illustration de *Aoto*

Foujitsouna Morid-an, LES DESSEINS DU JUGE AOTO (ancien juge célèbre du XIII° siècle), un roman dont le texte est de Bakin, édité en dix volumes.

Une des premières planches représente le juge sur un pont, assistant à la recherche, dans une rivière, de quelques pièces de monnaie par des plongeurs. Et, comme on se moque de lui, et qu'on lui dit que cette recherche de l'argent dans l'eau coûte beaucoup plus cher que l'argent perdu, il répond que l'argent dans la rivière ne profite à personne, tandis que l'argent donné pour le retrouver profite à des gens.

Et ce sont de beaux dessins du juge lisant un papier, du juge jugeant dans son tribunal des criminels attachés les mains derrière le dos par une corde que tient un garde, et dont on voit les têtes dans une autre planche fixées sur les cornes des taureaux que ces animaux promènent.

Une idée ingénieuse : sur une des planches, ce que lit un homme, c'est la légende de la gravure.

Une planche caractéristique représente le terrible Shôki, le tueur des diables, venant rechercher chez eux un pauvre petit enfant qui pleure au milieu d'un paysage où, dans le fond, les loups mangent des cadavres.

Une planche singulière représente un chat monstre, en robe, tenant par le cou un médecin.

Une planche curieuse montre à gauche une chambre où se passe une scène de roman, et à droite une grande galerie vide, dessinée d'après les lois de la perspective la plus rigoureuse, et qui fait tomber absolument l'allégation que la peinture japonaise n'a pas le sentiment de la perspective.

Enfin, comme dénouement de l'histoire du juge Aoto, on voit une place d'exécution où un bourreau se dispose à trancher la tête à un homme attaché à deux pièces de bois croisées, liées par le haut, quand apparaît providentiellement, dans le fond, le juge auquel une femme parle et innocente le condamné, qui va avoir sa grâce.

En 1813 Hokousaï publie l'illustration de *Ogouri Gwaïdén*, LA LÉGENDE SUR LE PRINCE OGOURI, roman de Koyéda Shighérou, dont l'action se passe sous Ashikaga Yoshimitsou, au XIV⁰ siècle, roman paru en deux séries de cinq volumes, la première publiée en 1813, la seconde en 1828.

Le prince Soukéshighé, l'héritier de la famille Ogouri, a pour fiancée la princesse Térouté. Une intrigue politique fait perdre au père du héros du roman ses dignités et sa fortune, tandis que la même aventure arrive à la famille de la princesse, et les deux fiancés se perdent de vue.

Dans sa ruine le prince Ogouri épouse Hanako, la fille d'un richissime Japonais, où la princesse Térouté est servante, chargée du service du bain. Les deux anciens fiancés sont repris d'un sentiment amoureux. Et une planche représente Hanako se regardant dans un miroir où se reflète la jalousie qui la dévore. Oui, la jalousie au Japon est signifiée, chez la femme, par des cornes au front.

Térouté, battue dans la maison d'Hanako, s'est sauvée, et, au moment où elle erre désolée dans une forêt, la déesse Kwannon lui apparaît sous la figure d'un petit flûteur monté sur un bœuf, et la console.

Alors, Ogouri la rencontre, lui donne un rendez-vous

la nuit, mais Hanako avertie la précède et prend sa place.

Sur ces entrefaites, et sans doute sur les ordres d'Hanako, Térouté est enlevée et vendue à une « Maison Verte » ; mais un ancien sujet de sa famille, qui lui est resté fidèle, apporte une lettre au prince Ogouri, qui lui enseigne où est Térouté qu'il aime, insensible à l'amour de Hanako.

Et une des dernières planches montre Kotarô, le sujet dévoué de Térouté, précipitant à l'eau le maître de la « Maison Verte », tandis que Hanako vient s'y jeter.

En 1815 Hokousaï illustre *Beibei Kiôdan*, CONTE VIL-LAGEOIS DES ASSIETTES, histoire de deux jeunes filles portant des noms d'assiettes, dont le texte est de Bakin, roman publié en huit volumes et auquel l'artiste japonais a donné peut-être ses dessins les plus rembranesques.

La première composition représente un dignitaire japonais tendant à une femme qui pleure, et qui a un enfant sous elle, une tige de magnolia, tendant à une autre femme qui sourit, et qui a un enfant sous elle, une branche de prunier en fleurs. Ce dignitaire est un Chinois qui, sous la dynastie des Ming, à la suite d'une conspiration avortée, s'est sauvé au Japon, laissant en Chine, avec un enfant, la femme qui pleure, puis est devenu, grâce à sa science de lettré, un homme d'État au Japon, a épousé la Japonaise souriante, dont il a eu un fils, s'est laissé envoyer comme ambassadeur en Chine où, dans les recherches de sa première femme et de son fils, il a été reconnu comme l'ancien conspirateur, et exé-cuté.

Ceci n'est que le préambule du roman, qui est l'histoire

du fils que l'ambassadeur chinois a eu de la femme japonaise, — roman où il y a, chez Bakin, la tentative de montrer que cet enfant, au sang mêlé de deux races, n'a pas l'énergie du caractère japonais.

La femme japonaise est morte à la nouvelle de l'exécution de son mari en Chine, et l'enfant est resté orphelin et sans ressources ; mais un daïmio du Shôgounat des Ashikaga a pitié de l'enfant, le prend sous sa protection, et l'enfant, devenu un jeune homme, épouse une Japonaise, en a deux filles, l'aînée appelée Karakousa (le Rinceau), la cadette appelée Bénizara (l'Assiette rose).

En ce temps, le daïmio qui l'avait pris sous sa protection entre en guerre avec un autre daïmio, est.battu et se fait exterminer, lui et tous les siens, ainsi que cela se pratiquait dans les guerres entre les Taïra et les Minamoto. Quant au jeune protégé, très légèrement blessé, et rappelé à la vie par un prêtre que tue aussitôt une flèche, il ne songe pas à mourir et se met à la recherche de sa femme et de ses deux filles, en cette contrée pour le moment pleine de combats, du matin au soir et du soir au matin. Traversant à toute heure de petits champs de bataille, une nuit il entend un cri d'enfant, va à ce cri, aperçoit un guerrier blessé tenant une petite fille dans ses bras, achève le blessé, s'empare de l'enfant, n'a pas le temps de le reconnaître devant le bruit d'une troupe de guerriers qu'il croit à sa poursuite, se met a se sauver à toutes jambes jusqu'à l'instant où, épuisé de fatigue, il se laisse tomber sur un tronc d'arbre. C'est alors que l'officier de la troupe s'approche de lui et le remercie d'avoir sauvé la princesse, la fille de son maître. « Mais c'est mon enfant ! s'écrie le fils du Chinois. — Votre enfant ? regardez-la bien ! » Et le père de « l'Assiette rose » s'aperçoit que, quoique du même âge et lui ressemblant, ce n'est pas sa fille.

L'officier met ses soldats à sa disposition pour rechercher sa femme et ses filles, recherche inutile et qui lui donne la croyance qu'elles ont été égorgées dans la mêlée. Et il est amené par l'officier, qui l'a pris en amitié, au père de la princesse qui en fait son vassal.

Quelques années se passent, au bout desquelles, après de nouvelles recherches infructueuses, il se décide à se remarier à une seconde femme et a une fille qui sera « l'Assiette cassée ». Alors qu'il vivait tranquillement dans son ménage, il a la mission de détruire un repaire de diables (brigands) près d'un temple au milieu d'une forêt, mais il est battu, ses soldats tués, et le sabre que lui avait donné le prince pour couper la tête du chef des brigands est pris. Le prince veut le disgracier, mais l'officier qui le protège, devenu premier ministre, fait observer au prince que c'est lui qui l'a choisi, ce qui serait un aveu public qu'il s'est trompé sur sa capacité. Et, sur le conseil du ministre, le voilà parti à la recherche de sa femme et de ses enfants, recherche qui dure trois ans.

Une seconde expédition avait été envoyée contre le chef des brigands du temple bouddhique, et avait eu l'insuccès de la première : ce chef de brigands ayant une force invincible, et voici à quoi il la devait. Il avait joué avec Niô, la statue colossale de l'entrée du temple, il avait joué une partie par laquelle, s'il perdait, il serait privé de la chance de tout gain au jeu pendant trois ans ; mais, si Niô perdait, il lui donnerait sa force physique pendant trois ans. Et Niô a perdu. Et l'image d'Hokousaï représentant Niô en pierre, ayant quitté son piédestal et accroupi sur la table de *go*, à côté de son partner en chair et en os, évoque, dans votre souvenir, la scène de don Juan et de la statue du Commandeur.

Dans l'espace de ces trois ans, le joueur a rencontré dans ses voyages le fils du Chinois, n'a pas été reconnu par lui, est entré même en relations intimes avec celui-ci, qui lui a donné une lettre pour annoncer son retour à sa femme.

Or les trois ans sont expirés, il est au bout du bail de sa force mystérieuse, et poussé à cette visite par l'influence occulte de la statue qui veut se venger. Et le jour où il arrive, la femme du Chinois a rêvé que son mari a été assassiné par un malfaiteur et que ce malfaiteur lui apportera une lettre dans la journée. Un serviteur fidèle a fait le même rêve. Donc, si un homme vient, un homme semblable à l'homme du rêve, ce sera bien l'assassin du mari. Le brigand apporte la lettre. Aucun doute. Et la femme et le serviteur se jettent sur lui et le tuent avec l'aide invisible de la statue de Niô, qui lui tord le cou.

Au moment même où le malfaiteur vient d'être tué, le mari rentre chez lui et s'indigne de ce que sa femme et son serviteur ont égorgé un ami qu'il leur avait envoyé, et le serviteur et la femme, reconnaissant qu'ils ont été victimes d'un rêve, ne trouvent pas autre chose, pour désarmer l'indignation du mari, — le serviteur que de s'ouvrir le ventre, la femme que de s'ouvrir la gorge.

Mais ne voilà-t-il pas qu'au milieu de ce carnage entre dans la maison le ministre qui, dans une tournée, vient de faire arrêter deux brigands, qui dans le mort reconnaissent leur chef !

Alors le ministre, prenant la tête du brigand et le sabre retrouvé, rassure le mari en lui disant qu'il racontera au prince que c'est lui qui a tué le brigand, après qu'il avait assassiné sa femme et son serviteur.

A peine le ministre a-t-il passé la porte, — les incidents se précipitent dans le roman japonais, — qu'il rencontre une femme et deux jeunes filles demandant aux allants et venants s'ils connaissent un Japonais dont personne ne sait le nom. Le ministre leur apprend qu'il a changé de nom, leur donne son nouveau nom indiquant de la main une maison où il y a un grand arbre. Ce sont la première femme et les filles du descendant chinois, renseignées sur l'existence de leur mari et père par les fiches qu'il a laissées, pendant ses trois ans de pèlerinage, dans tous les temples bouddhiques. et, de temple en temple, ces femmes ont été amenées au temple de Niô où la fiche déposée dans les autres temples, manquant, elles ont supposé qu'il habitait dans le voisinage.

Et la première parole de la femme au mari, est : « Tu es remarié, tu as une fille, il faut mettre ta seconde femme à la porte. » Il lui montre le cadavre de cette seconde femme. Cette vue la radoucit, et elle consent à ce qu'il garde près de lui « l'Assiette cassée ».

Mais presque aussitôt il se fait chez cette femme, jusque-là très bonne, très excellente, une révolution morale surnaturelle qui la transforme en une très méchante créature, hantée qu'elle est par l'esprit de la femme chinoise du père de son mari, venant se venger de son abandon, et de sa mort, sur la famille japonaise, Et cette méchanceté s'exerce à l'endroit de la fille de la seconde femme, qui était jolie, intelligente, et qui s'appelait Kahédé (Feuille d'érable) et qu'elle baptise du nom d' « Assiette cassée », par opposition au nom de sa fille « l'Assiette rose », lui répétant à tout moment : « Tu n'es que l'Assiette cassée ! » Mal nourrie, mal vêtue, reléguée dans un bâtiment de ferme, condamnée aux tâches les plus fatigantes, occupée, jour et nuit, à coudre les robes de soie de ses sœurs, elle a la vie la plus triste, la plus humiliante, une vie de Cendrillon, où jamais elle n'obtient l'assistance de son père manquant de tout caractère.

En ces temps, il venait l'idée à la mère de « l'Assiette rose » de la marier au fils du ministre, mais il se trouvait qu'il était amoureux de « l'Assiette cassée » et qu'une correspondance existait entre eux sans qu'on le sût. A la fin, la mère se doute de cet amour et charge un mauvais prêtre d'enlever « l'Assiette cassée » et de la noyer. Et, s'en croyant débarrassée, elle persiste dans l'idée du mariage de « l'Assiette rose » avec le fils du ministre, et cherche à mettre dans ses intérêts un ami du jeune homme et qui passait pour avoir une grande influence sur son esprit. Malheureusement pour elle, cet ami était amoureux d'une jeune fille qui vivait avec « l'Assiette cassée », et était tout dévoué à l'amie de son amoureuse. Que fait-il ? Il représente à la mère que le fils du ministre est d'une grande famille, que son mari n'est rien, que le mariage est bien disproportionné, qu'il n'y a qu'un moyen de réussir : c'est que sa fille ait une entrevue qui permette de croire à des rapports secrets entre eux, et que, dans ces conditions, le père ne voudra pas s'opposer au mariage. Il est donc convenu que la mère laissera la porte du jardin ouverte, la nuit ; et, dans l'ambition de ce puissant mariage, elle arrive à décider sa fille,

qui n'aime pas du tout ce jeune homme, à le recevoir.
Mais l'homme reçu, la nuit, par « l'Assiette rose », n'est
pas le fils du ministre. C'est, dans le dessin d'Hokousaï,
le plus laid des hommes, le plus camus des Japonais. Et
quand la mère a vu l'homme à la lueur de sa lanterne,
et qu'elle s'étonne, c'est l'homme qui lui fait une scène,
affirmant qu'on lui a assuré que sa fille était amoureuse
de lui, qu'on lui a tendu un piège, qu'il va être ridiculisé s'il n'obtient la main de la jeune fille.

A quelques mois de là la nouvelle court le pays que
le fils du ministre se marie, et le père et la mère de
« l'Assiette rose » sont invités aux fêtes du mariage.
Désespérée, la mère se rend sur la route pour savoir
quelle est cette mariée et la voit arriver en *norimon*,
mais elle est tellement troublée que, voulant la saluer,
elle fait un faux pas, la couvre de boue et se sauve sans
la connaître.

Le lendemain elle est en retard avec sa fille pour le
service religieux qui a lieu exceptionnellement, pour
ce mariage, dans un temple bouddhique, et ce n'est que
le service fini qu'elle se trouve en présence de la mariée,
qui est « l'Assiette cassée ». Et « l'Assiette cassée » par-
donne à la première femme de son père ses mauvais
traitements, sa méchanceté attribuée à la hantise de la
mère chinoise. Or le service religieux n'a été commandé
que pour débarrasser la famille de cette hantise, la
cause de toutes les vicissitudes de la famille, par une
bénédiction sur tous les défunts de cette histoire,
— dont Hokousaï montre les têtes fantômatiques
au bas de cette dernière gravure ; — mariage qui con-
damne « l'Assiette rose » à se marier avec le Japonais
camus.

En 1845, après des années d'interruption dans l'illustration des livres, Hokousaï publie l'illustration de *Kan-So-Goundan*, LA GUERRE DES DEUX ROYAUMES DE KAN ET DE So, roman historique en trente volumes formant trois séries, dont la première et la deuxième ont paru en 1815, et la troisième à une époque inconnue.

Ce roman chinois, traduit en japonais par Shôriô Sadakata, est l'histoire de la chute de l'empereur Shikô, l'empereur qui fit construire la grande muraille de la Chine, et de l'avènement de l'empereur Kôso, de la dynastie des Hang, 202 ans avant Jésus-Chrit.

C'est, tout d'abord, la planche où se voit ce sujet si souvent représenté sur les gardes de sabre, ce vieillard mystérieux rencontré sur un pont, qui, pour éprouver la patience d'un jeune homme, se fait trois fois repêcher sa sandale, — au bout de quoi il lui donne un rouleau dont les instructions lui servent à faire le nouvel empereur de Chine.

Et, dans ce roman racontant la lutte pour l'Empire, de Kôso et de Kô-ou qui se perdit par ses cruautés, une terrible planche est celle où il a commandé la mort de cinq mille paysans fidèles à l'ancien empereur, et où défilent des gens pliant sous des filets remplis de têtes humaines.

Enfin, en 1846, trois ans avant sa mort, Hokousaï publie *Guénji Ittôshi*, LA POSSESSION DU POUVOIR PAR LA FAMILLE DE MINAMOTO, roman historique dont le texte est de Shôtei Kinsoui et dont on ne connaît qu'une partie, éditée en cinq volumes.

La planche capitale est celle où l'on voit Minamoto dormant en l'état d'inquiétude où il est chaque nuit

par le *kokori*, la hantise dans son sommeil de cette terrible araignée, grande comme une pieuvre, filant une
toile qui tient tout le fond de la chambre, et que son
sabre de chevet, sortant de sa gaine, — un sabre miraculeux, — va tuer.

XXI

Parmi tous les romans illustrés par Hokousaï de 1805
à 1808, l'illustration du Rêve du Camphrier du Sud eut
un immense succès, succès dont se montra jaloux le
romancier, et un refroidissement se fit entre Bakin et
Hokousaï et, avec ce refroidissement, la volonté chez
chacun d'eux de ne plus travailler ensemble. Toutefois
les éditeurs furent si habiles à ménager les amours-
propres des deux hommes qu'ils obtinrent d'eux de
collaborer encore pour la fin de l'ouvrage qui parut
en 1811. Mais quand les dessins furent terminés et communiqués à Bakin, il trouva que les dessins ne corres-
pondaient pas avec le texte, demanda qu'ils fussent
modifiés, et Hokousaï, auquel on fit part de cette préten-
tion de l'écrivain, répondit que c'était le texte qui avait
besoin d'être modifié. Et les éditeurs ayant fait graver
le texte et les dessins tels qu'ils leur avaient été livrés,
une brouille éclata entre les deux hommes.

Du jour de ce dissentiment entre Hokousaï et Bakin,
il entra dans la pensée du peintre de publier des dessins se passant du texte d'un littérateur, et d'une vente
égale à un volume où il avait associé à son nom le nom
de Bakin.

C'est dans cette disposition d'esprit qu'à quelques

années de là, prit naissance la Mangwa, dans des circonstances jusqu'ici tout à fait inconnues, et que nous révèle la préface de Hanshû en tête du premier volume, et que j'ai eu l'idée de faire traduire par Hayashi : « Hokousaï, le peintre d'un talent si extraordinaire, dit Hanshû, après avoir voyagé dans l'Ouest, s'est arrêté dans notre ville (à Nagoya), et là il a fait connaissance avec notre ami Bokousén, s'est amusé à s'entretenir du dessin avec lui et, dans ces conversations, a dessiné plus de trois cents compositions. Or, nous avons voulu que ces leçons profitassent à tous ceux qui apprennent le dessin et il a été décidé d'imprimer ces dessins en un volume, et quand nous avons demandé à Hokousaï quel titre il fallait donner au volume, il a dit tout simplement : *Mangwa*, que nous avons couronné de son nom,

Hokousaï Mangwa,

dont la traduction littérale est *Man :* au gré de l'idée ; *gwa*, dessin, et la traduction serait peut-être : *le dessin tel qu'il vient spontanément.* »

La *Mangwa*, cette profusion d'images, cette avalanche de dessins, cette débauche de crayonnages, ces quinze cahiers où les croquis se pressent sur les feuillets, comme les œufs de la ponte des vers à soie sur une feuille de papier, une œuvre qui n'a pas de pareille chez aucun peintre de l'Occident ! La *Mangwa*, ces milliers de reproductions fiévreuses de ce qui est sur la terre, dans le ciel, sous l'eau, ces magiques instantanés de l'action, du mouvement, de la vie remuante de l'humanité et de l'animalité, enfin, cette espèce de délire sur le papier du grand *fou de dessin* de là-bas !

Alors tout de suite, le premier volume entr'ouvert, dans ces libres croquis où un peu de rose fait la chair, un peu de gris les demi-teintes sur le papier crème, des enfants, des enfants, des enfants, dans tous leurs jeux, leurs amusements, leurs poses, leurs gamineries, leurs gaietés ; puis les dieux, les génies, les prêtres bouddhistes et sinthoïstes, moqués en mille petites caricatures rieuses ; puis tous les métiers, toutes les professions dans le travail, et l'exercice de la profession ; puis le monde des faiseurs de tours de force en l'effort de l'adresse et de la force ; et encore des Japonaises dans les gracieux accroupissements de leur vie à quatre pattes, dans les coquetteries de leur toilette, dans les anatomies de leurs sveltes personnes aux bains ; et encore le Japonais dormant, réfléchissant, priant, lisant, jouant, pérorant, s'éventant, cuisinant, se grisant, se promenant, cavalcadant, pêchant à la ligne, se battant, en un rendu de tous ces actes de la vie, spirituel, joliment ironique ; et encore tous les animaux, même ceux que ne possède pas le Japon, comme l'éléphant et le tigre, et tous les oiseaux, et tous les poissons, et tous les insectes, et toutes les plantes : voici ce qui remplit les cinquante feuilles de ce premier volume dont la première planche représente le couple Takasago, le type du vieux ménage parfait au Japon, la femme portant un balai pour balayer les aiguilles des pins, l'homme une fourche pour les ramasser.

A la fin de ce premier volume paru en 1812, Hokoutei Bokousén (l'artiste à la conversation qui a fait naître la *Mangwa*) et Hokou-oun (qui deviendra le professeur d'architecture du Maître), dont la collaboration a consisté tout simplement à fac-similer les dessins réduits d'Hokousaï, se déclarent les élèves du Maître.

Le second volume de la *Mangwa* paraît seulement en 1814, deux ans après la publication du premier volume, avec une préface de Rokoujuyén, et la collaboration pour le fac-similé des dessins de Toyenrô Bokousén et de Todoya Hokkeï, qui deviendra le meilleur élève et approchera le plus du talent de Hokousaï.

Dans la multiplicité des motifs, c'est toujours la même variété, une page de métiers à côté de supplices de l'Enfer bouddhique; une page entière d'attitudes de femmes en face d'une page d'attitudes d'hommes; une page de masques en face d'une page d'ustensiles de ménage; enfin une page de morceaux de rochers pour décors du jardinage, en ce pays de jardins pittoresques où les morceaux de rochers se payent plus cher qu'en aucun lieu de la terre, en face d'une page d'animaux fantastiques qui mangent les mauvais rêves.

Le troisième volume paraît l'année suivante, en 1815, avec une préface de Shokousan qui jette carrément à l'eau la vieille école et déclare que les anciens artistes, qui ont illustré les manuscrits de Quénji, doivent céder la place aux artistes des *images rouges* (les dessins de l'École vulgaire).

Plusieurs planches de ce volume représentent les durs et laborieux travaux de l'industrie minière. Viennent après deux amusantes doubles planches : l'une consacrée à la lutte, vous faisant assister à ces empoignements colères, à ces musculeux corps à corps, à ces broiements de torses, à ces brusques déracinements du sol, à ces culs sur tête d'un vaincu jeté à bas ; l'autre vous montrant des danseurs dans toute l'épilepsie d'entrechats d'une danse endiablée. Suivent les portraits préhistoriques des deux premiers rois de la Chine, une bande de nègres drôlatiques, à l'aspect d'ombres chinoises, trouvés dans l'imagination d'Hokousaï ; et en face l'un de l'autre, la figuration du dieu du Tonnerre figuré dans un nimbe formé de tambourins, et du dieu du Vent, tenant fermées de ses deux mains, sous son menton, les deux ouvertures de l'outre des vents qu'il a sur le dos.

Le titre de ce volume, toujours gravé en ces belles grosses lettres ornementales de la Chine qui ont l'air de morceaux de jade sculpté, et dans un cadre que soutiennent sur leurs cous deux petits Japonais à la figure rieuse sous les houppes de leur front et de leurs tempes, et c'est un charmant frontispice.

Le quatrième volume paraît l'année suivante, en 1816, avec une préface d'Hôzan. Ce volume est tout plein de sujets de l'histoire mythologique et préhistorique. On y voit Kintoki chassant un diable ; on y voit le dragon à neuf têtes venant boire aux neuf coupes où il trouvera la mort ; on y voit un sennin chevauchant une carpe monstrueuse, etc., et au milieu de cela des planches de légumes, des planches d'herbes, des planches de branches d'arbustes en leurs tons roses et gris, d'une douceur d'impression inexprimable. Deux feuilles curieuses sont deux feuilles d'hommes et de femmes barbotant joyeusement, se soutenant dans l'eau avec des appareils natatoires, nageant, plongeant, détachant des plantes marines, prenant des poissons à la main.

La dernière planche représente un homme et une femme, gras à lard, aux bajoues tombantes, au ventre redondant, qui ont sur la figure le gaudissement canaille de ce qu'ils vont trouver à manger dans une marmite dont le mari soulève le couvercle; c'est le bon ménage aux joies crapuleuses de la basse classe, le bon ménage *Wagôjin*, le ménage en opposition avec le ménage Takasago, le ménage de l'homme à la fourche, de la femme au balai.

Le cinquième volume paraît, l'été de cette même année 1816, avec une préface de Rokoujuyén.

Un volume qui est presque un cours d'architecture, et qui débute par les portraits en costume officiel, et la planchette de leur nomination à la main, de Tatihoono-mikoto et de Amano-hikosati-no-mikoto, les deux premiers architectes qui ont appris aux Japonais l'art de construire des temples, des châteaux, des habitations, et c'est suivi de *tori-i*, d'une tour à la grosse cloche, de la bibliothèque hexagonale et tournante inventée par le prêtre Foudaï, de l'entrée du bâtiment où sont enfermés les livres bouddhiques, de toits ornementés de bonzeries. Parmi ces planches, une composition curieuse est une demande faite au ciel par un homme tout au haut du pic d'une montagne, les deux mains réunies dans un geste de prière autour d'un bâton au bout duquel est sa demande sur une bande de papier que le vent soulève dans l'air. Et le volume se termine par la représentation de personnages mythiques et historiques, comme la déesse Ousoumé, comme Saroudashiko, le dieu qui a rendu la lumière à la terre, comme le guerrier chinois Kwan-on qui est en adoration en Chine et dont l'image se rencontre dans les plus pauvres intérieurs.

En la même année 1816 paraît encore le sixième volume qui a pour frontispice un arc symbolique sur lequel la flèche est tendue par deux dragons.

Ici les exercices du corps, dans un prestigieux rendu
du déploiement de la force et de l'adresse. Ce sont
d'abord les tireurs d'arc, et le tirage de l'arc à la hauteur
de l'oreille au-dessus de la tête, en bas de la ceinture,
avec une dernière planche donnant les détails de l'arc,
du gant de cuir, du canard en bois servant de cible.
Après les lutteurs, les cavaliers, et le trot, et l'amble,
et le galop, et le mors aux dents de ces petits chevaux
chevelus, à l'aspect de larves, sous le cavalier en selle,
et toujours avec une dernière planche donnant la selle
ornée, les guides, les lourds étriers. Mais la merveille
de ce volume, comme figuration d'un corps humain en
mouvement, c'est l'étude de l'escrime pour la lance ou
le sabre, où soixante-douze petits croquis d'homuncules,
et une vingtaine de plus grands vous mettent, comme
sous les yeux, les avances, les retraites, les torsions de
corps, la volte des pieds, les parades, les ripostes de ce
simulacre de la guerre. Une planche, tout entière de
bras et de mains, indique la manière de s'empoigner
dans une lutte à main plate. Enfin, des planches repro-
duisent le maniement des lourds mousquets introduits
par les Hollandais, et même Hokousaï, dans une note,
précise la date de leur introduction au Japon, qui est de
l'année 1542.

En 1816, paraît encore le septième volume de la
Mangwa.

Un volume pour ainsi dire entièrement rempli de
paysages, par le soleil, le brouillard, l'orage.

Toujours en 1816 paraît le huitième volume, avec
un titre fait à l'imitation d'un morceau d'étoffe brodée.

En tête, la figuration de Waka-mousoubi-no-Kami, la
femme qui a inventé les tissus faits avec les fibres du

bois, et près d'elle la princesse Seiriô, la femme du roi, qui a eu l'idée de l'élevage de vers à soie, 2 614 ans avant l'ère chrétienne et, à sa suite, des métiers à tisser, qui ont tout l'air d'être dessinés par un ingénieur. Et soudain l'album saute à des gymnastes faisant du trapèze autour d'un bambou, à des acrobates jonglant avec un sabre, portant sur le front, au bout d'un long bâton, un vase plein d'eau en équilibre, ôtant debout leur chapeau avec un pied, buvant à la renverse une tasse de thé placée à terre derrière eux. Deux planches de têtes d'aveugles sont de la plus frappante vérité. Et en dernier lieu, des études sur les *gras* et les *maigres* d'une fantaisie et d'un drôlatique à mourir de rire. Il faut voir ces massives Japonaises en leurs lourdes promenades, les voir en l'avachissement de leurs charmes, dans le sommeil ou dans le bain, il faut voir leurs pléthoriques compatriotes dans l'essoufflement de la marche, dans l'épongement de la sueur, dans l'effondrement et l'anéantissement de leur repos sur leurs pesantes fesses. Et, la page des *gras* retournée, vous êtes en présence de ces torses que percent les côtes, de ces dos où se comptent les nœuds de la colonne vertébrale, de ces cous décharnés, de ces bras étiques, de ces jambes de phtisiques, de ces anatomies ridicules qui vous rappellent à la fois les macabres et comiques écoles de natation de Daumier.

Il y a un intervalle de trois ans entre la publication du huitième et du neuvième volume, qui paraît seulement en 1819.

Ce volume est plein d'anecdotes relatives à la vie intime de Kiyomori.

Cette voyageuse qui marche rapide à travers la cam-

pagne, se dirigeant vers deux femmes à la porte d'une
habitation, au loin, au loin, c'est Hotoké, la maîtresse
de Kiyomori, la plus belle et la meilleure danseuse de
son temps. Deux sœurs ont sollicité de danser devant
Kiyomori et, par bienveillance pour leur jeunesse et
leur grâce, elle a fait accueillir leur demande par son
amant. Mais le prince s'est épris d'elles et a voulu en
faire ses maîtresses. Elles ont refusé et, pour se sous-
traire à sa toute-puissance, elles se sont faites religieuses,
et Hotoké, reconnaissante de cette délicate conduite
à son égard, va les rejoindre dans leur couvent.

Plus loin encore, c'est le sensuel Kiyomori, en présence de la femme de Minamoto, une main sous la
joue, tristement réfléchissante dans une pose d'accable-
ment. Kiyomori a vaincu Minamoto et veut exterminer
sa famille dont il s'est emparé dans sa fuite et qui est
composée de sa femme et de ses trois enfants. Mais, au
moment d'ordonner leur mort, il a la curiosité de voir
la femme de Minamoto et, soudainement séduit par sa
beauté, il lui demande de lui appartenir, ce à quoi elle
se résigne sur la promesse qui lui est faite que ses
enfants seront épargnés. C'est ce marché qui fait le
sujet de l'estampe. Or, un jour, ces trois enfants ven-
geront leur père, anéantiront la famille Taïra, et l'aîné
des trois enfants sera Yoritomo, le premier shôgoun
de Kamakoura.

Une autre composition : c'est Okané, femme, à la réputation d'une force herculéenne, qu'un musculeux
guerrier a cru pouvoir arrêter dans sa marche et qui,
d'un bras tenant un barillet sur sa tête, continue à
s'avancer tranquillement, entraînant, de l'autre bras,
l'homme aux deux sabres.

Et ce sont encore des représentations de musiciennes japonaises ; d'une année de bonne récolte, avec la joie et l'engraissement subit des paysans ; et, on ne sait pourquoi, le portrait d'un astronome hollandais.

La même année 1819 paraît le dixième volume avec une préface vantant la persévérance dépensée par Hokousaï pour arriver à la publication de ces dix volumes.

Des saltimbanques, des faiseurs de tours, des prestidigitateurs, des équilibristes, des avaleurs de sabres, des vomisseurs d'essaims d'abeilles, des thaumaturges se rendant la tête invisible.

Mais je ne veux décrire dans ce volume que deux compositions, deux compositions d'un fantastique macabre dépassant tout ce que l'Europe a imaginé en ce genre, et méritant bien à Hokousaï l'appellation de *maître dessinateur des fantômes*. Ce sont deux apparitions de femmes mortes. L'une, c'est Kasané, la femme laide, assassinée par son mari, qu'il représente avec son front de fœtus hydrocéphale, sous la broussaille de ses cheveux, un œil fermé et l'autre grand ouvert, où est une prunelle de poisson cuit, le cartilage dénudé de son nez, ses mâchoires sans gencives, entr'ouvertes dans un hiatus allant jusqu'aux oreilles, ses deux mains de squelette rapprochées de sa tête dans le tressautement de la danse idiote d'un naturel de la Terre-de-Feu. Une apparition à faire peur, regardée le soir à la lueur d'une lampe.

L'autre apparition a l'apparence, dans le ciel ténébreux, d'une longue et courbe et molle larve blanche enveloppée d'une chevelure ; c'est l'âme de la petite servante Okikou. Elle était dans une maison où il y avait dix précieuses assiettes, et elle eut le malheur d'en casser une. Et le propriétaire des assiettes adressa des reproches si durs à la fillette qu'elle se jeta dans un puits. Or, depuis ce jour, elle revient toutes les nuits au-dessus du puits et, de la maison où est le puits et des maisons voisines, on l'entend dire, l'une après l'autre, les légendes des assiettes, puis, arrivée à la dixième, à celle qu'elle a cassée, on l'entend, cette fois, pousser un sanglot si déchirant, si déchirant que le voisinage a dû charger un prêtre de la faire monter au ciel par ses prières.

La *Mangwa* semble terminée en 1819 avec le dixième volume, et quinze ans se passent sans qu'il y soit donné une suite, quand, en 1834, il paraît un onzième volume avec une préface dans laquelle Tanehiko dit : « que la *Mangwa* a été terminée au dixième volume, mais que les éditeurs avides ont tellement pressé notre vieillard qu'il a consenti à reprendre son pinceau, qu'il vient de dessiner ce volume et qu'il se propose un jour d'arriver au vingtième volume. »

Dans ce onzième volume, toujours la variété des premiers. Des poses, des attitudes de la vie intime, des croquetons de gens assis ou en marche, de gens dans la flâne ou l'effort du travail, de gens dans le calme les passions ou les fièvres de la colère, des planches, des planches de gras lutteurs, et des petits coins de paysages, et des modèles de canons et de pistolets, et deux peintres peignant la jambe d'un Niô sculpté, d'une dimension telle qu'elle semble le tronc d'un vieux chêne, et une Japonaise disant la bonne aventure à un guerrier en laissant, selon la méthode de là-bas, tomber son peigne à terre.

En la même année 1834 paraît le douzième volume.

Un volume très poussé à la caricature, où l'Olympe japonais est ridiculisé à outrance, un volume de chutes ridicules, de nez interminables de Téngous, sur lesquels se fait de la prestidigitation ; de silhouettes, en ombres chinoises, d'épouvantables vieilles ; de figures de femmes devenues monstrueuses, à travers une loupe posée sur leurs visages ; d'allongements de cous pendant le sommeil, qui, selon une superstition du Japon et des îles Philippines, permettent aux têtes de ces possesseurs de cous d'aller visiter des contrées et des planètes étrangères ; de corps de naturels d'un pays où les hommes ne sont possesseurs que d'un bras et d'une jambe, et où ils sont accotés deux par deux.

Et même, pour aider à l'antithèse des sujets qu'il offre au public, il arrive à Hokousaï de recourir parfois à la scatologie. Ainsi, dans le onzième volume, nous voyons une Japonaise, retroussée jusqu'à la ceinture, jeter à terre un de ses compatriotes par la violence d'un pet, et dans ce douzième volume apparaît par la lucarne d'un étroit *privé*, le profil péniblement contracté d'un *samouraï* entre ses deux sabres remontés au-dessus de sa tête, et au dehors trois Japonais se bouchant le nez avec leurs doigts et leurs robes.

Le treizième volume paraît seulement en automne 1849, après la mort d'Hokousaï, arrivée au printemps de cette année.

Dans le treizième volume : deux beaux dessins, la divinité Kwannon sur une de ces carpes monumentales comme seul Hokousaï sait les dessiner, et un tigre traversant une cascade au milieu de dessins représentant, dans la montagneuse province de Hida, *la passe au panier :* un pont fait d'une corde, le long de laquelle on se fait glisser à la force des bras ; de dessins représentant des modèles d'habitations rustiques ; de dessins représentant la préparation de ce melon qu'on dessèche et dont on fait des soupes; de dessins représentant le décorticage du riz.

Le quatorzième volume, tout moderne, paraît seulement en 1875, et est fabriqué avec des dessins laissés par Hokousaï après sa mort.

En dehors de quelques dessins divers, il ne contient pour ainsi dire que des animaux, des animaux réels et des animaux fantastiques ; c'est un chat mangeant une souris, un chien aboyant à la lune, un renard dans la pluie, des lions de mer, des chèvres, un écureuil mâtiné de chauve-souris, un sanglier traversant une rivière, un ours dans la neige, des ânes, des chevaux, un lion de Corée, un conciliabule de rats.

Le quinzième et dernier volume paraît en 1878 avec un avertissement où l'éditeur dit que « propriétaire de tous les bois de la *Mangwa*, il a été convenu avec Hokousaï, avant sa mort, qu'on poursuivrait jusqu'au quinzième volume, et qu'il a fait graver les dessins destinés à la publication, qui ne l'étaient pas ». Mais l'éditeur ment, car la plupart des dessins qui ont une valeur sont repris au volume intitulé : *Hokousaï Gwakiô*, MIROIR DES DESSINS D'HOKOUSAÏ.

Les dix premiers volumes, en leurs tirages primitifs, et lorsque les bois sont à Yédo, ont pour éditeurs trois éditeurs de cette ville et un éditeur de Nagoya ; à partir du dixième volume les bois sont cédés à l'éditeur Yeira-kouya de Nagoya.

Un seul volume, le douzième, porte le nom du graveur, et ce graveur est Yégawa Tomékiti.

XXII

En 1806, à la suite du bruit qu'avait fait l'improvisation en public d'une grande peinture d'un Darma par Hokousaï, deux ans auparavant, il venait au shôgoun de Tokougawa la curiosité de le voir travailler.

Donc un jour d'automne, au retour d'une chasse au faucon, le shôgoun le faisait appeler devant lui et s'amusait à lui voir exécuter des dessins. Puis, tout à coup, Hokousaï couvrant la moitié d'une immense bande de papier d'une teinte d'indigo, faisait courir dessus des coqs aux pattes plongées dans de la couleur pourpre, et le prince étonné avait l'illusion de voir la rivière Tatsouta, avec ses rapides charriant dans leurs eaux des feuilles pourpres de momiji.

L'intérêt de cette entrevue : c'est que sous les Tokougawa, jusqu'à ce jour, un homme du peuple ne pouvait se présenter devant le shôgoun.

XXIII

En 1811 Hokousaï publie, en collaboration avec Hokousou qui dessine le premier volume, *Jôdan Foutsouka Yehi*, Ivaesse de deux jours, une série de dessins comiques.

Dans l'illustration du second volume, dont il s'est chargé, il nous montre des porteurs ivres que regardent des enfants, et vraiment il est impossible de rendre mieux l'hilarité bête de ces visages, avec la demi-fermeture des yeux et l'égueulement de la bouche entr'ouverte de côté.

Une autre planche très amusante de ces scènes, qui se passent la veille et le jour même du Jour de l'An : c'est l'entrée dans un intérieur, d'un vieux prêtre pochard, à la tête impossible, travesti en manzaï, escorté d'une espèce d'enfant de chœur faisant du tapage avec un instrument pour appeler au service divin et, devant ces deux ivresses de la vieillesse et de l'enfance, le rire du bourgeois japonais, l'attention dédaigneuse de la femme, l'ahurissement d'un ami.

Enfin la dernière planche : dans une chambre décorée de feuilles de fougère et de branches de sapin, le décor des intérieurs de Jour de l'An, a lieu une terrible bataille à coups de balais, entre deux hommes que trois autres ne peuvent séparer.

La même année Hokousaï publie l'illustration de *Hokou-yétsou Kidan*, LES LÉGENDES FANTASTIQUES DE LA PROVINCE DE YÉTIGO, édité en 6 volumes, avec un texte par Tanéhiko.

Un ouvrage dans lequel se trouve reproduite par Hokousaï une carte de cette province où il neige beaucoup, au milieu d'un méli-mélo d'hommes-bêtes, de coraux, de plantes marines, de monnaies, d'objets usuels, de serpents d'une grandeur fabuleuse, enfin de choses réelles et de choses surnaturelles.

La même année Hokousaï publie encore l'illustration de *Tawara-Tôda Rôko dén*, CONTE D'UN VIEUX RENARD ET DU GUERRIER TAWARA TODA, pièce de théâtre par Tanéhiko, éditée en trois volumes et gravée avec une écriture plus grande, plus facile à lire que l'écriture du roman, de l'histoire.

Cette pièce de théâtre a pour principal personnage

Hidésato, le guerrier qui, trouvant une femme pleurant aux bords du lac Biwa, lui demandait la cause de son chagrin. La femme qui était la reine du lac Biwa lui répondait que, depuis des années ses enfants étaient mangés par un scolopendre géant. Hidésato de s'informer où se trouvait ce monstre. Elle lui indiquait la montagne Ishiyama où son corps, lui disait-elle, faisait sept fois et demie le tour de la montagne et lui montrait, dans le moment, une masse brillante qui luisait au soleil comme un bloc de diamant : c'était l'œil de l'insecte colossal dans lequel Hidésato mettait une flèche mortelle.

L'illustration de cette pièce par Hokousaï est intéressante. Dans le dessin de la reine de Biwa, de la femme d'Hidésato, de la fille d'Hidésato, l'amoureuse de Sadamori, le dessinateur a abandonné la mignonnesse un peu petite, un peu miniaturée de ses premières années ; et, tout en leur laissant leur première grâce, il arrive à leur donner de l'ampleur, de la grandeur, à les varier et à ne plus toujours faire la même longuette petite femme de ses débuts. Dans l'œuvre d'Hokousaï, les femmes de ces années ont une parenté avec les femmes de Hokouba.

En 1812, il n'illustre aucun livre.

En 1813, dans le *Katsoushika Zoushi*, Plan et traditions de Katsoushika, dans ce volume contenant un plan de cette partie de la ville de Yédo, de l'autre côté de la Soumida, de ce quartier maraîcher et plein de salines aimé par le peintre, Hokousaï dessine, près de deux pêcheurs au jupon de roseaux, une femme puisant dans un petit tonnelet, emmanché à un grand bâton, l'eau d'une source célèbre.

XXIV

En 1814 paraît une illustration d'Hokousaï qui mérite d'être signalée à part et décrite pièce par pièce. C'est le *Shashin gwafou*, Études d'après nature[1], publié en 1814, avec une préface de Hirata, sans nom d'éditeur, ce qui ferait supposer qu'il a été dessiné et gravé en couleur pour une société d'amateurs. Un livre composé de quinze planches où Hokousaï donne quinze échantillons divers de son talent multiple, au moment de sa plus grande puissance, dans les légères et délicates colorations des sourimonos : un livre dont les beaux exemplaires complets sont de la plus grande rareté et se vendraient en vente de douze cents à deux mille francs.

I. Hotei fumant. Le dessin caricatural du dieu de l'enfance, au triple menton, au ventre bedonnant, ramassé à terre, la tête renversée dans la jubilation de la fumerie d'une longue pipe.

II. Contemplation de deux papillons par un Japonais. Un disciple du philosophe chinois Sôshû, son éventail tombé à terre, près d'un bol de saké vide, les deux coudes sur un escabeau et les deux mains croisées sous le menton, suit des yeux le vol de deux papillons dans une rêverie qui lui fait regarder la vie humaine comme la vie éphémère de ces insectes d'un jour.

III. Un peintre de *tori-i*. Un homme, la tête en bas, une brosse dans une main, une écuelle pleine de noir

1. *Sha :* — copier ; *shin :* — vérité ; *gwa :* — dessin ; *fou :* — album.

dans l'autre, enduit de couleur la base d'un pilastre, le corps plié en deux, les reins cassés dans une dislocation toute-puissante.

Ces deux dessins, le philosophe et le peintre de *tori-i*, ont une parenté extraordinaire avec le beau *faire* brutal de Daumier et avec ses indications à la fois vigoureuses et comiques du muscle dans ses anatomies.

IV. La déesse Kwannon sur un dragon. Cette déesse, dont les prières ont pour but de faire arriver à la rive des bienheureux, les âmes pécheresses retenues de l'autre côté du fleuve, est représentée dans une glorieuse image avec la sérénité bouddhique de son visage se détachant d'un nimbe d'or pâle, et toute volante dans sa robe d'un rose mourant éparpillée sur la nuit du fond.

V. Paysage couvert de neige, avec une montagne dans le fond, et au premier plan un sapin s'élevant au-dessus des habitations rustiques de Tsoukouba dans la baie de Yédo[1].

VI. Une branche de prunier rose sur une pleine lune indiquée seulement par un gaufrage presque invisible.

VII. Une branche de cerisier double au cœur de la fleur jaune ; une espèce où les feuilles viennent en même temps que les fleurs et qui est appelée au Japon *Shiogama*.

VIII. Une tige de navet à l'élégant déchiquetage *lyré* de la feuille, employée souvent au Japon comme motif décoratif et vers laquelle vole une guêpe qui est un vrai trompe-l'œil.

IX. Deux pivoines dans un panier, dessinées avec ce

---

1. **M.** Bing possède des épreuves, tirées à part de cette planche et de la suivante, tout à fait extraordinaires.

style que les Japonais mettent à la fleur; un style parent du style que nos vieilles écoles de peinture de
l'Europe mettaient à la représentation de l'humanité.

X. Des tiges d'iris violacés, ces fleurs à la découpure
héraldique.

XI. Un faucon sur une branche de chêne, une patte
rebroussée contre lui dans un mouvement de prise de
vol, avec le regard d'un œil qui semble percevoir une
proie dans le ciel.

XII. Un faisan qui s'épouille au milieu des traces que
ses pattes ont laissées sur une terre rouge.

XIII. Deux canards mandarins, dans des mouvements
de nage où le dessin cartilagineux de leurs pattes
semble exécuté par un dessinateur spécialiste du
canard.

XIV. Un renard fuyant dans une fuite où est exprimé
le détalement sournois de la bête avec l'inquiétude du
regard.

XV. Deux lapins, un lapin jaune à l'œil noir, un lapin
blanc à l'œil rouge.

Une étude amusante de ces animaux affectionnés par
les Japonais qui, par des croisements, cherchent à en
faire des animaux phénomènes, comme longueur des
oreilles, comme couleur des yeux, si bien que le gouvernement a frappé ces animaux, il y a une dizaine
d'années, de l'imposition d'un dollar. La peinture les
représente d'habitude, sous un rayon de lune, comme
dans le rayonnement d'une lumière natale : les taches
qu'on y aperçoit étant formées, dans l'imagination japonaise, par deux lapins, et encore aujourd'hui les gens
du peuple croient que deux lapins, exposés la nuit dans
une cage aux rayons de la lune, on ne les retrouve pas

le lendemain, délivrés qu'ils sont par l'intervention de leurs confrères de là-haut.

Citons du *Shashin Gwafou* un exemplaire d'un tirage extraordinaire rapporté en Europe par Siebold, et peut-être acheté à Hokousaï en personne. Siebold avait rapporté six exemplaires, dont quatre ont été donnés aux bibliothèques de Paris, de Vienne, et deux étaient conservés à La Haye. M. Gonse a été assez heureux de pouvoir en obtenir un, par suite d'un échange.

XXV

En 1815 Hokousaï publie, avec la collaboration de Hokoutei Bokousén, le *Jôrouri Zekkou,* MORCEAUX DE DRAMES : une suite de scènes tirées des pièces les plus célèbres du xviie et du xviiie siècle, en cinquante-six impressions en noir, avec de très délicates demi-teintes, comme lavées.

Cette femme, la tête renversée, les deux mains s'étreignant au bout de ses bras tendus dans un geste de désespoir : cette femme est la maîtresse d'un Japonais marié que vient trouver le père de son amant et qu'il décide à le quitter, en lui exposant qu'elle est la ruine de son ménage : pauvre femme qui bientôt, ayant à subir les scènes de l'homme qui se croit quitté pour un autre, se tue.

Une autre planche curieuse est la représentation de la scène d'une pièce du xviii^o siècle intitulée OHANA-HANSHITI, où deux femmes, deux apparentes amies, sont sommeillant l'une contre l'autre ; l'une la femme d'un prince, l'autre sa maîtresse ; et il se trouve que l'ombre portée par les cheveux de la maîtresse dessine sur le châssis de papier comme l'enlacement de deux serpents qui se battent. Et le prince, à la vue qu'il a de ces serpents à travers le châssis, pensant aux scènes que cette rivalité sourde a déjà amenées dans son intérieur, et des scènes qui suivront, abandonne son palais et se fait prêtre. Une pièce qui serait, au dire des Japonais, une étude psychologique de la femme très intéressante.

Une autre planche est la représentation d'une femme de la campagne parlant à une courtisane qui pleure à chaudes larmes. Or, voici le sujet. Une jeune fille dont le père a été tué par un malfaiteur, a été vendue au Yoshiwara, est devenue une grande courtisane, sans connaissance de son passé. Or, sa sœur cadette venue d'une province lointaine, apprend à l'aînée son histoire, et les deux sœurs se mettent à la recherche du malfaiteur et, comme autrefois existait au Japon le *droit à la vengeance*, le duel devant Dieu de l'ancienne Europe, les deux sœurs arrivent à tuer l'assassin de leur père.

Une autre planche vous montre un prêtre bouddhique devant un kakémono représentant une femme, et sa tête aux cheveux rebroussés et semblable à celle d'un diable, appuyée réfléchissante sur une main, est toute pleine d'une pensée fixe, soucieuse. Oui, ce prêtre de Bouddha, ce vertueux, ce savant, est devenu amoureux de l'image qui est devant lui et, indifférent au culte et ne remplissant plus ses devoirs religieux, est renvoyé de l'église et rencontre dans sa nouvelle vie une femme ressemblant à la femme du kakémono, qui dédaigne son amour et le rend le plus malheureux des hommes.

Cet album est vraiment l'album où les tristesses, les

pleurs, les désolations, les crispations nerveuses, les affaissements, les désespoirs de la femme sont merveilleusement rendus avec toutes les grâces, les charmes, les coquetteries de la douleur féminine théâtrale.

La même année paraît *Odori hitori keiko*, Leçons de danse par soi-même, un album représentant le dessinateur Hokousaï s'étirant les bras au réveil d'un rêve qui s'éloigne derrière lui et laisse entrevoir, dans l'effacement de sa vision, deux danseurs et une danseuse. Et c'est, après l'impression de chants pour accompagner les danses, une série de planches représentant chacune quatre ou cinq petites figurines de danseurs avec, à la droite ou à la gauche de leur bras ou de leur pied, une ligne droite ou courbe indiquant le développement complet du geste commencé par ce bras ou ce pied.

L'album débute par la *Danse du Batelier*, qui a 43 figures. Suit une danse comique, très gymnastiquement mouvementée. Puis une danse intitulée : la *Danse du marchand d'eau fraîche*. Mais la danse la plus originale, c'est la *Danse du mauvais esprit*, une danse diabolique avec des mouvements d'un disloquage anti-humain, et des expressions de têtes méphistophéliques, un moment sous des masques carrés aux caractères mystérieux, désignant les génies du mal, danse qui a 67 figures.

A la dernière page de l'album, Hokousaï, avec son ironie habituelle, dit : *Si dans l'exécution des mouvements et des mesures il y a des erreurs, veuillez m'excuser. J'ai dessiné ainsi que j'ai rêvé, et comme le rêve d'un spectateur ne peut pas exactement tout donner, si vous voulez bien danser, apprenez-le près d'un maître. Or, si mon rêve ne peut pas faire un vrai danseur, ça fait tout de même un album. Mais, au fond,*

*ce que je vous recommande quand vous voudrez dan-
ser, c'est de mettre en sûreté le tabako-bon (fumoir)
et les bols à thé, car, même en les sauvant, vous aurez
toujours dans vos nattes un dégât bien suffisant.*

Et Hokousaï signe : *Katsoushika Oyaji* (papa Hokousaï).

En 1817, dans un album édité par Yeirakouya Tô-
shiro d'Owari et intitulé *Yéhon Riôshitzu*, ALBUM DE DES-
SINS PAR DEUX PINCEAUX, Hokousaï collabore avec Rikkôsaï de Osaka, — lui se chargeant des personnages, animaux, oiseaux, et Rikkosaï dessinant les paysages et
les arbres.

Un album où les personnages disparaissent dans le
paysage, mais où peut-être Hokousaï s'est représenté
léchant son pinceau dans la dernière planche.

XXVI

En 1817, pendant un voyage d'Hokousaï à Nagoya,
le peintre recevait la commande de nombreuses illustrations de livres et, comme ses élèves vantaient l'exactitude de la représentation des êtres et des choses dans
les dessins du maître, dessins d'un format relativement
très petit, les adversaires de la *peinture vulgaire* décla-
raient que les petites choses que produisait le pinceau
d'Hokousaï étaient du métier, n'appartenaient pas à
l'art. Propos qui blessaient Hokousaï et qui lui faisaient
dire que, si le talent du peintre consistait dans la grande
dimension et les grosses touches d'une œuvre, il était
prêt à étonner ses adversaires. Et c'est alors que son

élève Bokousen et ses amis lui vinrent en aide pour
exécuter en public une formidable peinture, — un
Darma d'une bien autre proportion que celui déjà peint
en 1804.

Ce fut le cinquième jour du dixième mois de l'année
que cette peinture eut lieu devant le temple de Nishig-
hakéjo, et la biographie japonaise d'Hokousaï en donne
la relation illustrée d'après un récit avec dessins de
Yénko-an, un ami du peintre.

Au milieu de la cour du nord du temple, défendue
par une palissade, avait été développé un papier fait
exprès et ayant plusieurs fois l'épaisseur du papier
servant à couvrir les manteaux au Japon. Et ce morceau
de papier sur lequel Hokousaï devait peindre avait la
superficie de 120 nattes. Or la natte japonaise mesure
90 centimètres de largeur sur 180 de hauteur, ce qui
faisait à l'artiste un champ de peinture de 194 mètres.
Et, pour que le papier pût rester tendu, il avait été fait
dessous un lit de paille de riz d'une grande épaisseur
et, de distance en distance, des morceaux de bois, servant de presse, empêchaient le vent de soulever le
papier. Un échafaudage avait été monté contre la salle du
conseil et faisant face au public : échafaudage au haut
duquel des poulies étaient attachées à des cordes pour
soulever l'immense dessin dont la tête était fixée à un
madrier de bois gigantesque. Des pinceaux de grande
dimension se voyaient tout prêts, des pinceaux dont le
plus petit était de la grosseur d'un balai, et l'encre de
Chine était préparée dans des cubes énormes et trans-
vasée dans un tonneau. Ces préparatifs occupaient
toute la matinée où, dès les premières lueurs du jour,
se pressaient dans la cour du temple, pour voir exécuter

le dessin, une foule de nobles, de manants, de femmes
de toutes sortes, de vieillards, d'enfants.

Dans l'après-midi Hokousaï et ses élèves, dans une
tenue demi-cérémonieuse, les jambes et les bras nus,
se mettaient à l'œuvre, les élèves puisant l'encre dans
le tonneau et la mettant dans un bassin de bronze
avec lequel ils accompagnaient, là où il allait, le peintre
peignant. Tout d'abord Hokousaï prit un pinceau de
la grosseur d'une botte de foin et, après l'avoir trempé
dans l'encre, dessina le nez, puis l'œil gauche du Darma :
alors il fit plusieurs enjambées et dessina la bouche et
l'oreille. Après il courut tracer la ligne de la configu-
ration du crâne. Cela fait, il exécuta les cheveux et la
barbe, prenant pour les dégrader un autre pinceau fait
de filaments de coco et qu'il trempa dans une encre de
Chine plus claire. A ce moment ses élèves apportèrent,
sur un immense plateau, un pinceau fait de sacs de riz,
tout imbibé d'encre. A ce pinceau était attachée une
corde et, le pinceau posé à l'endroit que Hokousaï indi-
qua, il attacha la corde à son cou, et on le vit traîner le
pinceau attaché à la corde, le traîner à petits pas et
faire ainsi les gros traits de la robe du Darma.

Quand les traits furent achevés et qu'il fallut mettre
le rouge à la robe, les élèves prirent dans des seaux la
couleur, la jetèrent avec des pelles, tandis que quelques-
uns d'eux pompaient avec des linges mouillés les endroits où il y avait trop de couleur.

Ce ne fut qu'à la tombée de la nuit que l'exécution
complète du Darma fut terminée et qu'on put soulever,
au moyen des poulies, la grande machine peinte, et il y
eut encore une partie du papier traînant au milieu de
la foule qui, selon l'expression japonaise, semblait une

armée de fourmis autour d'un morceau de gâteau. Et ce ne fut que le lendemain qu'on put surélever l'échafaudage et accrocher complètement en l'air la peinture.

Cette séance fit éclater le nom d'Hokousaï comme *un coup de tonnerre*, et pendant quelque temps, dans toute la ville, on ne vit dessiné sur les châssis, sur les paravents, sur les murs, et même sur le sable par des enfants, rien que des Darma, rien que l'image de ce saint qui s'était imposé la privation du sommeil et dont la légende raconte qu'indigné de s'être endormi une nuit il se coupa les paupières, les jeta loin de lui comme de misérables pécheresses et que, par suite d'un miracle, ces paupières prirent racine où elles étaient tombées, et qu'un abrisseau, qui est le thé, poussa donnant la boisson parfumée qui chasse le sommeil.

Ce ne fut pas la seule grandissime peinture que peignit Hokousaï. Plus tard il peignit, à Honjô, un cheval colossal, et plus tard encore à Riôgokou un Hoteï géant, Hoteï qu'il signa *Kintaïsga Hokousaï*, ce qui veut dire « Hokousaï de la maison au sac de brocart », par allusion au sac de toile qui est toujours l'accessoire de ce dieu. Le jour où il peignit le cheval de la grandeur d'un éléphant, on raconte qu'il posa son pinceau sur un grain de riz et, quand on examina ce grain de riz à la loupe, on eut l'illusion de voir dans la tache microscopique du pinceau l'envolée de deux moineaux.

XXVII

En 1818 Hokousaï illustre *Hokousaï Gwakiô*, LE MIROIR DES DESSINS D'HOKOUSAÏ ou *Dénshin Gwakiô*, MIROIR DES DESSINS QUI VIENNENT DE L'AME.

Ce livre qui contient cinquante pages de dessins est avec le *Shashin gwafou* l'album où Katsoushika Hokousaï se montre le plus magistral, le plus en possession de tout son talent.

La préface dit : « Les anciens ont dit que pour faire un grand peintre, il fallait trois conditions :

L'élévation de l'esprit ;

La liberté du pinceau (l'exécution) ;

La conception des choses.

Et généralement il est difficile de trouver un artiste qui possède une de ces conditions. Eh ! bien, il y a un homme de Yédo, appelé Hokousaï, adonné depuis de longues années à la peinture, et qui remplit ces trois conditions. »

Et la préface n'exagère pas.

D'abord le titre dans un bel encadrement michelangesque, représentant des *oni*, des mauvais génies : — un encadrement qui a l'air de la première page d'un de nos beaux livres du xviᵉ siècle.

Alors une série d'images du plus puissant dessin anatomique, où tous les muscles sont indiqués dans la chair comme par une calligraphie savante où se voit, dans le carré de leur forme, le rondissement des mollets, où dans les pieds, dans les mains, transperce l'ossature du squelette : du nu qui a quelque chose d'un Mantegna animé par une fièvre de la vie. Et défilent, sous vos yeux, ces anatomies bossuées et ressautantes de Bénkéi, le représentant de la force, montant une cloche au haut de la montagne Ishiyama ; tuant à coups de hache un ours ; de Momotaro écrasant sous lui un diable ; de ces deux aveugles se battant à coups de bâton, etc., etc.

Et le mouvement et la trépidation des muscles chez

Hokousaï s'étend aux vêtements, ainsi que dans cette aérienne apparition d'un Darma au haut d'un rouleau de papier et chez lequel, de la courbe de son corps sous sa tête rejetée en arrière, sous ses pieds en retraite, l'envolée derrière lui de sa robe ressemble à des lanières de fouet.

Et à côté de ces représentations de la force, en sa tourmente musculaire, les jolies images de la grâce des enfants, de la gentillesse éveillée de ces petits Japonais aux figures rondelettes, aux trois houppes de cheveux sur le front et les tempes. Il y a une charmante planche d'enfants faisant de la musique, une autre délicieuse planche d'enfants jouant à une espèce de jeu de dames ; mais la planche qui est tout à fait un chef-d'œuvre est la réunion de quatre gamins japonais faisant du trapèze après les traverses d'une barrière et dont l'un, la tête en bas, a son petit derrière à l'air : un dessin qui est le vrai dessin de la grâce gymnastique.

Une autre composition intéressante est un gras Hoteï renversé sur le dos et riant aux larmes, et qui fait danser au haut de ses pieds levés, ainsi que dans la *Gimblette* de Fragonard, un petit Japonais. Au milieu de ces dessins de l'humanité petite ou grande, des croquis d'animaux, comme ces deux grues penchées sur l'eau, comme ce groupe d'une poule et d'un coq, où le croquis n'a jamais été plus loin, par cette connaissance qu'a maintenant Hokousaï de ce qu'on doit mettre et de ce qu'on doit omettre dans un dessin, pour que ce dessin ait tout son effet. Et encore des planches de poissons de toutes les formes, au milieu desquels un cuisinier est renversé, cul sur tête, par la décharge d'un poisson électrique.

Et la grandeur et la puissance du dessin du maître, conservées dans des riens, comme une tige d'iris.

XXVIII

Hokousaï publie en 1819, avec la collaboration de ses élèves d'Osaka, Senkwkoutei, Hokouyô, Sekkwatei Hokoujoù, Shungòtei, Hokkei (un autre que le Hokkei connu), publie *Hokousaï Gwashiki*, MÉTHODE DE DESSIN PAR HOKOUSAÏ, un volume aux dessins en noir teintés d'une coloration rose et bleuâtre.

A côté du gros et gras Yébis ou pêchant à la ligne, c'est une assemblée de Rakans, de prêtres bouddhiques, dont l'un fait sortir de sa coupe une vapeur qui se change en un gigantesque dragon ; c'est le malheureux prince Ohtô en sa noire prison, dans une anfractuosité de rocher ; c'est l'hallucination de Yorimitso devant cette gigantesque araignée dont la toile ferme la sortie d'une pièce ; c'est la lutte corps à corps de Kawazou-no-Sabouro et de Matano-no-Gorô, ces deux formidables guerriers du XIIe siècle, c'est Bishamon tuant un diable. Et ce sont des pêcheurs de crabes, des laveurs d'ignames, des bûcherons, des portefaix, des humains, si vivants, si parlants, si gesticulants, qu'il y a chez eux comme une ivresse de la vie et une joie gaudriolante, non seulement des physionomies aux bouches fendues en tirelire, mais encore des torses, des bras, de toute la musculature qui semble remuée, agitée, secouée par un rire comique [1].

1. En 1849, a paru un recueil en trois volumes du *Hokousaï*

Et de cette mimique du dessin, parfois un peu caricaturale mais qui n'est pas absolument particulière à Hokousaï, mais presque générale chez tous les peintres japonais, il est une explication. Le Japon est le pays où le masque d'Okamé, la déesse de la grosse joie, figure dans le vestibule de toutes les habitations : où le proverbe : « Le sourire est la source du bonheur et de la fortune » est à l'état d'axiome ; où l'on n'entend jamais pleurer un enfant ; où la femme est la seule femme de l'Orient qui ait une nature rieuse ; où la bataille de la vie n'est pas âpre ; où, dans ce pays de gais paysages et de ciel bleu, la mélancolie ne semble pas exister ; enfin où les atteintes prolongées de chagrins chez les peuples septentrionaux ne sont que momentanées.

XXIX

En 1822 paraissent *Kiôka Moumazoukouski*, Poésies sur les chevaux, poésies où une seule planche double signée *Hokousaï, fou de la Lune*, représente trois de ces chevaux chevelus, à la crinière hirsute, dont l'un, les fers en l'air, se roule à terre en détachant de terribles ruades.

En 1826, dans *Hankon Shirio*, les vieux Papiers jetés, deux volumes de Tanéhiko, il existe un curieux facsimilé d'Hokousaï d'après Tori-i Kiyonobou, peintre du xviiᵉ siècle, représentant un fameux marchand de *cara-*

Gwashiki, avec les planches réduites et teintées grossièrement de rose et de bleu : chaque volume précédé d'un prêtre du culte Kami.

mels de longévité pour les enfants, si populaire que sa personnalité fut mise au théâtre par le fameux acteur Nakamoura Kitibei.

XXX

De 1800 à 1826, les feuilles séparées, publiées par Hokousaï, sont nombreuses et de toute nature. Un jour c'est une estampe industrielle, un autre jour une estampe de l'art le plus pur.

Dans les années qui suivent 1800, ce sont deux séries de petites bandes, au nombre d'une vingtaine, contenant des sujets variés.

Vers le même temps, une suite d'impressions caricaturales, parmi lesquelles une assez drôlatique : un garçon d'un marchand de saké remettant la facture à une bonne qui, prenant la facture pour une lettre d'amour, se sauve et que le garçon est obligé de rattraper par ses jupes : une série d'une dizaine de planches presque entièrement consacrée, avec la série des Cent proverbes comiques, aux aventures amoureuses des bonnes et à leur engrossement.

Dans cette série existe une autre planche où un Japonais, dans un saut périlleux, passant par-dessus une femme lavant du linge, la trousse. Les yeux émerillonnés, le nez en as de trèfle, la bouche entr'ouverte de poisson cuit de la laveuse, ça ne peut se dire !

Vers 1802, voici des images à composer pour enfants, faites de deux planches au moyen de la découpure desquelles les enfants doivent constituer une maison avec les personnages du dedans et de l'extérieur. Et cette maison qu'ils doivent composer, est une « Maison Verte ». Une constitution plus compliquée est un établissement de bains qui se fabrique avec la découpure de cinq planches et où vous avez tout le détail de l'établissement, avec les hommes et les femmes à l'état de nudité dans les deux bains.

Cette « Maison Verte » et ce bain sont publiés, en même temps que deux suites sur les rônins, une petite série à l'imitation des sourimonos, et une grande série datée de 1806 ; puis une belle suite de paysages, donnant dans une planche, pour ainsi dire, la gaîté d'une habitation de femme noble, en ces légères constructions à jour toutes remplies de branches de cerisier en fleurs dans de grandes potiches, et avec ces galeries courant sur un petit lac.

Vers 1810, c'est dans un grand format, les six impressions des six poètes qui sont :

Onono Komati (une femme de la cour) ;

Ariwara-no Narihira (un seigneur) ;

Sôjô Hénjô (un grand prêtre) ;

Kisén Hosshi (un prêtre) ;

Ohtomo-no Kouronoushi (un lettré noble) ;

Boun-ya-no Yasouhidé (un poète de la bourgeoisie).

Et les contours du corps des six poètes, par une chinoiserie fort à la mode dans ce pays, sont faits avec les lettres de leurs noms, et parmi ces poètes se trouve une Komati d'une très belle couleur au milieu d'espèces de crêtes de vagues violettes et vertes courant si joliment dans une de ses poésies.

Vers ce temps c'est une série de personnages, de

paysages, d'oiseaux, de poissons tirés en bleu, contenant une dizaine de planches.

Dans les mêmes années, paraît la représentation
d'une « Maison Verte » avec tous ses détails en cinq
planches.

Sous l'escalier, l'emmagasinement des barillets de
saké ; à gauche, le petit bâtiment contre l'incendie,
vers lequel il y a une allée et une venue incessante de
porteuses de choses. Dans la première pièce, le patron
et la patronne assis devant un chibatchi et une théière
de thé, et entourés d'un cercle de femmes accroupies.
Derrière eux, une petite pagode, avec ses lions de Corée,
ses petits Darma, et ses deux bouteilles de saké en laque,
comme offrande aux dieux, — et aussi, comme offrande,
sur les marches du petit escalier, un moment déposé,
l'argent reçu par les femmes, mais qu'elles reprennent
bientôt après. Une galerie où, à travers le jardin, on
entrevoit des femmes faisant leur toilette. Une pièce
où les femmes nettoient des plateaux de laque et enferment dans des coffres des bols et des assiettes. Puis la
cuisine où un homme souffle le feu d'un grand fourneau, près d'une colossale marmite de riz, surmonté de
quatre petites pyramides de riz et de deux petites bouteilles de saké, toujours comme offrande à Bouddha.

Maintenant un jeu de cartes, le jeu de cartes des poésies de Guénji, se composant de 110 cartes minuscules
décorées d'un éventail, d'une bouteille de saké, d'un vol
de deux papillons, d'une écritoire, d'une branchette
d'arbre, d'un chapeau de paille, d'un panier de légumes, etc.

Et encore un écran où sont représentés deux esprits
du saké, ces petits êtres fantastiques aux cheveux

rouges, dont l'on porte sur l'épaule le gobelet à queue avec lequel on puise le saké dans la terrine, et l'autre qui joue de la flûte.

Trois curieuses impressions d'écrans en camaïeu bleu, avec les figures et le nu des corps, réservés en blanc, et dans le ciel le rouge d'un soleil couchant, signées : *Manji* (vers 1834), font partie de la collection de M. Vever. L'un représente un établissement thermal dans la province de Kahi ; l'autre, un lac sur la route de Kiso ; le dernier un rocher pittoresque dans la province de Jôshû. Deux autres impressions d'écrans faisant partie de la même suite, sont tirées en couleur : l'une, c'est la représentation de pêcheurs tirant leurs filets, l'autre, un parcours de voyageurs le long de la mer par un temps de neige.

Des dessins d'écrans, M. Bing en possède aussi une intéressante suite. Un faisan et un serpent ; une réunion de sept coqs, impression très originale ; une femme apportant une tasse de thé, — le tirage en noir de l'impression primitive ; des teinturières ; des pêcheuses de sel au bord de la mer qui moutonne et se brise autour d'elles.

Un aigle volant au-dessus d'un nuage est dans la collection Manzi.

On connaît aussi, publiées vers ce temps, un certain nombre d'impressions d'éventails dont je ne veux citer que le plus remarquable, qui est dans la collection de M. Bing. C'est la tête d'un aigle tenant dans ses serres un petit ourson, dont les ailes étendues remplissent, de la manière la plus heureuse, l'hémicycle de l'éventail.

Enfin, en l'année 1823, l'année où Hokousaï va publier ses plus belles feuilles séparées, va faire paraître

ses premières planches des Trente-six Vues de Fougakou
(Fouzi-yama), il met au jour une curieuse impression.
C'est une très grande planche, du format de nos plans
de ville : un paysage imaginaire contenant cent ponts
dans une seule vue, un paysage d'un pittoresque indescriptible. Et voilà ce que Hokousaï a écrit, comme
légende de l'estampe : « *Pendant l'automne dernier,
j'étais tristement rêveur, et soudain j'ai imaginé de
me promener dans un paysage pittoresque, en passant un nombre innombrable de ponts, et je me suis
trouvé tellement heureux de ma longue promenade
dans ce paysage que j'ai pris de suite mon pinceau
et l'ai dessiné, ce paysage, avant qu'il ne se perdît
dans mon imagination.* »

XXXI

Cette note sur le *Paysage à cent ponts* est un témoignage du tempérament poétique du peintre, et la biographie de Kiôdén affirme en effet que Hokousaï fut
un excellent poète dans la poésie Haï-kai (la poésie populaire).

A propos du goût d'Hokousaï pour la poésie, on
raconte qu'il était membre d'une société de poètes,
nommés les *sociétaires de Katsoushika* et, en raison de
sa supériorité sur ses confrères, y exerçant une sorte de
présidence. Or dans cette société il y avait des gens de
service, ignorant que le peintre et le poète étaient le
même homme, et il arriva qu'un soir on lui apporta
une lanterne dont le papier était blanc, sans aucune
ornementation ; Hokousaï demanda un pinceau et des-

sina des tiges de fougères, d'un trompe-l'œil si extraordinaire que le domestique qui avait apporté la lanterne ne put s'empêcher de crier : « Oh ! vraiment,
monsieur Hokousaï, quelle disposition vous avez pour
le dessin ! »

On entend l'éclat de rire des *sociétaires de Katsoushika* en train de regarder Hokousaï peindre.

XXXII

De 1823 à 1829 paraît, sous le titre de : LES TRENTE-SIX
VUES DE FOUGAKOU (Fouzi-yama), une série d'impressions
célèbres, qui dans le principe ne devait compter que
36 planches, et dont le nombre a été porté à 46 planches.

Cette série en largeur, aux couleurs un peu crues,
mais ambitieuses de se rapprocher des colorations de
la nature sous tous les aspects de la lumière, est l'album
inspirateur du paysage des impressionnistes de l'heure
présente.

1. *Yéjiri* (de la province de Sourouga).
     Un coup de vent.

2. *Ohno-shindén* (de la province de Sourouga).
     Transport de fagots par des bœufs.

3. *Champs de thé de Katakoura* (de la province de
     Sourouga).
     Un homme ferrant un cheval.

4. *Foujimi-no-hara* (de la province d'Owari).
     Un Japonais agenouillé dans le cercle d'une

immense cuve qu'il assemble et où l'on voit dans le fond le Fouzi-yama.

5. *Un matin de neige à Ko-ishikawa* (à Yédo).
Femme indiquant, d'un kiosque, le Fouzi-yama.

6. *Todo-no-Oura.*
Des tori-i dans l'eau, au bas desquels sont des pêcheurs de coquillages.

7. *L'autre côté du Fouji, vu de Minobougawa* (nom de rivière).
Chevaux au bord de la rivière.

8. *Beau temps par un vent du Sud* (daté 1825).
Le Fouzi-yama, en la coloration rouge d'une brique, avec quelques lézardes de neige à l'extrémité de son pic, et se détachant sur un ciel d'un bleu intense tout rayé de nuages blancs stratifiés qui donnent au ciel le caractère d'une plage dont la mer vient de se retirer. Une impression de la plus grande originalité et où l'artiste japonais a la bravoure de rendre l'effet qu'il a vu, dans toute sa vérité invraisemblable.

9. *Orage au pied de la montagne.*
Le Fouzi-yama vu tout pourpre à la clarté d'un éclair.

10. *Ascension des hommes.*
Montée de Japonais, par des échelles, à la caverne de Fouzi-yama déjà toute pleine de pèlerins.

11. *Naroumi de la province de Kazousa.*
Grand bateau couvert de nattes.

12. *Oushibori de la province de Hitali.*
Aménagement d'un grand bateau japonais dont
on ne voit que la moitié.

13. *Le lac de Souwa, de la province de Shimano.*
Une hutte sous un arbre.

14. *Dans la montagne de la province de Tôtômi.*
Des scieurs de bois débitant une énorme solive
s'élevant dans le ciel portée sur quatre poutres.
Une des planches les plus harmoniques aux colorations simplement vertes et bleues sur le jaune
du papier, avec quelques rehauts d'encre de Chine.

15. *La roue hydraulique de Ondén.*
Une femme, un baquet sous le bras, une autre en
train de laver, dans la chute d'eau un panier
rempli d'herbages.

16. *Inoumé-tôghé de la province de Kahi.*
Le Fouzi-yama, d'un rouge brun à la base, d'un
bleu d'outremer au milieu, puis blanc de neige au
sommet.

17. *La surface de l'eau de Sansaka de la province
de Kahi.*
Le Fouzi-yama jaune d'ocre, reflété dans le bleu
de la rivière.

18. *La passe de Mishima de la province de Kahi*
Un gigantesque cèdre dont trois hommes sont en

train de mesurer le tronc de leurs bras étendus.
Encore une de ces harmonieuses planches faites de
colorations bleues et vertes sur papier jaune : au fond
les colorations de nos grisailles amoureuses du
xviiie siècle.

19. *L'Aube de Isawa de la province de Kahi.*
Au-dessus de toits de chaume d'habitations de
paysans, le Fouzi-yama tout noir, sauf l'extrémité
du pic.

20. *L'intérieur du flot en face de Kanagawa* (à Tòkaïdò).
Planche qui devrait s'appeler *la Vague* et qui
en est comme le dessin un peu divinisé par un
peintre sous la terreur religieuse de la mer redou-
table entourant de toute part sa patrie : dessin qui
vous donne le coléreux de sa montée dans le ciel,
l'azur profond de l'intérieur transparent de sa
courbe, le déchirement de sa crête qui s'éparpille
en une pluie de gouttelettes ayant la forme de
griffes d'animaux.

21. *Hodogaya sur le Tòkaïdò.*
Le passage d'un pont de bateaux par des piétons
et un Japonais à cheval par un temps de neige.

22. *Yoshida sur le Tòkaïdò.*
Maison de thé où hommes et femmes prennent
du thé, fument, se reposent sur le banc intérieur
de la maison d'où par une grande baie on aperçoit
le Fouzi-yama. Dans un coin un voyageur ramollit
sa chaussure à coups de maillet.

23. *Kanaya sur le Tôkaïdô.*
    Norimon porté dans l'eau.

24. *Plage de Tago près de Yéjiri sur le Tôkaïdô.*
    Une barque, au-dessus le Fouzi-yama, tout bleu.

25. *Yénoshima de la province de Sagami.*
    Maison rustique dans une île.

26. *Nakabara de la province de Sagami.*
    Porteurs près d'un petit monument bouddhique.

27. *Shitiri-ga-hama de la province de Sagami.*
    Un bouquet d'arbres bleuâtres.

28. *Le lac de Hakoné de la province de Sagami.*
    Paysages montant au-dessus de sommets d'arbres
    au bas de la planche.

29. *Menesawa de la province de Sagami.*
    Assemblées de grues.

30. *Talékawa de Honjó (à Yédo).*
    Le quartier des chantiers de bois à Yédo, avec
    d'un côté ses piles de bois et de l'autre ses assem-
    blages de planches debout.

31. *Le pont Mannén-bashi de Foukagawa (à Yédo).*
    Un bateau à l'avant.

32. *La pagode des 500 Rakan (à Yédo).*
    Sur la terrasse de la pagode.

33. *Le pin de Aoyama (à Yédo).*
    Pin à l'étendue des branches couvrant un terrain

immense, branches que soutient une forêt de tu-
teurs.

34. *Kajika-sawa de la province de Kahi.*
Homme retirant, du haut d'un rocher, un filet
jeté dans un lac.

35. *Mégouro inférieur* (à Yédo).
Faubourg de Yédo où se fabriquent les meules
pour écraser le riz.

36. *Sénjû* (un faubourg de Yédo).
Homme préparant pour un cheval la sandale de
paille employée avant l'adoption du ferrage.

37. *Vue du Fouji à travers la ville des fleurs* (Yoshiwara) *du côté de Sénjû.*
Une marche de porteurs de fusils dans des gaines
rouges.

38. *Tsoukouda-zima* (une île à l'embouchure de la
Soumida).
Barque chargée de ballots de coton.

39. *Tamagawa* (nom de rivière) de la province de Mousashi.
Petite barque sur cette belle et claire rivière
alimentant Yédo d'eau potable.

40. *Fouzi vu de Shinagawa à travers Gotényama* (à
Yédo).
Montée de gens dans le paysage ; à droite colla-
tion sur un tapis.

41. *Le pont Nihonbashi de Yédo.*
La perpective des entrepôts.

42. *Les magasins de Mitsui de Yédo.*
Magasins d'objets de luxe.

43. *Sourougadaï de Yédo.*
Colline au centre de Yédo, porteurs gravissant un chemin.

44. *Le temple bouddhique Hongwanji d'Asakousa de Yédo.*
Le fronton de la toiture d'un des plus grands temples bouddhiques.

45. *Le soir du pont Riôgokou, vu du quai des Écuries.*
Une barque où un homme laisse flotter un linge dans l'eau.

46. *Le village de Sékiya, au bord de la Soumida.*
Trois cavaliers galopant sur la route.

A cette série des TRENTE-SIX VUES DU FOUZI se joignent, comme impressions de la même facture, la série des CASCADES et la série des PONTS.

La première série intitulée : *Shokokou Takimégouri*, VOYAGE AUTOUR DES CASCADES, publiée vers 1827, se compose de huit planches en hauteur. C'est sans doute, vu le nombre des cascades célèbres qui existent au Japon, une série qui devait être continuée.

1. *Cascade Kirifouri* (de la rosée tombante) *dans la montagne kourokami-yama* (montagne de cheveux noirs) *de la province de Shimozouké.*

Trois Japonais en contemplation devant la cascade.

2. *Cascade de Ono sur la route de Kiso.*
Cinq porteurs sur un pont.

3. *Kiyotaki* (cascade pure) *de Kwannon de Sakanoshita, sur la route de Tôkaïdô.*
Montée de gens vers un temple de Kwannon.

4. *Mouma aroïnotaki, cascade à Yoshino, dans la province d'Izoumi.*
Cascade où le guerrier Yoshitsouné a lavé son cheval et où, par une allusion à ce souvenir historique, il est représenté dans cette impression un cheval rouge qu'un homme est en train de laver.

5. *Amida-ga-taki* (cascade de Bouddha) *au fond de la montagne de Kiso.*
Trois Japonais en train de faire une collation, au bas de cette cascade dans la chute de laquelle le Japon voit une ressemblance avec la tête d'un Bouddha.

6. *Cascade de la colline des mauves* (Aoyégaoka) *à Yédo.*
Un homme s'épongeant le front, appuyé sur le bâton de ses paniers.

7. *Cascade de Rôbén* (nom d'un ancien prêtre), *dans la montagne Ohyama, province de Sagami.*
Gens se baignant dans la cascade.

8. *Yôrô-no-taki* (cascade de Yôrô) *dans la province de Mino.*

Un groupe de Japonais assis, se reposant au bas de la cascade.

La série des Ponts intitulée : *Shokokou Meikiô Kiran*, vues pittoresques des ponts de diverses provinces, et publiée de 1827 à 1830, se compose de onze planches en largeur.

1. *Le pont de la Lune crachée* (reflétée) *dans la montagne Arashiyama de la province de Yamashiro.*
   Pont sur pilotis de bois.

2. *Pont de bateaux de Sano, de la province de Kôzouké.*
   Pont sur un cours d'eau très variable relié avec des cordages sur lesquels sont jetées des planches.

3. *Koump-no-kakéhashi* (le pont du nuage) *dans la montagne Guiôdôsan à Ashikaga.*
   Pont reliant les deux pics d'une montagne.

4. *Tsouribashi* (pont suspendu) *sur la frontière des deux provinces de Hida et de Yettchû.*
   Un pont de cordage avec un filet dessous : un vrai pont d'acrobates.

5. *Kintaïbashi dans la province de Sou-wô.*
   Pont avec des piles en pierre et un tablier de bois.

6. *Yahaghi-no-hashi de Okazaki, sur la route de Tôkaïdô.*
   Pont courbe en bois sur piliers très élevés, forme nécessitée par la fonte des neiges au printemps.

7. *Taïko bashi* (pont de tambour) *du temple de Ténjin
de Kameïdo à Yédo*.

Pont à la forme surélevée de terre et rondissante
d'une moitié de tambour.

8. *Les ponts de Tempôzan sur la rivière Kazikawa
dans la province de Settsou*.

Deux ponts, près de Ohsaka, reliant une petite
île pittoresque à la terre ferme.

9. *Temma bashi* (à Ohsaka) *province de Settsou*.

Représentation sur ce pont de la fête des Lanternes.

10. *Le pont de Foukouï de la province de Yétizén*.

Un pont moitié en pierre d'un côté, moitié en
bois de l'autre, séparant deux districts de la même
province dont l'un était régi par un daïmio riche,
l'autre par un daïmio pauvre.

11. *Yatsou-hashi* (le pont en 8 parties) *de la province
de Mikawa*.

Un pont aux compartiments zigzaguant sur un
vaste marais, de la forme de ces châssis mobiles
sur lesquels les enfants font avancer des soldats,
un pont élevé pour aller voir dessus la floraison
des iris du marais.

XXXIII

Tout peintre japonais, disais-je, dans mon étude sur
Outamaro, a une œuvre érotique, a ses *shungwa*, ses
peintures de printemps.

Et je parlais alors de la peinture érotique de l'Extrême-Orient, « de ces copulations comme encolérées, du culbutis de ces ruts renversant les paravents d'une chambre, de ces emmêlements des corps fondus ensemble, de ces nervosités jouisseuses des bras, à la fois attirant et repoussant le coït, de ces bouillonnements de ventres féminins, de l'épilepsie de ces pieds aux doigts tordus battant l'air, de ces baisers bouche-à-bouche dévorateurs, de ces pâmoisons de femmes, la tête renversée à terre, la *petite mort* sur leur visage, aux yeux clos, sous leurs paupières fardées, enfin de cette force, de cette énergie de la linéature qui fait du dessin d'une verge un dessin égal à la main du Musée du Louvre, attribuée à Michel-Ange. »

Ces lignes, je les écrivais d'après trois albums d'impressions merveilleuses dont j'ignorais encore l'auteur, et que je sais maintenant être Hokousaï, et avoir pour titre : *Kinoyé no Komatsou,* les Jeunes Pins, dont la publication est de 1820 à 1830.

C'est dans ces albums qu'existe cette terrible planche : sur les rochers verdis par des herbes marines, un corps nu de femme, évanoui dans le plaisir, *sicut cadaver,* à tel point qu'on ne sait pas si c'est une noyée ou une vivante, et dont une immense pieuvre, avec ses effrayantes prunelles, en forme de noirs quartiers de lune, aspire le bas du corps, tandis qu'une petite pieuvre lui mange goulûment la bouche.

C'est dans ces albums que se trouve cette planche d'un voluptueux indescriptible : sur les ondulations d'une étoffe de pourpre, le bas d'un ventre de femme, où s'est introduit un doigt de sa main, d'une main au poignet nerveusement cassé, aux longs doigts contournés, à l'attouchement doucement titillant, d'une main qui, dans sa courbe, a l'élégance volante d'une main du Primatice.

Je laisse là la description des autres albums, je veux seulement signaler une série de petits sourimonos, dont quelques-uns sont *à cache*, et ont été sans doute publiés vers les dernières années du XVIIIe siècle, et dans lesquels, au milieu des frénésies animales, on trouve des affaissements béats, des brisements de cous de nos primitifs, des attitudes mystiques, des mouvements d'amour presque religieux.

XXXIV

En 1828 paraît le *Yéhon Teikinwôra*, CORRESPONDANCE TRAITANT DU JARDIN DE FAMILLE, un des plus parfaits livres illustrés par Hokousaï et gravés par Yégawa Tomékiti : trois volumes où les compositions d'Hokousaï, prenant tantôt le milieu, tantôt le haut de la page, sont encastrées dans une ancienne écriture d'une grasse calligraphie admirablement rendue par le graveur calligraphe Bountidô.

C'est l'ancienne éducation intellectuelle du Japon faite dans la maison paternelle et pas dans les écoles. Et ce livre, où le mot *tei* veut dire jardin, et le mot *kin* éducation, nous fait connaître un traité dont le texte écrit en langage courant, usité dans les correspondances journalières, a pour but de donner une éducation morale aux enfants dans la famille, même pendant qu'ils jouent au jardin.

L'intérêt de ces volumes, où une illustration, toute

moderne, et sans rapport avec le texte, est intercalée au milieu de cette écriture du xɪvᵉ siècle, c'est surtout la représentation des industries et des métiers du pays.

Voici une cuisine : la cuisine officielle du souverain où les cuisiniers ne peuvent toucher à rien qu'avec des baguettes ; voici l'atelier d'un sculpteur sculptant une chimère colossale; voici deux planches de forgerons, dans l'une desquelles un vieux ciseleur, aux lourdes besicles, est en train d'entailler une garde de sabre; voici une teinturerie avec le teinturier aux bras teints jusqu'à la saignée ; voici des brodeurs brodant la soie étendue sur un châssis ; voici les métiers à tisser de la ville et de la campagne; voici la faiseuse de chapeaux de paille, et la faiseuse de papier à l'usage domestique; voici le fabricant de parapluies, voici le faiseur de petites boîtes en lames de bois roulées; voici le peintre de kakémonos; voici le sculpteur spécialiste des statues et statuettes de Bouddha, voici le diseur de bonne aventure offrant de la rue à des femmes dans leur intérieur son petit faisceau de cinquante baguettes révélatrices de bonne ou mauvaise chance de leur vie; voici enfin la boutique du libraire avec l'annonce des derniers livres.

Et, dans cette représentation des industries et des métiers, une merveille que le *d'après nature* des attitudes, la vérité des mouvements, l'attentionnement des hommes et des femmes à la chose qu'ils font, et la tranquillité calme de l'application pour les besognes délicates, et la violence des anatomies pour l'effort des gros ouvrages.

Dans le second volume c'est le fabricant de nattes, *tatami;* c'est le modeleur de théières en métal; c'est le

chandelier, à la main enduisant de cire une tige de
bambou, qu'on retire; c'est le vendeur d'huile; c'est un
entrepôt de saké; c'est un marchand de légumes frais;
c'est un marchand de légumes secs; c'est un prépara-
teur de plantes marines comme l'*aonori*, le *kombou*,
et qu'on mange bouilli, grillé ou séché; c'est une faiseuse de filets; c'est un séchoir de pieuvres dont la
chair séchée sert à faire des soupes très délicates.

Le troisième volume contient un très petit nombre de
planches d'industries. Il n'y a guère qu'un tourneur de
meules avec lesquelles on blanchit le riz; un broyeur
de thé en poudre, pour le genre de cérémonie dite Tchanoyu, et se divisant en Koïtoha et Mattcha; un faiseur
de macaronis de sarrasin, représenté à côté des figures
comiques de deux avaleurs de macaroni, tout à la joie
gloutonne de leur occupation. Et, parmi ces industries,
un industriel particulier, un conteur d'histoires, jouant
un peu les personnages qu'il met en scène et toujours
entouré d'un nombreux public de gens qui ne savent
pas lire et, ainsi que dans nos feuilletons, arrêtant son
récit au moment le plus intéressant et faisant revenir
les gens avec la *suite à demain*.

Plusieurs planches sont consacrées à la célébration
de légumes phénoménaux de certaines provinces du
Japon. Ici une rave de la province d'Ohmi qu'il faut
deux hommes pour porter, là une pousse de bambou de
la province de *Iyo* qui a l'air d'un mât de navire, plus
loin encore, deux navets gigantesques de la province
Owari, enfin un petasite d'Akita, cette petite plante
grande comme une laitue qui sert dans l'image qui la
représente de parasol à un homme et à une femme.

Et dans les trois volumes, mêlées aux planches représentant des métiers et des industries, des planches de toutes sortes : l'audience d'un daïmio ; une rue de Yédo ; un intérieur d'un temple bouddhique ; une salle de tribunal avec les trois juges sur une estrade, et le public assis à terre ; le frappement sur un taï en bois pour annoncer un service religieux ; la récolte des *kaki* ; la pêche au cormoran ; et encore des planches, comme les quatre classes de la société japonaise : le guerrier, le paysan, l'ouvrier, le marchand, la dernière classe dans cette société aristocratique.

Mais, de toutes ces images, les plus charmantes sont des sortes de culs-de-lampe, représentant celle-ci, une femme vue de dos à sa toilette qui se met une épingle dans les cheveux devant un miroir reflétant sa figure, abaissée avec le plus gracieux mouvement du cou, et l'abandon derrière elle d'une main tenant un écran ; et celle-là, formée tout simplement du groupement d'une chimère, de deux peignes, d'une coupe à saké, d'une pipe, d'une fleur.

Le premier volume est publié en 1828, le second en 1848, le troisième est sans date, mais tous les dessins sont de 1828.

Le baron de Hubner, dans sa PROMENADE AUTOUR DU MONDE, raconte qu'à Odawara, après le repas dans la grande maison de thé de la ville, un homme s'est présenté, porteur d'une boîte divisée en quatre compartiments contenant du sable rouge, bleu, noir, blanc, et qui, en le jetant sur le plancher comme un cultivateur jette la semence, dessinait et peignait à la fois des fleurs des oiseaux, et à la fin, — au milieu des rires bruyants des hommes et des femmes, des sujets érotiques dignes de la *Chambre secrète* de Pompéi.

En 1828, un livre qui est, pour ainsi dire, le manuel
de cet art, mais pour les femmes, et sans aucun modèle
obscène, paraissait sous ce titre : *Bongwa hitori keiko*,
Étude par soi-même du dessin sur plateau, par Mme Tsu-
kihana Yei, avec une illustration due pour la plus
grande part à Hokousaï.

La première planche représente, à côté de boîtes de
sables de différentes couleurs, deux jeunes femmes
accroupies par terre devant un plateau : l'une, une
cuiller à la main, l'autre, une planchette, toutes deux
en train de composer un tableau.

Et l'album contient, représentés en deux couleurs, —
une couleur grisâtre, une couleur rougeâtre, — d'abord
des motifs élémentaires comme une tige de bambou,
une fleur d'iris, des lapins éclairés par la lune, puis des
motifs plus compliqués, comme une tortue, un faisan
doré, un paon.

Et dans le texte de petits croquetons donnent la figuration de la planchette, de la cuiller, et la manière,
dont la main doit les tenir et laisser tomber le sable.

<h1 style="text-align:center">XXXV</h1>

En 1830, paraissent en planches séparées :

Hiakou monogatari, les Cent Contes : une série
d'estampes fantômatiques, d'un caractère terrifique tout
à fait extraordinaire et dont il n'a paru que cinq
planches, peut-être à cause de l'effroi qu'elles cau-
saient.

La plus effrayante, c'est une lanterne fabriquée sur
le modèle d'une tête de mort, avec les cheveux hérissés

sur le haut de la tête, et flasques et pendants sur les tempes, avec les fibrilles de sang du blanc des yeux, avivés par la lueur intérieure de la lanterne, avec la couture ou le collage du papier, imitant d'une manière invraisemblable les sutures d'un crâne ; et cette tête de mort, produit d'une imagination ingénieusement macabre, se détachant sur le bleu noir de la nuit.

Une autre estampe : une femme ogresse, aux cheveux ressemblant à une crinière, aux yeux demi-fermés remplis d'une noire prunelle, au nez busqué d'un bouc, aux crocs bleuâtres saillant des deux côtés d'une bouche tachée de sang, à la main de squelette avec laquelle elle tient, derrière son dos, une tête d'enfant qu'elle a commencé à dévorer.

Une autre estampe : une femme fantôme soulevant une moustiquaire où dort un sommeil tranquille une femme, moitié à l'état de squelette, moitié à l'état anatomique dénudé de la peau, et dont les osselets de la main sont verts dans l'ombre et couleur de chair dans la lumière.

Une autre estampe : une pâle tête de morte chevelue, à la bouche ouverte d'où un soupir se dessine sur le ciel noir comme le dessin d'un souffle sur de l'air glacé, et le haut du corps sortant d'un puits formé comme des anneaux d'un serpent et qui sont un enchaînement d'assiettes vertes. C'est l'apparition de la petite servante Okikou dont j'ai raconté l'histoire dans la Mangwa.

Une autre estampe simplement allégorique représentant la fiche d'un mort, la feuille où sont inscrites la date de sa naissance, la date de sa mort, avec au milieu son nom et, à côté, les bonbons apportés pour l'anniversaire de son décès, une feuille d'un bouquet tombée

dans un bol, un présentoir autour duquel s'enroule un
serpent.

XXXVI

En cette même année 1830, ou dans des années qui
la touchent de très près, paraît *Shika Shashinkiô*, IMAGES
DES POÈTES, une série de dix grandes impressions en
couleur (H. 50, L. 22 centimètres) qui, selon moi, est la
série révélatrice du grand dessinateur et du puissant
coloriste qu'est Hokousaï.

Dans ces dix compositions, du plus fier dessin, de la
plus savante assurance dans le trait, la coloration de
l'aquarelle qui les recouvre a une solidité, pour ainsi
dire, un *gras* qui vous enlève toute impression d'un
coloriage sur du papier, mais vous fait regarder ces
images ainsi que vous regarderiez des panneaux recou-
verts de la plus sérieuse peinture à l'huile. Non, rien
ne peut donner une idée de la grandeur, du pittoresque,
de la couleur à la fois réelle et poétique des paysages
en hauteur où se passent ces scènes lyriques.

Les titres de cette série de la plus grande rareté tantôt portent le nom d'un poète, tantôt le titre d'une
poésie.

I. Dans un paysage montagneux, au bord de la mer,
un poète chinois, une branche de saule lui servant de
cravache, chevauche sur un cheval blanc à la selle toute
garnie de houppes écarlates : un cheval dont la blancheur se détache merveilleusement sur le bleu intense
du lointain de la mer.

II. Le poète chinois Lihakou, appuyé sur un long

bambou, avec deux enfants dans les plis de sa robe, est en contemplation devant une cascade qui a l'air de tomber perpendiculairement du haut du ciel, une cascade aux bleus transparents, aux violets transparents de l'eau dans sa chute. Une planche d'une coloration sourde et comme patinée, d'un effet admirable.

III. Dans une anse de la mer, où est remisé un bateau, en face d'un rocher rose à moitié perdu dans les nuages et à la forme d'une architecture féerique, entouré de ses disciples, le poète chinois Hakou-rakou-tén, à qui l'on doit des poésies descriptives célèbres, est penché vers un batelier qui d'en bas, semble le renseigner sur le site.

IV. Un Japonais qui traverse un pont, portant sur l'épaule une perche aux bouts de laquelle sont attachés deux bouquets de la plante qui remplace au Japon le papier de verre. Les grands arbres du haut du paysage, éclairés par la lune, dans une fin de jour crépusculaire, sont d'une tonalité verte indicible, d'un vert tendrement assoupi sur les hachures ombrées des roseaux de la rivière.

V. Sous un immense pin, au bord de la mer, au-dessus de rochers rouges ayant la forme accidentée de congélations, adossé à la balustrade d'une haute terrasse, dans un élégant mouvement de retournement de la tête en arrière, un homme contemple le ciel où brille la lune.

C'est le poète japonais Nakamaro, devenu ministre en Chine, qui a fait, en sa nouvelle patrie, un poème où il dit que, lorsque son âme se promène dans le ciel et qu'il voit cette lune qu'il a vue aux flancs de la montagne de Mikasa, près de Kasouga, cette lune le console, lui fait

oublier les misères de l'existence, lui rappelle son
Japon, — une pièce qui fut cause de sa disgrâce, par le
témoignage qu'elle apportait de son attachement pour
son ancienne patrie.

VI. Un épisode de l'histoire de la Chine : un homme
monté sur un arbre, une porte que deux soldats chinois
sont en train d'ouvrir, près d'un coq qui chante sur un
toit. Voici l'explication de l'estampe. Un prince, après
une défaite, au moment d'être fait prisonnier dans un
pays étranger, a pu arriver, poursuivi de très près, à la
porte de la frontière. Mais il fait encore nuit et la barrière ne s'ouvre qu'à l'heure où les coqs chantent, lorsqu'un fidèle du prince a l'idée de monter sur un arbre,
d'imiter le chant du coq, que reprennent tous les coqs
de l'endroit, et la porte s'ouvre.

VII. Un poète japonais se dirigeant dans la campagne
vers une montagne à la cime d'un fauve volcanique.

VIII. Un poète japonais des vieux siècles, dans sa
robe jaune, tenant sur son épaule l'éventail aux palettes
de bois en usage avant l'invention du papier, sous le
bleu limpide d'un ciel où se voit le premier croissant
de la lune au-dessus d'une bonzerie. Au-dessous du
poète, des branches d'arbres toutes remplies d'oiseaux
roses.

IX. Un bord de rivière où une femme à la clarté de
la lune blanchit avec son garçonnet de la toile, à grands
coups de battoir.

C'est l'illustration d'une poésie de Narihira sur le
désespoir d'une femme quittée par son mari, et dont
le battement désolé, sous cette lune, que contemplait à
la même heure, dans un autre pays, son mari, lui était
apporté comme un cri du cœur de sa femme.

X. Un paysage couvert de neige où un poète chinois, monté sur un cheval rouge, se détache sur le blanc de la terre, sur le bleu pâle du ciel.

XXXVII

Ces années, c'est le temps des plus belles, des plus colorées impressions paraissant en feuilles séparées.

Signalons, en première ligne, la suite de ces cinq planches (H. 37, L. 17, à la signature d'*Hokousaï I-it-sou.*

Un faucon sur son perchoir au milieu de la floraison de pruniers : une impression à la belle tourmente du trait, au fier contournement de la tête de l'oiseau de proie.

Trois tortues, dont l'une nage en pleine lumière et se voit comme dans la clarté cristalline d'un aquarium.

Deux carpes : l'une remontant le rapide d'une cascade, l'autre en sortant.

Deux grues dans la neige où le pourpre de la tête et le rose des ailes se détachent du triste neutral teinte d'un ciel neigeux. Une merveilleuse impression dont il n'y a à Paris que trois ou quatre épreuves, parmi lesquelles une épreuve admirable est dans la collection Manzi : une épreuve qui vient de la collection Wakaï et qui, hélas ! comme toutes les épreuves qui viennent de cette collection, font mépriser les autres ; une épreuve où le vert des bouquets d'aiguilles des sapins, le brumeux du ciel, le blanc de la neige, le doux rose et le doux bleu des ailes des grues sont rendus dans une harmonie que nulle impression d'aucun pays au monde n'a jamais pu attraper, — et n'a jamais pu, à la fois, en donner le détachement et la fonte.

De cette série ferait encore partie l'impression de deux chevaux et d'un poulain, d'une furie, d'un emportement, d'un mors aux dents du dessin si extraordinaire, et la plus rare des cinq impressions faisant partie de la collection de M. Vever.

Une autre suite, dont on ne connaîtrait que deux planches (H. 50, L. 28), et qui semble une série des Mois de l'année, à deux planches, que j'ai rencontrées seulement dans la collection Hayashi.

Le premier mois. Deux femmes passant devant un temple suivies d'un serviteur portant un enfant.

Le dixième mois. Un balayeur tendant un gâteau à un singe que regarde un enfant.

Une autre suite de dix grandes planches (H. 26, L. 38), représentant des fleurs signées : *Hokousaï I-itsou.*

Des fleurs violettes. — Des camélias rouges. — Des volubilis. — Des pivoines. — Des chrysanthèmes. — Des fleurs étoilées. — Des iris. — Des hortensias. — Des datura. — Des pavots.

Les Chrysanthèmes, les Iris et les Pivoines, sous un coup de vent dans lequel vole un papillon, les ailes retournées : des planches admirables par le style apporté à la fleur par les Japonais seuls !

Il existe encore une série de dix autres planches de fleurs, d'un format plus petit.

Parmi les planches isolées, citons encore :

Une série de petits paysages, dont il y a neuf planches dans la collection de M. Vever, signées *I-itsou, précédemment Hokousaï,* d'une perfection d'exécution merveilleuse, et parmi lesquelles la représentation d'une pêche, par une nuit étoilée, est un petit chef-d'œuvre.

Une déesse Kwannon montée sur un éléphant blanc, avec dans des cartouches un sanglier, un coq, des petits chiens ; une impression qui pourrait bien faire partie d'une suite encore inconnue.

Le lac Souwa pendant l'hiver et que des piétons et des gens à cheval traversent sur la glace.

Matsoushima, une baie semée de rochers couverts de pins, un des sites les plus pittoresques du Japon.

Une carpe dressée toute droite, traversant dans l'eau des courants de lumière.

Un roseau avec des fleurettes.

Des pivoines rouges au milieu desquelles est une pivoine blanche, joliment gaufrée.

Enfin, dans une impression en couleur de la collection Bing (H. 45, L. 60), la plus grande impression en couleur que l'on connaiss t que le propriétaire regarde comme unique, une poule, ses poussins, et le plus ornemental des coqs à la queue en faucille.

Citons encore six pièces capitales faisant partie de la collection Vever.

· La première, un diptyque reproduisant un épisode de métamorphose du renard à neuf queues en Impératrice du Japon, sigr.ée : *Hokousaï* (vers 1800).

La seconde, une très grande pièce d'un format tout à fait extraordinaire (H. 40, L. 54), dans la facture large et libre des sourimonos de Kiôto, représentant la danse de *nô* où figurent deux hommes et une femme qui joue du tambourin. Signé : *Hokousaï, fou de dessin.*

Enfin, une troisième impression, une merveille. Une des planches les plus mouvementées du maître, dans le

coloriage le plus délicatement harmonique, une planche
en forme de kakémono (H. 64, L. 14). C'est un groupe
de danseurs de la rue, présenté d'une façon pyramidale,
et que surplombe en haut un danseur faisant de la musique avec son éventail contre le manche de son parasol
ouvert, se continuant dans la gesticulation forcenée de
quatre hommes vus de dos et de face, et se terminant
en bas par deux femmes dont l'une, les deux bras jetés
derrière elle, avec un retournement de la tête en arrière,
offre la plus belle attitude mimodramatique. Signé :
Hokousaï, fou de dessin.

XXXVIII

Tout en publiant ces planches séparées, Hokousaï a
continué, depuis 1804, à publier de nombreux sourimonos, dont nous donnons un catalogue bien incomplet,
mais en signalant les plus beaux, les plus importants,
les plus originaux.

1805.

Une série des Poétesses de six planches.
Une série des Cinq Éléments.
Une série appelée *Ténjin*, du nom d'un Kami, où une
mère élevant, avec des bras de tendresse, un enfant au-
dessus de sa tête, lui fait cueillir des fleurs de prunier.
Une série : les Distractions au Printemps, série d'un
format un peu plus grand que le format ordinaire des
séries de femmes, et du *faire* le plus raffiné.

Cette année étant l'année du bœuf, des représentations de toute sorte de cet animal, comme un rocher qui en a la forme.

Parmi les grandes planches :

L'entrée d'un temple où, à la porte, un homme offre de l'eau aux fidèles pour faire leurs ablutions.

Un marchand forain présentant, sur le seuil d'une habitation, des objets de toilette à des femmes.

La fête des poupées, avec une nombreuse exposition sur un dressoir de ces figurines en carton, et au milieu desquelles est dressé un *taï* pour la collation.

1806.

Une série de sept courtisanes, parmi lesquelles l'une d'elles, jouant du schamisén, est du plus heureux mouvement.

Une série intitulée : LES DIFFÉRENTS PAYS, pays imaginaires, dont une estampe vous montre : *le Royaume des Femmes*, où un certain jour de l'année, sous l'influence d'un vent d'Ouest, les femmes deviennent enceintes, — et toutes sont tournées vers le souffle de ce vent.

Et, comme cette année 1806 est l'année du tigre, il y a des femmes qui portent des robes brodées de tigres.

Parmi les grandes planches :

Les sept dieux de l'Olympe japonais, sous la peau d'un immense lion de Corée dont ils font les mouvements.

Le paysage de l'autre côté de la Soumida, et où se voit le temple d'Asakousa.

Un bateau chargé de barriques de saké.

1807.

Deux enfants qui luttent.

Deux amoureux étendus l'un à côté de l'autre, la femme fumant une pipette.

Des natures mortes : deux poissons attachés à une tige de bambou ; un masque en carton, la face et le revers.

1808.

Un très petit nombre de sourimonos, parmi lesquels une grande planche représentant un écran, un bol, une épingle à cheveux sur un plateau de laque.

1809.

De petits sourimonos où sont des poissons, des coquilles, des plumes de faucon pour épousseter les choses délicates.

Parmi les grandes planches :

La confection d'un étendard dont la devise est en blanc sur fond bleu, et à laquelle travaillent six femmes, dans de jolies poses : un étendard qui va être offert à Yénoshima, au temple de la déesse Bénten.

1810.

Quelques petites natures mortes, entre autres un sourimono représentant des bâtons d'encre de Chine et une boîte à cachet.

1812[1].

Une nature morte représentant une coupe et un présentoir en laque.

1813.

Okamé lisant une lettre.

1816.

Kintoki jouant avec des animaux.

1817.

Des femmes habillées d'étoffes à damier le damier étant à la mode cette année.

Une dame de la noblesse, accompagnée d'une suivante, passant devant une grille où sont affichés des programmes de concert.

1818.

Deux planches d'un format carré qui va devenir le format habituel des sourimonos.

1819.

Daïkokou se promenant au bord d'une rivière peuplée de lézards fantastiques.

---

1. Les années non inscrites, sont des années où l'on ne connaît pas de sourimonos.

1820.

Réapparition de nombreux sourimonos dont la production était devenue assez rare dans les années précédentes, et sourimonos où, chose curieuse, apparaît l'influence de Gakoutei et de Hokkei, les deux élèves supérieurs de Hokousaï.

Une série de monuments roulants de fêtes qu'on traîne dans les rues.

Une série de cinq poétesses.

Une série intitulée : COMPARAISON DE LA FORCE DES HÉROS DE LA CHINE ET DU JAPON.

Parmi les planches détachées : une jeune fille en train de tirer une épreuve près d'un graveur entaillant une planche; un Japonais tenant contre lui, posée sur une table de *go,* une élégante poupée japonaise aux colorations merveilleuses se détachant d'un fond d'or harmonieusement vert-de-grisée. Et nombre de natures mortes, comme un bol de laque noire et une boîte de baguettes à manger ; comme une grande planche où sont groupés un barillet de saké, une jonchée d'iris et de chrysanthèmes, un panier d'oranges, — un sourimono exécuté pour un banquet donné à un lettré.

1821.

Une série intitulée : LES FRÈRES DES SUJETS GUERRIERS DE LA CHINE ET DU JAPON ; une série rappelant les ressemblances entre les faits héroïques de l'un et de l'autre pays.

Une grande série de métiers dont on ne sait pas le nombre.

Une série d'industries des bords de la mer.

Des natures mortes, parmi lesquelles une série de co-quilles.

Une feuille isolée représentant un grand serpent blanc, ce serpent porte-bonheur qu'on dit être l'annonce d'un évènement heureux pour celui qui a la chance de l'aper-cevoir.

1822.

Une impression curieuse. Deux énormes perles jetant comme des rayons, deux perles apportées à la reine Jingô par la déesse de l'Océan sortie de son palais du Dragon : des perles qui avaient le pouvoir de faire baisser la marée et qui lui ont permis de s'emparer de la Corée.

Une série de quatre planches intitulée : QUATRE NA-TURES, parmi lesquelles un dessin de corbeau d'un grand caractère.

Et comme cette année où au bout de dix ans est revenu le cheval dans le calendrier japonais, ce retour a incité Hokousaï à faire une de ses séries les plus par-faites. Cette série en l'honneur du cheval, où dans l'association des bibelots les plus divers, un objet comme un mors, une selle, rappelle le cheval, porte la marque d'une petite gourde imprimée en rouge. Et ce rappel du cheval va jusqu'à faire représenter à Hokousaï la rue des Étriers où l'on vend des images, le quai des Écuries où, sauf le nom, le cheval n'a rien à faire.

1823.

Une série d'acteurs de cinq planches, d'acteurs à l'imi-tation de Toyokouni, et qu'Hokousaï signe : *I-itsou, le vieillard de Katsoushika faisant la singerie d'imiter les autres.*

1825.

Deux grues au bord de la mer.

1826.

La princesse Tamamo-no-mahé, le renard à neuf queues métamorphosé en femme et dont les neuf queues sont figurées par le gaufrage de l'impression dans la traîne de sa robe.

1829.

Une femme à cheval sur un bœuf.

1835.

Un pêcheur au bord de la mer, la pipette à la bouche, une ligne entre ses jambes croisées l'une sur l'autre. Hayashi, dans ce vieillard chauve, au nez retroussé, à la bouche railleuse, à la physionomie d'un Kalmouck ironique, serait disposé à voir un portrait d'Hokousaï. Et il serait amené à cette hypothèse par la légende de la planche, qui est celle-ci : *Quelle nouvelle chose que de voir pousser la jeune mariée* (le nom d'une espèce de salade de là-bas) *dans le sable de la plage !* Or, cette impression en couleur est faite pour le Jour de l'An de l'année qui a suivi celle où l'on verra que Hokousaï est parvenu à arrêter les fredaines de son petit-fils et à le marier, et dans ce mot à double sens il exprimerait la joie que lui a causée l'entrée dans la maison de la « jeune mariée » de son petit-fils.

LXXIX

A propos de ce portrait hypothétique d'Hokousaï, avouons l'incertitude où l'on se trouve relativement à un portrait bien authentique du Maître. Le portrait d'Hokousaï, en compagnie du romancier Bakin, donné dans le catalogue Burty, d'après une estampe de Kouniyoshi, n'est pas plus un portrait que le croquis le représentant agenouillé, offrant à l'éditeur son petit livre jaune de LA TACTIQUE DU GÉNÉRAL FOURNEAU ou de la CUISINE AU HASARD.

On n'aurait du grand artiste ni un portrait de sa jeunesse, ni un portrait de son âge mûr ; il n'existerait que le portrait donné par la biographie japonaise de I-ijima Hanjûrô, un portrait de sa vieillesse conservé dans la famille et qui aurait été peint par sa fille Oyéi, qui signe Ohi.

C'est un front sillonné de rides profondes ; des yeux à la patte d'oie, aux poches de dessous tuméfiées et où il y a, en leur demi-fermeture, comme un peu de cette buée que les sculpteurs de nétzkés mettent dans le regard de leurs ascètes ; c'est un grand nez décharné ; c'est une bouche démeublée à la rentrée sous le pli de la joue ; c'est le menton carré d'une volonté résolue, attaché au cou par des fanons. Et, à travers la coloration de l'image qui imite assez bien le ton d'une vieille chair, ce sont les blancheurs anémiées des poches des yeux, de l'entour de la bouche, des lobes de l'oreille.

Ce qui vous frappe dans cette tête d'homme de génie, c'est la longueur du visage, des sourcils au menton, et le peu d'élévation et la fuite cabossée du crâne, — un crâne qui n'est pas du tout européen, avec sur les tempes de rares petits cheveux ressemblant aux herbettes de ses paysages.

Un autre portrait d'Hokousaï, dont un fac-similé a été également publié dans le *Katsoushika dén*, nous le représente vers l'âge de 80 ans, près d'un pot à pisser, accroupi sous une couverture, laissant voir un bout de profil d'une vieille tête branlante et que dépassent des jambes ayant la maigreur de jambes de phtisique. Et voici quelle serait l'origine de ce portrait. L'éditeur Souzambô ayant commandé à Hokousaï l'illustration des CENT POÈTES, l'artiste, avant de commencer son travail, envoyait un spécimen, à l'effet de déterminer le format de la publication et, sur ce spécimen, son pinceau jetait ce *portrait-charge*.

XL

En 1833 Hokousaï publie *Tôshisén Yéhon*, LES POÉSIES (de la dynastie) DES THANG.

La première série, éditée en cinq volumes, comprend les poésies chinoises, en cinq caractères chinois par ligne, littéralement cinq mots.

La seconde série, éditée également en cinq volumes, et parue en 1836, contient le recueil des poésies en sept mots par ligne.

Un sujet d'étonnement pour les Chinois, c'est l'exactitude avec laquelle Hokousaï, qui n'a jamais été en Chine, s'est assimilé le costume, le port du corps, le caractère de la tête des habitants du Céleste Empire.

Ces dix volumes contiennent des dessins du meilleur
temps d'Hokousaï : ainsi la femme chinoise dans le
somptueux luxe de ses robes ; ainsi une carpe pana-
chée monumentale, qui a la puissance et la solidité d'un
dessin fait d'après une sculpture ; ainsi un amusant
croquis de trois ivresses : l'ivresse de l'ivrogne qui rit,
l'ivresse de l'ivrogne qui se fâche, l'ivresse de l'ivrogne
qui pleure.

Mais peut-être, parmi ces dessins, les plus réussis,
ce sont des croquis rendant, d'une manière fidèle, l'admiration de la nature chez ces peuples de l'Orient : des
renversements, la tête en arrière, d'hommes couchés,
appuyés sur leurs coudes ; des rêveries en face de paysages, d'hommes debout, les mains dans les manches
de leurs bras, derrière le dos.

Parmi ces planches admiratives, il est une vue de dos
d'un homme, appuyé sur la traverse d'une baie qui
donne sur un lac, disant toute la jouissance intérieure
de cet amoureux de la nature.

XLI

En 1834,[1] Hokousaï illustre le *Yéhon Tchûkiô*,
Devoirs envers le maître, texte chinois avec commentaires
de Ranzan.

1. A la date présumée de cette année, auraient paru en feuilles
séparées :
Une série d'écrans, avec le titre dans un médaillon.
Une série intitulée *Skôkei-Kiran*, Vues pittoresques des paysages
distingués, série tirée en bleu clair, où se rencontre une curieuse
vue d'un bain public sur une route.
Une série intitulée *Shôkei Sétsou guekkwa,* Vues distinguées

Un volume de morale, tout rempli d'exemples d'héroïsme et d'abnégation, et où une planche représentant des courtisans saluant un roi donne une idée du respect des fronts et des échines courbés, en cette patrie de la vénération.

Les gravures, à l'incision à la fois très douce et très nette, sont de Souguita Kiûsouké.

En 1834 Hokousaï illustre le *Yéhon Kôkiô*, LA PIÉTÉ FILIALE, un ancien traité de morale chinoise entré dans l'éducation japonaise : un traité publié en deux volumes, avec texte chinois et japonais.

La première planche portraiture Confucius, la seconde son disciple bien-aimé Sôshi.

Une planche curieuse, c'est la figuration des quatre classes du Japon représentées par un membre de la première classe, un guerrier en train de lire un livre posé sur un pupitre ; — un membre de la seconde classe, un paysan, en train de lire un livre attaché à sa bêche ; — un membre de la troisième classe, un ouvrier, un graveur, faisant sauter à coups de maillet des morceaux de bois d'une planche qu'il entaille ; — un membre de la quatrième classe, un marchand, un libraire faisant ses comptes.

Puis, un peu à la diable à travers l'illustration, ce sont des tireurs, des jongleurs, des danseuses, au milieu desquelles se trouve, comme dernière planche, une composition tout à fait amusante : une grande lettre ayant

DE LA NEIGE, DE LA LUNE, DES FLEURS. Série probablement de 9 feuilles en largeur, dont 3 pour la Neige, 3 pour la Lune, 3 pour les Fleurs. Jolie coloration. Série, qui aurait été précédée deux ans avant, en 1832, de *Reikiô Hakkei*, réunion de huit paysages, d'une facture un peu maigriote.

l'air d'un monument de pierre et en forme d'une croix à double branche sur laquelle sont montés, grimpés, accrochés, un tas de petits bonshommes qui, dans toutes les attitudes, la nettoient, la grattent, la brossent, l'inondent de l'eau d'une pompe.

Cette grande lettre, c'est le caractère signifiant la piété, et ce nettoyage veut dire qu'on doit *nettoyer sa piété*, ainsi que nous disons chez nous qu'il faut garder sa conscience pure.

XLII

En 1834 paraît le premier livre des Cent Vues du Fouzi-yama, *Fougakou Hiakkei*, un premier livre suivi d'un second, d'un troisième volume et où Hokousaï a apporté dans ses dessins une science, un art, une observation humoristique tout à fait supérieure, et dont les gravures, exécutées par Yégawa, le graveur préféré par Hokousaï, sont de petits chefs-d'œuvre.

Cette célébration par l'illustration du grand artiste de la montagne vénérée du Japon, de la montagne aux 12 450 pieds, n'est pas tant une représentation des ascensions qui ont lieu, chaque année, pendant les grandes chaleurs, que cent fois la montre de la montagne, vue de Yédo, et des campagnes au nord, au sud, à l'est, à l'ouest du Fouzi-yama.

La première planche est la figuration de la déesse du Japon, Konohana-Sakouya-himé (*princesse de la fleur épanouie*), la divinité du Fouzi-yama : dessinée sa noire chevelure épandue dans le dos et tenant d'une main un miroir, de l'autre une branche d'arbuste, dans une ample robe dont les cassures font à ses pieds comme des vagues.

La seconde planche nous fait voir des groupes de Japonais accroupis ou agenouillés, se montrant dans la stupéfaction la grande montagne, là où il n'y en avait pas : planche faisant allusion au jaillissement de la montagne sous l'empereur Kôrei (285 ans avant Jésus-Christ), au moment où, à cent lieues de là, se creusait le lac Biwa.

Dans la troisième planche, c'est le premier ascensionniste de la montagne, le prêtre bouddhique Yennoguiôja, tenant contre un bras le bâton à la poignée noire, ayant l'autre enlacé dans un chapelet, et représenté dans les nuages du sommet de la montagne.

Et commencent les planches de la première série. Danscelle-ci, la montée en une gorge étroite d'une armée de pèlerins dont on ne voit que les grands chapeaux de jonc, portant deux caractères signifiant Fouzi et, dans celle-là, leur descente vertigineuse sur les grands bâtons en une dégringolade mouvementée.

C'est suivi d'une planche représentant, avec une furia extraordinaire, une éruption de 1707 semblable à l'explosion d'une mine, et jetant dans le noir du ciel des poutres, des tonneaux, des cadavres brisés.

Cette éruption qui a fait pousser sur la droite du Fouzi-yama un petit mamelon, amène une planche caricaturale où un Japonais explique à un Japonais, affligé d'une énorme loupe à la joue, qu'il est arrivé à la montagne ce qui est arrivé à sa joue. Et cela est dit dans un groupe de Japonais qui se tordent de rire.

Puis des planches où commence la représentation de vues actuelles : la vue du Fouzi-yama vu dans le brouillard, une planche merveilleuse d'effet, comparable à la planche du brouillard de Gakoutei. Et c'est la vue du Fouzi-yama à travers le grêle feuillage de saules pleureurs, — la vue du Fouzi-yama, entrevue une fois du petit balcon existant sur le toit de toutes les habitations de Yédo pour observer les incendies, entrevue au milieu d'un ciel coupé par les banderoles de la fête des Étoiles ; entrevue, une autre fois, d'une rue de Yédo, emplie de la promenade joyeuse des Manzaï, un premier Jour de l'An ; — la vue du Fouzi-yama, d'Ohmori, de la baie de Yédo, au-dessus des roseaux de la Soumida ; — la vue du Fouzi-yama, d'une hutte de la campagne pour surveiller et éloigner les oiseaux ; — la vue du Fouzi-yama, avec le coucher d'un soleil, au rayonnement remplissant le ciel ; — la vue du Fouzi-yama, parmi la floraison des cerisiers du printemps sous lesquels, à la porte d'une maison de thé, une Japonaise fait de la musique au milieu d'une collation en plein air ; — la vue du Fouzi-yama, à travers les champs de riz de l'automne.

Dans le second volume, il est des compositions où des noirs rembranesques, admirablement rendus par le graveur, en font des planches du plus grand caractère. Ainsi, la navigation dans un de ces curieux bateaux primitifs sur un lac de la province de Shinano, ainsi, l'ascension du dragon montant au ciel pendant l'orage, ainsi « la Vague » avec, pour ainsi dire, les griffes de sa crête, ainsi le faucon étripant un faisan, ainsi l'averse avec un éclair mettant son zigzag dans la nuée qui va crever, ainsi le Fouzi-yama dans la nuit, au-dessus d'un chien hurlant à la lune.

Et, opposées à ces planches de nuit et de pénombre,

les jolies planches de clarté lumineuse, comme celle qui a pour titre : *Les trois blancs*; le blanc du Fouzi-yama, le blanc d'une grue, le blanc de la neige sur les sapins.

Et encore le paysage du dessous des grands bambous, le paysage des sept ponts, le paysage maritime de Shimada-ga-hana aux pilotis pittoresques si spirituellement croqués ; enfin la planche curieuse où bien certainement Hokousaï s'est représenté en train de peindre le Fouzi-yama, accroupi sur un carton pendant que deux de ses compagnons ouvrent des caisses et qu'un troisième fait chauffer du saké dans un chaudron accroché à trois bambous noués dans le haut.

Et au milieu de ces paysages, de savantes études d'hommes et de femmes ; l'étude des bûcherons attachés par le milieu du corps à des branches d'arbres qu'ils coupent au-dessus de leurs têtes ; l'étude de ces deux Japonais dont l'un montre à l'autre par un châssis relevé une vue du Fouzi-yama, étude qui a pour titre : *La première idée d'un kakémono*; l'étude des pèlerins dans une des grottes du haut du Fouzi-yama servant d'endroit à coucher pour l'ascension ; l'étude du poète antique s'inspirant devant la célèbre montagne et assis sur un terrain à la végétation de fantaisie toute différente du réel paysage du fond ; l'étude puissante de Nitta tuant le sanglier monstre ; enfin l'étude charmante de ce Japonais fatigué de la lecture, regardant, la tête renversée entre l'étirement de ses deux bras, la reposante montagne.

Et toutes ces représentations vous donnant à voir, dans chaque planche, le Fouzi-yama de tous les côtés, et à travers des filets, des grillages, une toile d'araignée,

et non seulement dans son altitude droite, mais encore
dans le renversement de cette altitude. Ainsi, dans le
premier volume, une planche le montre, la tête en bas
dans les eaux d'un lac où une troupe d'oies sauvages
est en train de prendre son vol. Dans ce second volume,
ce renversement a fourni à l'imagination du peintre
un motif tout à fait joli. Un Japonais qui va boire une
coupe d'eau s'arrête un moment étonné et charmé
devant le microscopique cône de la montagne reflété
dans l'eau qu'il porte à ses lèvres.

La première planche du troisième volume, c'est la
lutte corps à corps, au II⁰ siècle, des deux guerriers,
Kawazou et Matano, en vue du Fouzi-yama. Et tout le
volume continue à être la représentation de la montagne, à l'aube, par la pluie, par la brume, par la tombée
de la neige, et vue de la grande cascade, et vue d'un
monument sinthoïste où jaillit du creux d'un arbre
l'eau pour la purification de la prière, et vue de l'obser-
vatoire de Yédo, et vue enfin, de la Corée.

Et dans ces planches : le beau dessin d'un cerf bramant ; le dessin mouvementé de la cavalcade de l'ambas-
sade coréenne apportant son tribut ; le dessin curieux de
ces deux gigantesques sapins de la province Yashiû se
rejoignant dans le ciel, et sur la tête desquels, par la
neige, se fait un chemin parcouru par des voyageurs
trouvant au milieu de la route une auberge ; et la dernière planche, comme le dit l'inscription en tête : c'est
le *Fouzi-yama fait d'un seul coup de pinceau.*

Le premier volume de la première édition appelée
l'édition à *la plume de faucon,* par suite de la représentation d'une plume de cet oiseau sur la couverture,
édition rare, a paru en 1834, le second volume en 1835.

De cette édition on ne connaît pas le troisième volume.

Cette première édition était tirée en noir, mais peu de temps après paraissait une édition alors composée des trois volumes où le tirage en noir était teinté d'une teinte bleuâtre dont le léger azurement sur le papier créme du Japon fait le passage le plus harmonique des blancs aux noirs des gravures.

Les deux éditions sont signées : *le Vieillard fou de dessin, précédemment Hokousaï-I-itsou âgé de 75 ans*.

XLIII

Vers la fin de 1834 de graves ennuis tombèrent dans la vie du vieux peintre. Hokousaï avait marié sa fille Omiyo, qu'il avait eue de sa première femme, avec le peintre Yanagawa Shighénobou. Du mariage naquit un vrai vaurien dont les escroqueries toujours payées par Hokousaï furent une des causes de sa misère pendant ses dernières années. Même peut-être, par suite d'engagements pris par le grand-père pour empêcher son petit-fils d'aller en prison, engagements qu'il ne put tenir, il se trouva obligé de quitter Yédo en cachette, de se réfugier à plus de trente lieues de là en la province Sagami, dans la ville d'Ouraga, cachant son nom d'artiste sous le nom vulgaire de *Miouraya Hatiyémon*, et même de retour à Yédo, n'osant, dans les premiers temps, donner son adresse et se faisant demander sous la dénomination du prêtre-peintre emménagé dans la cour du temple Mei-ô-in, au milieu d'un petit bois.

Cet exil, qui dura de 1834 à 1839, nous a valu la publication de quelques lettres intéressantes du peintre à ses éditeurs: Ces quelques lettres nous font entrer dans les tribulations causées au vieil homme par les coquineries de son petit-fils, nous peignent le dénuement de ce grand artiste se plaignant, par un rude hiver de n'avoir qu'une seule robe pour tenir chaud à son corps de septuagénaire, nous dévoilent ses tentatives d'attendrissement des éditeurs par la mélancolique exposition de ses misères illustrée de gentils croquetons, dévoilent quelques-unes de ses idées sur la traduction de ses dessins par la gravure, nous initient à la langue trivialement imagée avec laquelle il arrivait à faire comprendre aux ouvriers chargés du tirage de ses impressions, le moyen d'obtenir des tirages artistiques.

En 1834 Hokousaï adresse cette lettre à ses trois éditeurs, Kobayashi, Hanabousa et Kakoumarouya :

Etant en voyage, je n'ai pas le temps de vous écrire séparément, et vous adresse à vous trois cette seule lettre que je vous prierai de lire tour à tour. Je ne doute pas que vous voudrez bien accorder au vieillard les demandes qu'il vous adresse, et j'espère que dans vos familles vous vous portez tous bien. Quant à votre vieillard, il est toujours le même, la force de son pinceau continue à augmenter et à faire, plus que jamais, diligence. Quand il aura cent ans, il entrera dans le nombre des vrais dessinateurs.

Alors le vieux peintre signe longuement: *l'ancien Hokousaï, le vieillard fou de dessin, le prêtre mendiant,* et sa lettre est pour ainsi dire tout entière dans ce post-scriptum :

Pour le livre des GUERRIERS (sans doute le *Yéhon Saki-*

gaké, imprimé et gravé par Yégawa), *je vous prie, vous trois, de le donner à Yégawa Tomékiti. Quant au prix, vous vous arrangerez directement avec lui. La raison pour laquelle je tiens absolument que la gravure soit de Yégawa, c'est que, soit la* MANGWA, *soit les* POÉSIES, *certes les deux ouvrages sont bien gravés, mais ils sont loin d'avoir la perfection des trois volumes du* FOUZI-YAMA, *gravés par lui. Or, si mon dessin est gravé par un bon graveur, ça m'encourage à travailler et, si le livre est réussi, c'est aussi à votre avantage, parce qu'il vous rapporte plus de bénéfices. De ce que je vous recommande si chaudement Yégawa, n'allez pas croire que c'est pour toucher une commission : ce que je recherche, c'est la netteté de l'exécution, et ce serait une satisfaction que vous donneriez au pauvre vieillard qui n'a plus bien loin à aller.* (Ici le peintre se dessine, sous l'aspect d'un vieillard marchant appuyé sur deux pinceaux au lieu de béquilles.) *Quant à l'* HIS-TOIRE DE ÇAKYAMOUNI (publiée en 1839), *Souzanbô m'a promis de la faire graver par Yégawa, et j'ai dessiné en me basant sur ce choix : le tournant des cheveux chez les Indiens étant très difficile à graver, et même la forme des corps, et il n'y a absolument que Yégawa qui puisse exécuter ce travail.*

Hanabousa, lors de sa visite, il y a déjà quelque temps, m'a dit, en me commandant les GUERRIERS, *qu'il ne me laisserait plus dans l'inoccupation, et je lui rappelle sa bonne parole.*

Vous avez commandé à ma fille une illustration des CENT POÈTES, *mais j'aime mieux dessiner ce livre, que j'entreprendrai moi-même après avoir fini les* GUERRIERS. *Pour le prix, nous nous entendrons, tant par poète, mais n'est-ce pas ? il est convenu d'avance que ce sera* Yégawa *qui gravera le livre.*

Et la lettre se termine par un croqueton où il salue ses éditeurs

Une autre lettre d'Hokousaï, adressée à l'éditeur Kobayashi, et qui serait datée du dixième mois de l'année 1835 :

Je suis resté sans vous demander de vos nouvelles, mais je suis heureux de savoir que vous êtes en bonne santé. Quant à moi, j'ai vu le délinquant, l'inccorrigible qui va retomber sur moi. Et depuis il m'a fallu réunir des conseils d'amis et de famille; enfin j'ai trouvé un répondant (quelqu'un qui a pris la responsabilité de le surveiller). *Nous allons lui faire tenir une boutique de poissons, et nous lui avons aussi trouvé une femme qui va arriver ici dans deux ou trois jours. Mais tout cela est toujours à mes frais. C'est par ces empêchements que je suis en retard, pour dessiner le* SOUÏKODÉN *et* TÒSHISÉN (les poésies des Thang), *dont j'ai commencé seulement les esquisses; je vous enverrai cependant quelques dessins, et dans ce cas-là je compte sur...* Ici, le peintre dessine une main tenant une pièce d'argent.

Une autre lettre sans date, adressée à l'éditeur Kobayashi :

Dans les tons clairs de l'encre de Chine, je supprime toutes les dégradations. Car, si ça va tout seul au bout du pinceau, pour le peintre, l'ouvrier tireur des planches peut à peine faire deux cents exemplaires dégradés : au delà de ce nombre c'est impossible sur le même bois. Et pour ce ton de l'encre claire, faites-le le plus clair possible : la tendance au foncé ren-

dant le tirage désagréable à l'œil. Dites à l'ouvrier que le ton de l'encre claire doit être de même que la soupe aux coquilles c'est-à-dire claire comme tout. Maintenant, pour le ton de l'encre demi-foncée, si on tire trop clair, ça ôte de la puissance à la teinte et c'est le cas de dire à l'ouvrier tireur que la teinte demi-foncée doit avoir une tendance épaisse, un peu semblable à la soupe aux haricots. En tout cas, j'examinerai les essais mais, dès à présent, je recommande ces détails parce que je veux arriver à avoir une bonne cuisine de mes dessins.

Une dernière lettre d'Hokousaï, écrite au commencement de l'année 1836, et adressée à l'éditeur Kobayashi d'Ouraga. Cette lettre, écrite à propos du Jour de l'An, a en tête un croqueton où le peintre en costume officiel, entre deux branches de sapin, fait une grande révérence.

Il y a plusieurs portes où je dois exprimer mes souhaits du Jour de l'An, donc je reviendrai un autre jour, et au revoir, au revoir... Mais, en attendant, pour ce qui regarde les dessins à graver, adressez-vous pour les détails à Yégawa, toutefois vous trouverez plus loin une recommandation pour les autres graveurs.

Je vous remercie de vos prêts fréquents. Je pense qu'au commencement du second mois de l'année je serai épuisé de papier, de couleurs, de pinceaux, et que je serai forcé d'aller à Yédo, en personne, alors je vous rendrai visite en cachette et je vous donnerai, de vive voix, tous les détails dont vous pouvez avoir besoin. Par cette rude saison, surtout dans mes voyages, que de choses dures, et entre autres,

*passer ce grand froid avec une seule robe, à mon âge
de 76 ans. Je vous prie donc de songer aux tristes
conditions dans lesquelles je me trouve ; mais mon
bras* (ici un croqueton de ce bras) *n'a nullement faibli,
et je travaille avec acharnement. Mon seul plaisir c'est
de devenir un habile artiste.*

Ici, sa lettre finie, il la date du dix-septième mois, et
se représente, dans un croquis microscopique, saluant
humblement entre son chapeau et son dessin posés à
terre.

Mais Hokousaï aime les *post-scriptum*, et la lettre
continue :

*Je recommande au graveur de ne pas ajouter la
paupière en dessous quand je ne la dessine pas ; pour
les nez, ces deux nez sont miens* (ici le dessin d'un nez
de profil et de face) *et ceux qu'on a l'habitude de graver
sont des nez d'Outagawa que je n'aime pas du tout, et
qui sont contraires aux règles du dessin. Il est aussi
de mode de dessiner les yeux ainsi* (et ce sont des
dessins d'yeux avec un point noir au milieu), *mais je
n'aime pas plus ces yeux que les nez.*

Hokousaï termine sa lettre par cette phrase : *Comme
ma vie, dans ce moment, n'est pas au grand jour, je
ne vous écris pas ici mon adresse.*

Enfin une lettre de 1842, adressée aux éditeurs Hanabousa Heikiti et Hanabouza Bounzô, après son retour à
Yédo où il continue à se tenir caché :

*Je vous remercie mille fois de votre dernière visite
amicale, et aussi de ne pas abandonner le vieillard, et
encore de vos bonnes étrennes. Depuis le printemps
dernier, mon débauché de petit-fils a eu une conduite
déplorable, et j'ai dû, tous les jours, m'occuper à*

nettoyer les suites de sa sale vie, et j'étais au moment de le mettre à la porte. Mais il s'est trouvé, comme toujours, des personnages bien trop indulgents qui m'ont fait patienter jusqu'au jour d'une dernière et plus grosse faute. Toutefois, au commencement de cette année, *j'ai dû le faire prendre par son père* Yanagawa Shighenobou *et conduire dans la province de Montzou* (une province du Nord) *mais il est bien capable de s'être échappé en route. En attendant, ça me donne à respirer un peu. Voici les raisons qui m'ont empêché d'aller vous remercier du livre de* Soga Monogatari (livre ancien prêté). *Ce nouvel an, je n'ai ni sou ni vêtement, et j'arrive seulement à me nourrir tant bien que mal, ne voyant mon vrai nouvel an de cette année qu'au milieu de son second mois.*

Au deuxième mois de l'année dernière, quand Yeiboun *est venu me voir, j'avais déjà deux volumes terminés du* Souiko (roman en 90 volumes commencé en 1807), *mais je n'ai pu avancer davantage. En somme, j'ai perdu une année tout entière grâce à mon coquin de petit-fils, et je regrette cette précieuse année perdue.*

Je garde longtemps votre Soga Monogatari, *mais je vous prierai de me laisser jusqu'au second mois, où je vous rendrai visite. Autre recommandation. Envoyez-moi, le plus tôt possible, la soie pour peindre la déesse* Daghiniten (la déesse représentée montée sur un renard) *car le temps passe rapide comme la flèche, et vous m'avez demandé que cette peinture vous soit livrée dans le second mois.*

Si le texte de Gwadén *est prêt, envoyez-le-moi, et quand vous m'enverrez la soie, joignez-y le prix de l'illustration des deux volumes de* GWADÉN. *Quand vous viendrez, ne demandez pas Hokousaï, on ne saurait pas vous répondre, demandez le prêtre qui dessine et qui est emménagé récemment dans le bâtiment au propriétaire Gorobei, dans la cour du Temple Mei-ô-in, au milieu du buisson* (petit bois d'Asakousa).

XLIV

Tant de représentations de combats, de luttes corps à corps, de duels héroïques éparpillés dans tout l'œuvre d'Hokousaï, racontant le passé militaire du Japon, ne satisfaisaient pas le maître. Sur la fin de sa vie, il voulut des albums particuliers consacrés tout entiers à ces hommes de guerre à la fois terribles et doux, dont les ANNALES DU JAPON nous décrivent le type dans ce portrait de Tamoura-maro :

« C'était un homme très bien fait ; il avait 5 pieds 8 pouces de haut, sa poitrine était large de 1 pied 2 pouces. Il avait les yeux comme un faucon et la barbe couleur d'or. Quand il était en colère, il effrayait les oiseaux et les animaux par ses regards ; mais, lorsqu'il badinait, les enfants et les femmes riaient avec lui. »

Oui, Hokousaï voulut dessiner des albums montrant uniquement ces guerriers armés de sabres au dire des légendes coupant des bœufs en deux, sous des masques de métal, dans des cuirasses, des épaulières, des brassards, des gantelets, des jambières, comme fabriqués sur le moulage du corps et que l'acier le plus souple uni à la soie la plus résistante — et plus tard les pièces articulées, sortant de l'atelier de la famille Miôtchin, — enfermaient dans un vêtement de fer laissant aux

membres toute la liberté des mouvements que jamais
ne donna l'armure moyenageuse de l'Europe.

Donc en 1835 Hokousaï publia un premier album,
bientôt suivi de deux autres, où la mythologie guerrière
se mêle à l'histoire batailleuse des premières dynasties
de la Chine et du Japon. Ce premier album a pour titre :
Wakan Homaré, LES GLOIRES DE LA CHINE ET DU JAPON, et
devrait avoir en tête la curieuse préface que Hokousaï
a écrite pour l'ILLUSTRATION DES PERSONNAGES DE SOUIKODÉN,
et que voici :

« *Je trouve que dans toutes les représentations japonaises ou chinoises de la guerre, il manque la force,
le mouvement, qui sont les caractères essentiels de
ces représentations. Attristé de cette imperfection je
me suis brûlé à y remédier et à y apporter ce qui
manquait... Il y a indubitablement dans mes dessins
des défauts, des excès, mais tout de même mes élèves
veulent s'en servir comme modèles.* »

Sur la première page des GLOIRES DE LA CHINE ET DU
JAPON est un Mars bouddhique, aux cheveux droits
sur la tête, aux sourcils et aux moustaches coléreuse-
ment retroussés, se détachant d'un grand nimbe dans
son armure ornementale.

Puis se succèdent les gravures d'Isanaghi, le premier
homme de la terre du Japon tuant Kagoutsouti, le mauvais génie de la contrée ; de Foumeitchôja, mettant en
fuite le renard à neuf queues ; du soldat Sadayo, tout
percé de flèches et mourant en enfonçant des deux
mains son sabre dans le corps d'un ennemi étendu sous
lui ; du Dieu du tonnerre s'humiliant devant la hache
monstrueuse de Kintoki ; de Yorimitsou, qui vient de
trancher la tête du géant de la montagne de Ohyéyama :

tête qui est en train de retomber et d'aller se ficher sur les cornes du casque du jeune guerrier; de l'intrépide explorateur qui entra le premier dans la grotte du Fouzi-yama et que l'on voit la parcourir la torche à la main ; du cavalier Ogouri Hangwan, faisant assembler les quatre pieds de son cheval sur la tablette d'un étroit jeu de *go;* du général Yoshisada demandant au génie de l'Océan, dans la logette faite par la courbe d'une vague, demandant de retirer la marée pour laisser passer son armée.

Sur la dernière page se voit un peintre qui élève en l'air, d'une seule main, une masse ficelée de rouleaux de sapèques au bout desquels est fiché son pinceau — une allusion d'Hokousaï, je crois bien, à la force qu'il dépense dans ses dessins.

L'année suivante, en 1836, un jour de printemps... mais écoutez Hokousaï lui-même : « *Pendant que je profitais d'un beau jour de printemps, dans cette année de tranquillité, pour me chauffer au soleil, j'eus la visite de Souzambo* (son éditeur), *qui venait me demander de faire quelque chose pour lui. Alors j'ai pensé qu'il ne fallait pas oublier la gloire des armes, surtout quand on vivait en paix et, malgré mon âge qui a dépassé soixante-dix ans, j'ai ramassé du courage pour dessiner les anciens héros qui ont été des modèles de gloire.* »

Le livre pour lequel Hokousaï ramasse sa vieille énergie s'appelle *Yéhon Sakigaké*, LES HÉROS.

Et tour à tour défilent l'Hercule mythologique Tatikarao-no-mikoto, portant un rocher sur sa tête; le premier Empereur du Japon regardant son héritier dormant entouré d'un énorme dragon ; le ministre Moriya, battant un prêtre bouddhique, après avoir jeté à terre la table et les écrits religieux qu'elle portait ; le guerrier Hiraï-no-Hôshô tuant l'araignée monstre ressemblant à une énorme pieuvre ; le guerrier Shôki en train d'étrangler un diable ; le mangeur d'enfants Mashukoubô, tenant par les pieds un enfant dont il ouvre le ventre au-dessus d'une marmite qui recueille le sang ; le guerrier Bénkei portant une cloche au haut de la montagne Ishiyama ; la divinité bouddhique Foudô, symbolisant la fermeté de la conviction que ne peuvent ébranler ni le feu ni l'eau où son corps est à la fois plongé ; la guerrière Hangakou qui écrase un guerrier sous un tronc d'arbre.

Une suite des HÉROS paraît, la même année, 1836, sous le titre de : *Yéhon Mousashi Aboumi* ; LES ÉTRIERS DU SOLDAT, une suite où l'effort d'Hokousaï est d'étudier l'armure sur le corps du guerrier et de montrer la vie, le mouvement, communiqués à cet habit de fer par l'attaque et la défense de la vie : conquête que se vantait d'avoir faite Hokousaï dans le dessin.

Et rien, dans les ÉTRIERS DU SOLDAT, que des hommes et des femmes sous l'armure. C'est l'impératrice Jingô, une tête coupée à ses pieds, en train de tendre son formidable arc ; c'est le prince Yamatodaké qui vient de tuer le chef ennemi sous un déguisement de femme ; c'est un général japonais blessé par une flèche qui est à ses pieds, et qui envoie dans le camp ennemi, à celui qui l'a blessé, un colossal *taï* et une cruche monumentale de saké : un acte de courtoisie militaire très commune en ces temps ; et ce sont des combats où, sous le harnachement de fer des cavaliers, se cabrent des chevaux hirsutes et échevelés, aux yeux de feu, à la robe toute noire, pareils à des coursiers de l'Érèbe.

A ces planches consacrées à la guerre il faudrait encore ajouter cinq feuilles de guerrier sur fond bleu. avec des verts, des rouges, des jaunes un peu criards, sur les armures.

Kamakoura Gongoro tuant Torino-oumi Yasabrô.

Watanabé-no-Tsouna tuant Yénokouma aïyemon.

Kousounoki Tamomarou se battant avec Yaono Bettô.

Ohtomono Soukouné arrêtant Ohtomono Mahtori.

Onikojima Yatarô disputant une cloche avec Saïhô-in.

XLV

En 1835 Hokousaï illustrait le *Yéhon Sénjimon*, MILLE LETTRES ILLUSTRÉES, un ancien ouvrage chinois entré dans l'éducation japonaise et dont la traduction japonaise est donnée en regard du texte chinois.

Deux espèces de jolis culs-de-lampe : des enfants, dont l'un est sur le dos de sa mère, en contemplation devant les ombres chinoises d'une lanterne, et deux enfants entrevus sur une barque à moitié cachée par les nénuphars d'un étang. A côté de ces culs-de-lampe, un beau dessin représente la veuve de Kousounoki Masashighé. élevant en l'air le rouleau où est le testament de son mari et arrêtant son fils au moment où il va se tuer.

En 1837, dans le *Nikkô sanshi*, GUIDE DE NIKKÔ, la montagne où sont enterrés les premiers shôgouns de Tokougawa, un recueil de 5 volumes dont l'illustration est due à la collaboration de plusieurs artistes, Hokousaï publie deux paysages d'après la cascade de Riûdzou (tête de dragon) : deux grandes planches, où la fusée blanche de l'armature des arbres se détache, d'une manière remarquable, sur le noir de la feuillée.

XLVI

Tous les arts descendant du dessin, Hokousaï veut que son imagination aille à ces arts, que son pinceau y touche, que sa main en donne des modèles. C'est ainsi qu'en 1836, le vieux peintre qui signe : *le vieillard fou de dessin*, publie le *Shin-Hinagata*, Nouveaux Modèles de dessins d'architecture, et écrit en tête cette préface :

Depuis l'antiquité, l'homme a copié la forme des choses : ainsi dans le ciel il a pris le soleil, la lune et les étoiles, et sur la terre les montagnes, les arbres, les poissons, et puis les maisons, les champs : et ces images simplifiées, modifiées, dénaturées, sont devenues les caractères de l'écriture. Mais celui qui se fait appeler un dessinateur doit respecter la forme originale des choses, et, ce dessinateur, quand il dessine les maisons, les palais, les temples, il est de toute nécessité qu'il sache comment les charpentes sont agencées.

Il existait un ouvrage fait par un architecte, sous ce titre : Les Modèles de l'architecture, mon éditeur m'a demandé de dessiner le second volume. Le premier a été fait par un homme du métier, avec des données techniques. Moi, ce que j'ai fait dans ce volume est plutôt du domaine de l'art; toutefois si, grâce à mon enseignement, les jeunes dessinateurs arrivent à ne pas faire un chat à la place d'un tigre, un tombi à la place d'un faucon, quoique mon travail ne soit qu'un caillou à côté d'une montagne, je serai glorieux de ce résultat devant la postérité.

Et, à l'appui de la préface, après la représentation du fil à plomb, ce sont des modèles de constructions en bois à la légère et élégante menuiserie ; ce sont des terrasses aux balcons complètement ajourés, aux escaliers aériens ; ce sont des toits aux souplesses courbes d'une toile de tente, avec de jolis auvents de bambous ; ce sont des modèles de cloches pour bonzeries, au bronze sillonné de dragons fantastiques de la mer ; ce sont de riches frontons formés de deux énormes *taï* et affrontés ; ce sont des ponts de cordage passant au-dessus des arbres ; ce sont des lanternes de jardin faites de la pyramide de trois enfants japonais montés l'un sur l'autre ; ce sont les développements d'un temple bouddhique dans toute sa hauteur : — dessins précédés de la figuration, en son riche et nobiliaire costume, de l'architecte officiel du palais impérial et des charpentiers travaillant sous ses ordres. Le volume gravé par Yégawa, l'habile graveur des CENT VUES DU FOUZI-YAMA, eut une seconde édition, faite postérieurement et teintée de rose. A la fin de l'édition en noir l'éditeur annonçait la publication de trois volumes qui devaient suivre et qui n'ont pas paru.

Détail curieux, le professeur d'architecture d'Hokousaï fut un des élèves de son atelier, nommé Hokou-oun, qui s'assimila tellement la manière de son maître qu'il publia une MANGWA où des pages de croquis seraient données par les plus fins connaisseurs à Hokousaï.

Mais ce n'a pas été seulement de la forme et du con-

tour de l'habitation qu'a été préoccupée la pensée artistique d'Hokousaï, il a donné des heures de son pinceau
à la décoration des objets de la vie intime de son temps,
cherchant à faire, ainsi que cela a été dans notre société
du moyen âge, un objet d'art de tout objet servant
à la vie usuelle, et sur la pipe et le peigne, ces deux
choses où les Japonais ont dépensé les plus jolies imaginations et associé à leur ornementation les plus belles
et délicates matières, il a laissé deux merveilleux petits
livres sous le titre : *Imayô Koushi Kisérou Hinagata*,
MODÈLES DES PEIGNES ET DES PIPES A LA MODE D'AUJOURD'HUI.
Trois volumes, dont deux consacrés aux peignes, avaient
paru en 1822, et dont le troisième, consacré aux pipes,
paraissait en 1823.

Le volume des peignes, qui a pour fronstispice une
Japonaise en train de polir des peignes sur une meule,
contient les plus variés et les plus divers motifs d'ornementation de ce joli objet de toilette où la laque,
l'ivoire, la nacre, l'écaille, les pierres dures, se mêlent
et se marient pour le décor.

Et le goût dépensé sur ces peignes ! Ici, ce semis de
pétales de fleurs, là, cette jonchée d'iris, là, cet enguir-
landement par un volubilis, là, ce couronnement par
une fleur de nénuphar. Et des envolées à tire d'aile de
grues, et des nages de canards mandarins, et des
batailles de moineaux. Et encore, en leur petitesse
minuscule, des coins de village, des plages, des
aspects du Fouzi-yama, des vues panoramiques aux
grands horizons. Et enfin des choses qu'aucun peuple
n'a fait servir à la décoration des objets usuels et
familiers, comme les cassures du charbon de terre,
le treillis d'une vannerie, le fouillis enchevêtré de

clous, les crêtes des vagues, les rayures de la pluie.

A la suite de la préface, Hokousaï écrit ces quelques lignes.

La fabrication des objets change selon le temps. Des objets qui étaient carrés, on les fait ronds et le monde trouve cela plus beau : ça s'appelle la mode. Tous les objets sont soumis à cette modification, à plus forte raison les peignes et autres objets de toilette servant aux femmes dont les caprices se plaisent au changement. Si je ne dessinais que pour la mode présente, mes dessins ne seraient d'aucune utilité pour les fabricants de l'avenir ; donc les dessins de ce petit volume ont été faits avec l'idée de créer un décor pouvant s'appliquer à des formes variables. Ainsi, si la mode exige que les peignes soient épais, les artistes devront augmenter le dessin pour couvrir l'épaisseur. Dans le cas contraire, ils n'ont, ce qui leur sera plus facile, qu'à simplifier le dessin. Donc j'ai tâché de prévoir, autant que possible, ces variations.

Et il signe : *Précédemment Hokousaï Katsoushika Iitsou.*

Le volume des pipes a, pour frontispice, un Coréen qui fume une pipe interminable ; et commence une suite de petits carrés où se trouve le motif dessiné de la ciselure entre un fourneau et un tuyau de pipe : motif en général exécuté sur une pipe toute en argent, ou sur une pipe en bambou avec des revêtements partiels en argent, ou sur une pipe en bronze avec des parties en ivoire. Et les motifs représentent tout un monde : un tigre, un ascète, une cascade, un enfant enlevant un cerf-volant, un Hotei, des chauves-souris, le porteur du bâton aux morceaux de bambous pour battre le thé, une biche, une branche de sapin, un acrobate, un Darma, une assemblée de renards au clair de la lune, une grenouille, une mouche, des flammes, des bulles de savon.

De ces volumes sur l'architecture, sur les peignes et les pipes, on pourrait rapprocher le *Shingata Komon-ichô*, ALBUM DE PETITS DESSINS POUR NOUVEAUTÉS, publié en 1824.

Une série de planches où l'ingénieuse combinaison de l'enlacement, de l'entre-croisement, de l'enchevêtrement de carrés, de ronds, de losa..ges, fait le décor de robes, et qui devait être suivi d'un autre volume consacré aux broderies qui n'a pas paru.

En tête de ce volume, la préface de Tanéhiko dit : « Les artistes qui dessinent librement sont d'ordinaire maladroits avec le compas et la règle, et ceux qui font des dessins géométriques ne savent pas dessiner librement. Hokousaï, lui, fait tout bien, et il arrive à faire avec sa règle et son compas, non pas seulement des dessins artistiques, mais encore des dessins d'une invention infinie. »

XLVII

A la suite de trois mauvaises récoltes du riz, pendant les années 1836, 1837, 1838, l'année 1839 fut une année de disette pendant laquelle les Japonais restreignant leurs dépenses n'achetaient plus d'images, et où les éditeurs se refusaient à faire les frais de publication d'un livre, d'une planche séparée. En cette grève des éditeurs, Hokousaï comptant sur la popularité de son nom, eut l'idée de composer des albums *au bout de son pinceau*,

et il trouva à vivre à peu près cette année de la vente
de ces dessins originaux vendus sans doute très bon
marché.

Un de ces albums, composé de douze dessins, existe
dans la collection de M. Hayashi. Un demi-quarteron
de lavis rapides, au coloriage brutal, lavis où, sous le
barbouillage hâtif, se sent le maître, dans la silhouette
des êtres et des choses. C'est Foukorokou déroulant un
makimono sur lequel une tortue vient se promener,
c'est le diable déguisé en prêtre faisant sa prière. Et
ce sont aussi bon nombre de motifs déjà publiés par lui,
et qu'il répète sans pudeur : ainsi le hoche-queue sur
un rocher, qui revient si souvent dans ses dessins, ainsi
le Japonais regardant s'envoler des papillons, du *Shashin gwafou*.

L'album est signé : *Gwakiô rôjin manji* (vieillard
fou de dessin à l'âge de 80 ans).

XLVIII

En cette mauvaise année pour l'art, Hokousaï a cependant la chance de trouver un éditeur pour une grande
série de planches séparées, et cette date de 1839 est
non seulement appuyée par la signature *Manji, précédemment Hokousaï*, mais certifiée par une lettre d'Hokousaï, datée de cette année, où il est question de la
commande de cette série faite par l'éditeur Yeijudô,
lettre que Hayashi aurait eue entre les mains, au Japon.

Cette série renfermant une suite de paysages en largeur, tirés en couleur, de la même facture que les TRENTE-
SIX VUES DU FOUGAKOU est intitulée : *Hiakounin isshu*

Ouwaga Yétoki, LES CENT POÉSIES EXPLIQUÉES PAR LA NOURRICE.

Des 100 planches, qui devaient former la collection, 27 seulement ont paru.

1. *Poésie de l'empereur Tenti.*
   La récolte du riz.

2. *Poésie de l'impératrice Jitô.*
   Un bord de rivière l'été, avec lavage de linge.

3. *Poésie de Kakinomoto-no-Histomaro.*
   La nuit auprès d'un feu allumé, des pêcheurs tirant un filet.

4. *Poésie de Yamabé-no Akahito.*
   Le n° 4 manque.

5. *Poésie de Saroumarou Dayü.*
   A l'automne, retour de paysans de la cueillette, leurs pelles fourchues sur l'épaule. Au haut d'une montagne, un cerf bramant, qui fait songer aux paysans à l'attente de leurs femmes.

6. *Yakamoti.*
   Un bateau à la forme de gondole, sur une rivière baignant une ville bâtie sur un rocher.

7. *Abéno Nakamaro.*
   La lune rappelant en Chine au poète japonais son pays.

9. *Onono Komati.*
   Paysanne en train de nettoyer une étoffe sur une porte détachée de ses gonds.

11. *Sanghi Takamoura*.
Pêcheuses de coquilles, appelées *awabi*.

12. *Sôjô Henjô*.
Danseuse de temple, dansant la nuit, en grand costume, les cheveux épars, un éventail à la main. Le poète dans la poésie, en tête de la planche, dit au vent d'empêcher les nuages de couvrir la lune.

17. *Ariwarano Narihira* (aux environs de Kiôtô).
Gens traversant un pont sur une rivière dont les eaux roulent la pourpre de nombreuses feuilles de momiji.

18. *Foujiwara Toshiyuki*.
Bâtiment de commerce japonais.

19. *Issé* (une poétesse).
Sur l'avance d'une petite terrasse, deux femmes regardant la campagne.

20. *Motoyoshino Shinnô*.
Un bœuf chargé de roseaux, au milieu de promeneurs autour d'une baie.

24. *Kwanké*.
Voiture aux roues énormes, ayant l'air d'un temple portatif et à laquelle est attelé un bœuf : voiture dans laquelle, seul, le souverain peut monter.

26. *Teijinkô*.
Noble visitant le temple d'Ogouroyama, célèbre pour ses momiji.

28. *Minamoto-no-Mounéyuki.*
Chasseurs faisant du feu dans la neige.

32. *Haroumiti-no-Tsouraki.*
Scieurs de bois au bord d'une rivière.

36. *Kiyowarano Foukuyabou.*
Bateaux de promenades à Yédo, au milieu desquels un bateau-restaurant va de l'un à l'autre.

37. *Boun-yano Asayasou.*
Sur un bateau, de jeunes garçons de la noblesse cueillant des pousses de lotus : un mets dont les Japonais sont très friands.

36. *Sanghi Hitoshi.*
Un daïmio, accompagné de serviteurs, parcourant la campagne.

46. *Ohnakatomi Norinobou.*
Serviteurs japonais attendant leur maître à la porte d'un jardin impérial.

50. *Foujiwarano Yoshitaka.*
Établissement de bains où l'on voit des femmes en peignoir sur une terrasse d'où sort un jet de vapeur d'eau chaude.

52. *Foujiwarano Mitinobou.*
Porteurs de cago descendant une route

68. *Sanjô-no-in.*
L'intérieur d'un temple sinthoïste.

71. *Dainagon Tsounénobou.*

Fontaine où des femmes remplissent des baquets.

97. *Gontûnagon Sada-iyé*.

Au bord de la mer, un four à sel.

Enfin, à cette série il y aurait encore à rattacher la série ayant pour titre : *Sétsouguekkwa*, Neige, Lune et Fleurs, composée de trois planches.

1. *La neige de la Soumida à Yédo*.

2. *La lune de Yodogawa* (nom de rivière) *à Ohsaka*.

3. *Les Fleurs de Yoshino* (nom d'une montagne toute rose de ses arbres en fleurs) *aux environs de Kiôto*.

XLIX

Oui, cette année 1839 où Hokousaï au bout de ces quatre ans d'exil passés à Ouraga revient à Yédo, est une année vraiment malheureuse : une année fatale pour l'artiste. A peine s'est-il logé, établi à nouveau dans le quartier Honjô, le quartier campagnard, affectionné par le peintre, qu'un incendie brûle sa maison, détruit un grand nombre de ses dessins, et les esquisses et les croquis qu'il a pris tous les jours de sa vie, — et de la maison où brûle son œuvre le peintre n'emporte que son pinceau.

L

De 1840 à 1849, l'année de sa mort, Hokousaï illustre

Wakan Inshitsoudén, Traditions chinoises et japonaises sur les conséquences de la conduite invisible (sur les bonnes ou mauvaises actions secrètes, non connues), et où le bien et le mal se trouvent récompensés dans la personne des gens bons ou mauvais ou dans leurs descendants. Dans ce petit livre, chaque personnage, dont on rapporte un acte de la vie, a son nom imprimé près de la réprésentation de cette action.

Peut-être cette année ou une des années suivantes, Hokousaï illustre le *Yéhon Onna Imagawa,* le Livre illustré de l'éducation des femmes.

Dans les environs de l'année 1840, Hokousaï publie encore quatre estampes en hauteur représentant le travail en paille exposé dans la cour du temple d'Asakousa.

Ces planches représentent les douze signes du zodiaque, les deux guerriers Kôméi et Schûsô, une femme sur un éléphant blanc, une cage de grues, une arme d'une longueur de 23 mètres.

Vers le même moment paraît encore *Shimpan Daïdô Zoui,* Nouvelles Planches des dessins sur la voie publique, une série de douze feuilles en largeur.

Une série d'un mouvement diabolique : un défilé de pèlerins sous des masques de Téngous, de garçons de marchands de saké ayant trop goûté à leurs marchandises, de marchands de savon faisant des bulles au bout d'un chalumeau, de forgerons d'ancres, d'aveugles masseurs, de mendiants criant, chantant, dansant en brandissant des écrans, menant une bacchanale folle, épileptique, bras et jambes en l'air, et qui serait la fin des étudiants paresseux de là-bas.

Sous la même date, on classe aussi *Tiyénooumi,* l'Océan d'idées, une série rarissime.

En 1843 Hokousaï publie le *Shoshin gwakan*, ALBUM DE DESSINS POUR LES COMMENÇANTS, un album qui a une certaine parenté par le faire avec le *Shashin gwafou*.

Des dessins de premier coup, de la brutalité la plus savante, faisant mépriser le joli et le fini du petit art.

D'abord un dessin comique d'Hotei, le dieu des enfants, s'ouvrant de ses deux mains la bouche jusqu'aux oreilles, avec devant lui un petit Japonais qui lui tire la langue.

Puis des riens du tout, comme des champignons, comme un morceau de bambou, etc., etc., des merveilles d'un rendu comme produit par la fièvre du dessin.

Et, au milieu de ces croquis, le dessin du dialogue d'un ministre retiré des affaires et d'un pêcheur où, dans l'épine dorsale et la gesticulation gouailleuse des mains de ce pêcheur, est donné comme l'accent de la phrase qu'il jette au ministre démissionnaire, disant qu'il a quitté le ministère parce que le monde a l'esprit à l'envers : « N'est-ce pas vous qui êtes à l'envers ? Moi, quand la rivière est trouble, je me lave les pieds dedans et, quand elle est claire, je la bois ! »

Les gravures de cette publication ont été republiées plus tard en couleur, en mauvaise couleur, sous le titre de *Hokousaï Gwayén*, LE JARDIN DES DESSINS d'HOKOUSAÏ.

En 1847, deux ans avant la mort de l'artiste, paraît *Rétsoujo Hiakouninshů*, CENT PENSÉES DE CENT FIDÈLES FEMMES, dont les cent figures sont de Toyokouni, mais dont les dix premières pages sont d'Hokousaï.

Il semble qu'alors l'artiste, qui a 87 ans, redoute la responsabilité de l'illustration d'un livre tout entier, et il se contente d'une espèce d'introduction dessinée, faite

par de petits croquis jetés dans un trait, mais des plus
spirituels.

En 1848, c'est *Shûga hiakounin shû*, LES CENT POÈTES,
publication due à la collaboration de Kouniyoshi, Shighénobou, Yeisén, mais dont les dix premières pages
sont d'Hokousaï.

Une planche d'un beau sentiment : un Empereur
exilé, regardant mélancoliquement du bord de la mer
une volée d'oiseaux se dirigeant vers son pays.

Cette même année 1848, Hokousaï donne une grande
planche en largeur, représentant une opération topo-
graphique faite avec nos instruments d'arpentage et
qui a presque le caractère d'un dessin européen. Elle
est signée : *Manji rôjin à l'âge de 89 ans*.

Au printemps de 1849, l'année de la mort d'Hokousaï,
c'est *Yokou yeiyû hiakounin shû*, CENT POÉSIES DE HÉROS,
illustration due à plusieurs artistes, et où Hokousaï a
encore dix feuilles de dessins dont la première est une
planche de détails d'armures.

LI

En 1848, un an avant sa mort, Hokousaï publie *Yéhon Saïshiki-tsou*, LE TRAITÉ DU COLORIS, sur la couverture duquel on voit Daïkokou déroulant un kakémono
où sont gravés le titre du volume et le nom de l'auteur,
et où la première planche représente, au-dessus d'un
petit rapin japonais préparant l'encre de Chine, le
peintre dans une espèce de danse de Saint-Guy pictu-
rale, peignant un pinceau dans la bouche, un pinceau
dans chaque main, un pinceau dans chaque pied.

Le traité qui est rédigé par Hokousaï, sous le nom d'Hatiyémon, mérite d'être traduit dans quelques-unes de ses parties. Il commence ainsi :

L'ignorant Hatiyémon dit : J'ai fait ce petit volume pour apprendre aux enfants qui aiment à dessiner la manière facile de colorier... publiant ce petit volume à bon marché, dans l'espoir que tout le monde pourra l'acheter et donner à la jeunesse l'expérience de mes quatre-vingt-huit ans.

Dès l'âge de six ans, j'ai commencé à dessiner, et pendant quatre-vingt-quatre ans j'ai travaillé dans l'indépendance des écoles, ma pensée, tout le temps, tournée vers le dessin. Or donc, comme il m'est impossible de tout exprimer en un si petit espace, je voudrais seulement apprendre que le vermillon n'est pas la laque carminée, que l'indigo n'est pas le vert, et aussi apprendre, d'une façon générale, le maniement du rond, du carré, et des lignes droites ou courbes ; et si j'arrive, un jour, à donner une suite à ce volume, je mettrai les enfants en état de rendre la violence de l'Océan, la fuite des rapides, la tranquillité des étangs, et chez les vivants de la terre, leur état de faiblesse ou de force. En effet, il y a des oiseaux qui ne volent pas très haut, des arbres à fleurs qui ne produisent pas de fruits, et toutes ces conditions de la vie autour de nous méritent d'être étudiées à fond, et si j'arrive à persuader les artistes de cette vérité, j'aurai le premier traîné ma canne *sur le chemin* [1].

Puis, c'est un tableau d'une cinquantaine de couleurs employées par le maître, et à la page suivante, au-des-

---

1. J'aurai le premier indiqué le chemin.

sus de deux mains qui tiennent un pinceau penché,
délayant de la couleur dans une soucoupe, ces recom-
mandations :

*Les couleurs ne doivent être ni trop épaisses, ni
trop claires, et le pinceau doit se tenir couché ; autre-
ment il produit des malpropretés ; — l'eau du coloriage plutôt claire que foncée, parce qu'elle durcirait
le ton ; — le contour jamais trop net, mais très
dégradé ; — n'employer la couleur que lorsqu'elle a
reposé et qu'on a rejeté la poussière montée à la surface ; — la couleur fondue avec le doigt, et jamais avec
le pinceau ; ne passer la couleur que sur les lignes
noires de l'ombre, où seulement la couleur peut se
superposer.*

Et ce sont les couleurs spéciales qu'il faut employer
pour colorier les animaux et les plantes, représentés
en noir dans les planches qui se succèdent, — pour
colorier le hoho, le coq, l'aigle, les canards, les pois
sons.

Le noir lui fait dire : *Il y a le noir antique et le noir
frais, le noir brillant et le noir mat, le noir à la
lumière et le noir dans l'ombre. Pour le noir antique,
il faut y mêler du rouge ; pour le noir frais, c'est du
bleu ; pour le noir mat, c'est du blanc ; pour le noir
brillant, c'est une adjonction de colle ; pour le noir
dans la lumière, il faut le refléter de gris.*

A propos de fleurs, Hokousaï nous révèle un curieux
ton de l'aquerelle de là-bas : c'est le *ton du sourire.*
Mais écoutez le vieux maître :

*Ce ton appelé le ton du sourire, Waraï-gouma, est
employé sur la figure des femmes pour leur donner
l'incarnat de la vie, et aussi employé pour le coloriage*

*des fleurs. Pour le fabriquer ce ton, voici le moyen :
il faut prendre au rouge minéral,* shôyén-ji, *fondre
ce rouge dans de l'eau bouillante, et laisser reposer
la dissolution : c'est un secret que les peintres ne com-
muniquent pas.*

Hokousaï ajoute :

*Pour les fleurs, on mêle généralement de l'alun à
cette dissolution : mais ce mélange brunit le ton. Moi,
j'emploie bien aussi l'alun, mais d'une manière différente, due à mon expérience. Je le bats longtemps
dans un godet et le tourne sur un feu très doux jusqu'à ce que le liquide soit desséché complètement.
Cette matière ainsi obtenue, on la conserve à sec, pour
s'en servir, en la mélangeant avec du blanc. Et pour
obtenir ce blanc teinté d'un soupçon de rouge, j'étends
le blanc d'abord, et ensuite en délayant le* shôyén-ji
*dans beaucoup d'eau, et le laissant précipiter au fond
de cette eau à peine teintée, passée sur la gouache,
j'obtiens la coloration voulue.*

Ce qu'il y a de curieux dans le professorat d'art d'Hokousaï, c'est l'indépendance que prêche à ses élèves
le maître indépendant, leur déclarant *qu'ils n'aient
pas à croire qu'il faut se soumettre servilement aux
règles indiquées, et que chacun, dans son travail, doit
s'en tirer selon son inspiration.*

La même année, il publie un second volume portant
le même titre, où il dit : *Dans le premier volume,
j'ai indiqué les couleurs à l'état général, dans celui-ci,
je m'occupe des couleurs à l'état liquide ;* et ce sont des
procédés, comme dans l'autre volume, pour peindre un
lion de Corée, un sanglier, des lapins.

Dans le premier volume, un moment, il nous entre-

tient du procédé hollandais de la peinture à l'huile de
l'Europe, disant : Dans la peinture japonaise, *on rend
la forme et la couleur, sans chercher le relief, mais
dans le procédé européen on recherche le relief et le
trompe-l'œil*, et Hokousaï conclut, sans parti-pris,
qu'on peut admettre les deux procédés.

Dans ce second volume, faisant sans doute allusion
à des pl..ches de Rembrandt qu'un critique américain
l'accusera d'avoir transportées dans le vieux sacro-saint
dessin japonais, Hokousaï parle du procédé hollandais
de l'eau-forte, du procédé qui consiste à dessiner sur le
cuivre recouvert d'un vernis, et annonce qu'il dévoi-
lera ce procédé dans le volume suivant. Mais ce second
volume du TRAITÉ DU COLORIS devait être la dernière
publication du peintre.

Un second livre, où Hokousaï professe longuement,
est le *Riakougwa-haya shinan*, LEÇON RAPIDE DE DESSIN
ABRÉGÉ, ouvrage paru en trois volumes, le premier en
1812, le second en 1814, le troisième sans date.

Dans le premier volume, aux croquis assez brutaux,
il y a une chose curieuse : que chaque dessin soit un
Darma, soit un scolopendre, il est reproduit dans les
contours de sa forme par les lignes courbes de moitiés
de circonférences, de quarts de circonférences, et de
temps en temps par un carré.

Dans la préface [1], Hokousaï blaguant les anciens, s'exprime ainsi :

—————

1. La préface est de Kiôrian, mais elle est répétée dans le
Shoshin Yédéhon, MODÈLES DE DESSINS POUR LES COMMENÇANTS, SOUS
le nom d'Hokousaï.

Les anciens ont déclaré que la montagne se fait avec la hauteur de dix pieds, les arbres avec la hauteur d'un pied, le cheval avec la hauteur d'un pouce, l'homme avec la grosseur d'un haricot, et ils ont proclamé que c'est la loi de la proportion dans le dessin. Non, les lignes du dessin, ça consiste en des ronds et des carrés... Maintenant notre vieil Hokousaï, lui, a pris une règle et un compas, et c'est avec cela qu'il a dessiné toutes les choses pour en bien déterminer la forme : un procédé qui ressemble un peu à ce vieux moyen de tâtonner avec le pinceau-charbon (morceau de bois brûlé, du fusain). *Or, celui qui apprendra à bien manœuvrer la règle et le compas, il pourra arriver à exécuter les dessins les plus fins et les plus délicats.*

Et à la fin du volume. ces lignes sont encore d'Hokousaï : *Ce livre apprend la manière de dessiner au moyen du compas et de la règle, et celui qui travaillera à l'aide de ce moyen apprendra par lui-même la proportion des choses.*

Dans le second volume, Hokousaï se représente peignaut avec la bouche, les mains, les pieds, dessin que nous trouvons répété en 1848 dans le TRAITÉ DU COLORIS, et c'est une série de dessins assez semblables aux dessins géométriques du premier volume, mais qui seraient inspirés par la contexture des mots de la langue japonaise. Dans ce volume en une langue impossible, aux localités invraisemblables, et sous des noms imaginaires, moquant le style de rivaux et de concurrents, Hokousaï plaisante ainsi : *En aimant le style prétentieux de Hé-ma-mousho-Niûdô, le peintre Yama mizou Téngou, de Noshi-Koshi yama, s'est approprié l'art incompréhensible de ses dessins. Or, moi qui ai étudié ce style près de cent ans, sans y rien comprendre plus que lui, il m'est cependant arrivé ceci de curieux, c'est que je m'aperçois que mes personnages, mes animaux, mes insectes, mes poissons ont l'air de se sauver du papier. Cela n'est-il pas vraiment extraordinaire ? Et un éditeur, qui a été informé de ce fait, a demandé ces dessins de telle façon que je n'ai pu lui refuser. Heureusement que le graveur Koizoumi, très habile coupeur de bois, s'est chargé, avec son couteau si bien aiguisé, de couper les veines et les nerfs des êtres que j'ai dessinés et a pu les priver de la liberté de se sauver. Ce petit volume, je l'affirme, sera un bijoux précieux pour la postérité, et les personnes, entre les mains desquelles il se trouvera, doivent l'étudier avec toute confiance.* Et il signe : *Yamamizou Téngou Téngoudo Nettétsou* (fer chaud).

Dans le troisième volume, qui est toujours une suite de dessins cherchés d'après la forme des mots, et où en haut des pages il y a la figuration de ces mots au-dessus des sujets dessinés, la première image représente le peintre qui a signé la préface du second volume Téngou Téngoudo, présentant un dessin à un Téngou, à un de ces génies aux cheveux en poils de bête, au nez en vrille[1], et Hokousaï met en tête de ce volume :

Ce livre apprend le dessin sans maître. On a emprunté les lettres, les caractères de la calligraphie pour faire l'étude plus facile à l'élève. Dans chaque dessin, la marche du pinceau est indiquée par le numérotage, afin que les enfants puissent retenir l'ordre de la marche.

---

1. La tête de Téngou est formée par les mots Yama (montagne) et Mizou (eau), et la tête du peintre par une réunion de caractères faisant hé-ma-mou-sho.

Mais ce livre n'est pas pour l'enfant seulement ; les grandes personnes, les poètes par exemple, qui veulent exécuter un dessin rapide dans une société, seront aidées par ce livre. C'est donc les préliminaires du dessin cursif.

A la fin du volume, Hokousaï ajoute :

L'idée qui m'a fait faire ce volume vient de ce que, un soir, chez moi, Yû-yù Kiwan (non fantaisiste) *m'a demandé : Comment peut-on apprendre à faire un dessin d'une manière rapide et facile ? Je lui ai répondu que le meilleur moyen était un jeu qui consistait de chercher à former les dessins d'après les lettres, et j'ai pris mon pinceau, et lui ai montré comment on peut facilement dessiner. Quand j'ai eu exécuté deux ou trois dessins l'éditeur Kôshodô, qui était là, n'a pas voulu laisser perdre ces dessins, et il m'a fait dessiner tout un volume, qu'on doit regarder, au fond, comme une distraction, comme un amusement pour rire.*

Autour de ces deux traités techniques écrits par Hokousaï, il n'est peut-être pas sans intérêt de grouper les albums d'Hokousaï traitant spécialement du dessin et du coloris, dont les préfaciers ont été sans doute inspirés dans leurs préfaces par les théories, les idées, les ironies d'Hokousaï.

Ainsi dans l'album intitulé *Hokousaï Sogwa,* Dessins grossiers d'Hokousaï, publié en 1806, et dont la première planche représente le génie fantastique de l'encre de Chine, le préfacier Sakaudô, se faisant l'interprète des conversations du peintre, s'exprime dans ces termes : « Il n'est **pas** difficile de dessiner des monstres, des revenants, mais, ce qu'il y a de difficile, c'est de dessiner un chien, un cheval, car ce n'est qu'à force d'observer, d'étudier les choses et les êtres qui vous entourent, qu'un peintre représente un oiseau qui a l'air de voler, un homme qui a l'air de parler. Or, le talent extraordinaire du vieillard Taïtô (Hokousaï) n'est que le résultat de ce travail, de cette observation dans laquelle il a apporté cette attention infatigable que j'ai toujours admirée et qui a fait de lui le grand artiste indépendant et le maître unique. »

Ainsi l'album *Shosin Yédéhon*, Modèles de dessin pour les commençants, sans date (deux volumes dont le second est en couleur), où la succession des coups de pinceau à donner est indiquée par un numérotage venant d'Hokousaï, et où, pour une étude de tête de profil, la marche du pinceau est ainsi indiquée : 1, le front ; 2, la ligne du nez ; 3, la narine ; 4, le dessus de la bouche en partie cachée par la robe ; 5, l'œil ; 6, le sourcil ; 7, l'intérieur de l'oreille ; 8, le contour, et les cheveux de 9 à 16.

Ainsi le Répertoire rapide de dessin, sous le titre de *Yéhon hayabiki*, qui a suivi la Leçon rapide de dessin abrégé, et qui a paru en deux volumes publiés en 1817 et 1819.

Ces albums, qui contiennent par page 50 ou 60 silhouettes humaines de la grosseur d'un insecte, sont une sorte d'inventaire et de catalogue de tous les motifs de dessin classés sous la première lettre de leurs noms : le premier volume commençant à la lettre *i* et le second finissant à la lettre *sou*, la quarante-septième et dernière lettre de l'alphabet japonais.

Dans ce recueil, la tête est presque toujours indiquée seulement par le contour de l'ovale. Et ce mode de dessin, adopté par Hokousaï, vient à la suite d'une discussion avec un ami du peintre, qui soutenait que la physionomie d'un être humain ne pouvait être reproduite qu'avec le dessin de ses yeux et de sa bouche : discussion dans laquelle Hokousaï se fit fort de rendre l'expression, la vie d'un visage, en ne les y dessinant pas [1].

Ainsi, dans l'album d'*Ippitzou gwafou*, LE DESSIN A UN COUP DE PINCEAU, album publié en 1823, et où un seul coup de pinceau donne si curieusement la silhouette d'oiseaux qui volent, de tortues qui nagent, de lapins qui digèrent, et de Japonais et de Japonaises dans toutes les actions de leur vie. Ici, le préfacier avoue que ce mode de dessin n'a pas été inventé par Hokousaï, qu'il est de l'invention de Foukouzénsaï de Nagoya, et que, dans un séjour dans cette ville, Hokousaï a été intéressé par ce procédé de dessin et, craignant qu'il ne se perdît, il a dessiné différents sujets de la même façon, pour que, plus répandu, il soit connu par la postérité [2].

Ainsi l'album intitulé *Santaï gwafou*, ALBUM DE

1. Le *Mousha Bouri*, RÉPERTOIRE DES GUERRIERS, est un recueil dans le même genre que le RÉPERTOIRE RAPIDE DE DESSIN, et qui donne la nomenclature des guerriers célèbres. A la fin de ce volume, publié en 1841, Hokousaï annonce qu'il prépare un volume sur les poètes et les artistes célèbres, mais ce volume n'a pas paru.

2. Un autre album, intitulé *Sôhitsou gwafou*, ALBUM DE DESSIN CURSIF, publié par Hokousaï en 1843, est fabriqué un peu dans le même esprit de coloriage.

TROIS DIFFÉRENTES SORTES DE DESSINS, imprimé en 1815, où Hokousaï signe Taïto, et dans lequel le préfacier Shokousan-jîn, traduisant la pensée du peintre, dit : « Dans la calligraphie il y a trois formes, et ce n'est pas seulement dans la calligraphie que ces trois formes existent, c'est dans tout ce que l'œil de l'homme observe. Ainsi, lorsqu'une fleur commence à s'épanouir, sa forme est, pour ainsi dire, une forme rigide ; lorsqu'elle est défleurie, sa forme est comme négligée ; lorsqu'elle tombe à terre, sa forme est comme abandonnée, désordonnée. » Et au milieu de différentes images, une planche d'orchidée, trois fois répétée, est comme la confirmation de l'idée un peu paradoxale du peintre.

Ainsi l'album *Hokousaï Gwashiki*, MÉTHODE DE DESSIN D'HOKOUSAÏ, publié avec la collaboration de ses élèves, d'Ohsaka, Sénkwakou-teï, Hokouyô, Sekkwatei, Hokoujû, Shunyôtéi, Hokkei, et où le préfacier fait ainsi l'éloge d'Hokousaï : « La peinture est un monde à part et celui qui veut y réussir doit connaître par cœur les diversités des quatre saisons et avoir au bout des doigts l'habileté du créateur. Le Katsoushika Hokousaï de Yédo aima cet art dès l'enfance, eut pour unique maître la nature, et il a pénétré le mystère de l'art ; enfin c'est l'unique grand peintre de la peinture ancienne et de la peinture moderne. Depuis des années il a donné des albums pour servir aux élèves, mais des albums insuffisants aux demandes. Et aujourd'hui l'éditeur Sôyeidô a demandé au maître un nouvel et plus complet album qui servira de méthode pour la jeunesse. »

Et à la fin de toutes ces révélations sur l'art du maître, qu'elles émanent de ses amis ou de lui-même, donnons

la plus curieuse de toutes, que Hokousaï, en 1835, jeta
en tête des Cent Vues du Fouzi-yama :

*Depuis l'âge de six ans, j'avais la manie de dessiner
la forme des objets. Vers l'âge de cinquante ans, j'avais
publié une infinité de dessins, mais tout ce que j'ai
produit avant l'âge de soixante-dix ans ne vaut pas
la peine d'être compté. C'est à l'âge de soixante-treize
ans que j'ai compris à peu près la structure de la nature
vraie, des animaux, des herbes, des arbres, des oiseaux, des poissons et des insectes.*

*Par conséquent, à l'âge de quatre-vingts ans, j'aurai
fait encore plus de progrès ; à quatre-vingt-dix ans je
pénétrerai le mystère des choses ; à cent ans je serai
décidément parvenu à un degré de merveille, et quand
j'aurai cent dix ans, chez moi, soit un point, soit une
ligne, tout sera vivant;*

*Je demande à ceux qui vivront autant que moi de
voir si je tiens ma parole.*

*Écrit à l'âge de soixante-quinze ans par moi, autre-
fois Hokousaï, aujourd'hui Gwakiô Rôjin, le vieillard
fou de dessin[1].*

LII

A l'âge de 68 ou 69 ans, Hokousaï avait eu une attaque
d'apoplexie, dont il s'était tiré en se traitant par la
pâtée de citron, un remède de la médecine japonaise
et dont la composition était laissée par le peintre à l'ami

1. *L'Art Japonais*, par Gonse. Quantin. 1883, t. I.

Tosaki, avec, dans la marge de l'ordonnance, des croquetons de la main du peintre représentant le citron, le
couteau à couper le citron, la marmite où on le fait
cuire.

Voici la composition de cette *pâtée de citron :*

« Avant que vingt-quatre heures japonaises
(48 heures) se soient écoulées depuis l'attaque, prenez
un citron, découpez-le en petits morceaux, avec un
couteau de bambou et non pas de fer ou de cuivre.
Mettez le citron, ainsi découpé, dans une marmite de
terre. Ajoutez-y un *go* (un quart de litre) de saké extra
bon, et laissez cuire au petit feu jusqu'à ce que le
mélange devienne épais.

« Alors il faut avaler, en deux fois, la pâtée de citron
dont on a retiré les pépins, dans de l'eau chaude; et
l'effet médical se produit au bout de vingt-quatre ou
trente heures. »

Ce remède avait complètement guéri Hokousaï et
semble l'avoir mené bien portant jusqu'en 1849 où il
tombait malade de ses 90 ans, dans une maison d'Asakousa, le *quatre-vingt-treizième* logis de cette existence
vagabondante d'une habitation à l'autre.

C'est alors, sans doute, qu'il écrivit à son vieil ami
Takaghi cette lettre ironiquement allusive :

Le roi Yemma[1] *est bien vieux et s'apprête à se reti-*
rer des affaires. Il s'est fait construire, dans ce but,
une jolie maison à la campagne et il me demande
d'aller lui peindre un kakémono. Je suis donc obligé

-----

1. Yemma, roi des Enfers, le Pluton japonais. Cette lettre a
été publiée par M. Morse, dans l'*Art Review*, et reproduite par
Gonse, dans l'*Art Japonais.*

de partir et, quand je partirai, je prendrai mes dessins avec moi. J'irai louer un appartement au coin de la rue d'Enfer, où je serai heureux de vous recevoir, quand vous aurez occasion de passer par là.

HOKOUSAÏ.

En cette dernière maladie où Hokousaï eut les soins de sa fille Oyei, qui avait divorcé avec son mari et habitait avec son père, et où il fut entouré de l'affection filiale de ses élèves, la pensée du mourant *fou de dessin*, toujours toute à l'ajournement que le peintre sollicitait de la Mort pour le perfectionnement de son talent, lui faisait répéter d'une voix qui n'était plus qu'un soupir : *Si le ciel me donnait encore dix ans...* Là, Hokousaï s'interrompait, et après un silence : *Si le ciel me donnait seulement encore cinq ans de vie... je pourrais devenir un vrai grand peintre* [1].

Hokousaï mourait à l'âge de 90 ans, le dix-huitième jour du quatrième mois de la deuxième année de Kayéï (le 10 mai 1849).

Un tombeau lui a été élevé, par sa fille Shiraï Tati dans le jardin du Temple Seikiôji d'Asakousa, à côté de la pierre tombale de son père, Kawamoura Itiroyémon.

On lit sur la face de la grande pierre tombale : *Gwakiôjin Manjino Haka* (Tombeau de Manji, vieillard fou de dessin). Sur la base : *Kawamoura Ouji* (Famille Kawamoura).

---

1. D'après la biographie de *Oukiyo yé Ronikô*, par Kiôdén, qui le fait mourir le 13 avril 1849, la poésie de la dernière heure, que Hokousaï aurait formulée en mourant, est celle-ci :

Oh ! la liberté, la belle liberté, quand on va se promener aux champs d'été, en âme seule, dégagée de son corps.

Sur le côté gauche de la pierre tombale, en hauteur, trois noms religieux : 1° *Nansô-in kiyo Hokousaï shinji* (Le chevalier de la foi, Hokousaï à la gloire pittoresque), *Nansô* (religieux du sud de Sô)[1] ; 2° *Seizen-in Hō-okou Miôju shin-nio,* un nom de femme morte en 1828, qui pourrait être sa seconde femme ; 3° *Jô-oun Miôshin Shin-nio,* un autre nom de femme morte en 1821, qui serait celui d'une de ses filles.

LIII

Hokousaï s'est marié deux fois, mais on ignore les noms de ses deux femmes ; on ne sait pas même si la séparation avec chacune d'elles a été amenée par la mort ou le divorce ; seulement on a la certitude que le peintre vivait seul à partir de 52 ou 53 ans.

De sa première femme Hokousaï avait eu un fils et deux filles.

Le fils, c'est Tominosouké qui prit la succession de la maison du miroitier Nakajima Issé, et qui mena une vie de désordres, causant mille ennuis à son père.

Les filles, ce sont : Omiyo qui devint la femme de Yanagawa Shighénobou, le peintre, morte quelque temps après son divorce, et qui avait mis au monde ce petit-fils qui fut une source de tribulations pour son grand-père ; et Otétsou, douée d'un vrai talent de peintre, qui mourut toute jeune.

De sa seconde femme Hokousaï eut également un fils et deux filles.

---

1. Le mot Sô est l'abréviation du mot Shimofousa, où se trouve Katsoushika.

Le fils, c'est akitiro, un petit fonctionnaire de Tokougawa, un peu poète, devenu le fils adoptif de Kasé Sakijiurô, qui éleva le tombeau d'Hokousaï et dont il prit le nom. Le petit-fils de Takitiro qui s'appelait Kasé Tchôjirô a été le camarade d'école de Hayashi, en l'étude de la langue française, dans la classe de M. Fontaine, actuellement maire d'Asnières.

Les filles, ce sont : Onao, qui mourut dans son enfance, et Oyei, qui se maria avec un peintre nommé Tômei, mais divorça et vécut, comme nous l'avons dit, la fin de la vie d'Hokousaï, avec son père. C'était un artiste, qui fit l'illustration de *Onna tchôhôki :* un livre d'éducation pour la femme, qui traite de la civilité.

Hokousaï avait deux frères aînés et une sœur cadette, tous morts dans leur jeunesse.

LIV

En l'année 1850, l'année qui suit la mort d'Hokousaï, paraît *Guirétsou hiakoninshu,* Cent Exemples de courage, une illustration due à plusieurs artistes, mais où une planche d'Hokousaï représentant une terrible tempête nous montre Tatiwana-himé, la femme du prince Yamatodaké, se jetant dans la mer pour apaiser les flots par le sacrifice de sa vie.

Trente ans après la mort d'Hokousaï, en 1879, on a publié en deux volumes d'après ses dessins, le *Yéhon Tôshisén Gogon-zekkou,* Illustration des poésies des Thang, composées de quatre vers de cinq mots.

Les deux premières pages vous montrent : l'une, le poète écrivant à main levée, au pinceau, tandis qu'un enfant lui prépare l'encre de Chine ; l'autre, le peintre peignant à l'encre de Chine sur un kakémono des oies sauvages, dans l'étonnement de ses disciples.

Après ces deux planches, les compositions les plus diverses : un homme qui nettoie un miroir de bronze ; une abandonnée qui se désole dans son lit ; une collation à la fin de laquelle l'amphitryon donne son sabre à son ami qui part pour une expédition militaire ; des cygnes nageant à l'ombre de grands camélias.

Enfin, comme pendants aux deux premières planches, les deux dernières représentant la fabrication de l'encre de Chine : le ramassement de la suie dont elle est faite, et le moulage de cette suie en bâtons.

LV

KAKÉMONOS — MAKIMONOS — PANNEAUX

Ici, sous ce titre qui comprend tout ce qui touche à l'encre de Chine ou à l'aquarelle, la peinture japonaise de son pinceau, je vais essayer de signaler, bien incomplètement, les précieux morceaux de papier ou de soie, signés du glorieux maître, existant à l'heure présente en Europe, en Amérique, en Asie.

KAKÉMONOS

Une carpe dont le milieu du corps est traversé dans l'eau, où elle nage, par un rayon lumineux.

Signé : *Hokousaï I-itsou manji* (Hokousaï à 75 ans).

H. 29. — L. 34.

Collection Hayashi.

Shishin, l'un des 108 héros du roman de Souikô.

De profil, tourné à droite, la tête levée en l'air, tenant un bâton d'une main rejetée derrière le dos, Shishin est habillé d'une robe de dessous bleue, sa robe de dessus tombée autour des reins ; il a, aux pieds, des espèces de bottes de cuir lui montant jusqu'aux genoux, et ses bras nus sont tatoués de neuf dragons.

Un dessin à l'aquarellage noyé, mettant autour des contours et des plis des teintes délavées, semblables à celles des bords de mers et d'océans dans nos atlas.

Signé : *Manji, vieillard fou de dessin à 80 ans.*

H. 120. — L. 52.

Riki, un autre héros des 108, surnommé le *Tourbillon noir*, à cause de la rapidité avec laquelle il faisait tourner sa hache.

De face, debout, les traits farouches, le menton appuyé sur sa main gauche, sa main droite tenant sa hache homicide. Une anatomie rocheuse, comme inspirée par les statues de pierre des Niô à la porte des temples, avec des chairs couleur brique, et quelques touches de bleu dans le noir de l'encre de Chine des vêtements.

Même signature et même grandeur que le premier.

Les deux pendants font partie de la collection Hayashi.

Un faisan, la tête retournée près d'une tige de pissenlit.

Signé : *Hokousaï* (de 1800 à 1806).

H. 31. — L. 54.

Un faisan.
Signé : *Manji, vieillard fou de dessin à 80 ans.*

H. 29. — L. 57.

Ces deux dessins font partie de la collection de
M. Hayashi.

Kwakou Shighi, le ministre populaire de la Chine,
le ministre à la plus nombreuse famille de tous les mi-
nistres de la terre, représenté assis sur une chaise tournante, la tête penchée vers sa femme, et entouré de plus
de vingt-quatre enfants.

Un kakémono d'une facture dure, mais avec un effort
chez Hokousaï de faire plus portrait qu'il ne fait d'ordinaire, dans ces têtes d'enfants, au ton rose de la pêche,
et avec des rehauts de blanc sur le nez et les paupières.

Signé : *Manji, vieillard fou de dessin, autrefois Ho-*
kousaï changé de nom, vulgairement Nakashima Tet-
zouzô Fouji-wa-no Tamékazou, à l'âge de 88 ans.

H. 100. — L. 43.

Le même sujet vers 1807, plus ancien de 40 ans.

H. 61. — L. 55.

Ces deux compositions font partie de la collection
Hayashi.

« Le Lever. » Femme habillée d'une robe grise semée
de fleurettes blanches, tenant en main un *yutô*, une
cafetière en laque semée de pétales de fleurs d'oranger,
servant au transport de l'eau chaude, qu'elle s'apprête

à verser dans un bol de porcelaine décoré de paysages bleus, posé sur un plateau à pied, près d'une brosse à dents en bois.

Signé : *Hokousaï.*

H. 114. — L. 44.

« Le Coucher. » Femme qui va se coucher, en train de changer le papier de son oreiller, sa tête sortant du rose de sa robe de dessous, et son corps flottant dans les plis d'une robe de dessus d'un gris mauve, sillonné de petits oiseaux de mer appelés au Japon *miyakodori.*

Même signature et même dimension que le *Lever.*

Ces deux kakémonos font partie de la collection de M. Hayashi.

Un troisième kakémono : la moustiquaire de cette série, est chez M. Gonse.

Tchôriô, conseiller d'État, rencontrant sur un pont Kosékikô, vieillard mystérieux qui lui remet un rouleau avec l'étude duquel il met en état le prince, son maître, de renverser l'Empereur qui a fait la grande muraille de la Chine.

Dessin de premier jet, avec quelques légères colorations dans le barbotage de l'encre de Chine.

Signé : *Sur la demande de Yeisaï Soshû; Hokousaï Sôri a fait ce dessin.* Le dessin n'est pas signé, mais porte un cachet où il y a le nom de *Tokimasa* (vers 1798).

H. 115. — L. 47.

Collection Hayashi.

Sur un fond brunâtre, une grande branche tortillarde de prunier en fleurs, rien qu'à l'encre de Chine avec les fleurs gouachées de blanc : un kakémono d'un relief extraordinaire, où le noueux, l'excorié, le liégeux d'un vieux bois, sont rendus d'une manière miraculeuse.
Signé : *Katsoushika Hokousaï* (1806-1807).

H. 126. — L. 52.

Trois grandes lanternes posées l'une à côté de l'autre. De la peinture décorative enlevée rapidement.
Non signé.

H. 118. — L. 51.

Ces deux kakémonos appartiennent à M. Hayashi. Ils faisaient partie d'un paravent de six feuilles, dont deux maintenant sont en possession de M. Vever, et deux en possession de M. Monnet, paysagiste.

Femme lisant une pièce de théâtre, dans un mouvement de tête abaissée, au cou cassé. Coloration de la figure avec le blanc d'une face de pierrot, mais une robe aux tons changeants, semés de fleurettes de *lespedèze*, sur laquelle tranche le ton d'une ceinture verdâtre aux dessins jaune d'or. Un oiseau volant au-dessus de la tête de la liseuse.
Signé : *Hokousaï*.

H. 119. — L. 51.

Collection Hayashi.

Femme de profil tournée à droite, à la tête de face

10

surmontée de l'étoilement des épingles de sa chevelure, et avec le délicat ovale de sa figure sortant du rose d'une robe de dessous. Un dessin d'une grâce contournée charmante; la robe ayant aux épaules comme le renflement d'un dolman et se creusant à la rentrée des reins sous la ceinture, toute bouffante en avant et se répandant et s'étalant aux pieds en un large ondoiement. Des colorations, comme si le papier *buvard* sur lequel elles sont posées trempait dans l'eau; et un noir assoupi des cheveux, et un incarnat du visage, pour ainsi dire imperceptible, et un nuageux des plis de la robe qui semble impossible à obtenir. Un des plus désirables kakémonos d'Hokousaï.

Signé : *Taïto* (1887).

H. 107. — L. 29.

Collection Hayashi.

Handaka, un disciple de Bouddha, élevant en l'air un bol d'où sort une fumée qui se change en dragon.

Dessin d'un déchiquetage personnel à Hokousaï, et où les étoffes ont l'air de lanières volantes, comme si cette animation un peu exagérée, que l'artiste met dans les corps, il voulait la porter dans les étoffes. Lavis à l'encre de Chine sur un ton rosâtre.

Signé : *Hokousaï Taïto* (1815).

H. 100. — L. 43.

Collection Hayashi.

Un prêtre shintoïste tenant un arc auquel sont atta-

chées des poésies. Facture tout à fait grossière, barbouillage inharmonique.

Signé : *Manji, vieillard de 85 ans* (1844).

H. 95. — L. 29.

Collection Hayashi.

Un aigle, au moment où il se pose sur le rocher d'un
écueil.

Un des kakémonos d'Hokousaï, à la coloration la
plus puissante, et qui porte en haut cette curieuse note :
« L'année dernière, le 28 du 11ᵉ mois, l'oiseau était vu
à Kazousa et, le 18 du mois suivant, il fut pris à Souna-
moura, et l'ordre de le dessiner fut donné à Hokousaï,
6ᵉ mois 1848. »

Signé : *Manji autrefois Hokousaï, vieillard fou de
dessin, vulgairement Nakashima Tétsouzô* (et en vérité)
Foujivara no Tamékazou, à l'âge de 88 ans.

H. 123. — L. 52.

Collection Hayashi.

Kakémonos des six Poètes, panneaux détachés d'un
paravent :

    Ariwara no Narihira,
    Ohtomo no Kouronoushi,
    Boun-ya no Yasouhidé,
    Sôjô Hénjô.

Peintures décoratives enlevées d'un pinceau rapide.
Signé *Katsoushika Hokousaî* (1806-1812).

H. 130. — L. 53.

Collection Hayashi.

Omono Komati,
Kisén Hosshi.

Ces deux panneaux complétant les six Poètes, et de
la même dimension, et portant la même signature que
les quatre autres, nous les retrouvons dans la collection de M. Vever.

Un *Katsouo* (poisson ressemblant au maquereau),
dont une tranche a été enlevée, posé sur une tige d'œillet; un autre avec un navet : ce poisson se mangeant
avec du navet râpé.
Signé : *I-itsou Hokousaï* (vers 1823).

H. 92. — L. 27.

Collection Hayashi.

Un vol de pluviers au-dessus d'un cours d'eau, par un
jour de neige. Kakémono d'une exécution poussée au fini.
Signé : *Hokousaï Tokimasa* (1799-1800).

H. 110. — L. 26.

Collection Hayashi.

Un shôjô, un petit génie du saké, à la chevelure rouge
envolée derrière lui, soulevant de ses deux bras en l'air
un barillet de saké.
Signé : *Hokousaï, fou de dessin* (1801-1805).

H. 84. — L. 26.

Collection Hayashi.

Apparition de monstres. Une tête énorme, à côté d'une tête de vieille femme, au long cou d'un serpent, sortant d'une boîte.

Non signé.

H. 31. — L. 57.

Collection Hayashi.

Apparition. Derrière une lanterne de tombeaux, décorée de feuilles de nénuphar (un symbole bouddhique), une femme, d'une main appuyée sur un bâton, la tête enveloppée d'une chevelure épaisse, les yeux creux, le nez décharné, les dents se détachant en blanc d'un trou noir, les chairs livides éclairées par la blafarde lueur de la lanterne.

Dessin fait pour une audition de Hayashiya Shôzô, conteur d'histoires de revenants, au moment où l'on éteignait les lumières et où ne restait éclairé que le dessin d'épouvante.

Signé: *Manji, vieillard fou de dessin, à l'âge de 80 ans* (1839).

H. 56. — L. 27.

Collection Hayashi.

Deux têtes coupées, aux traits contractés, au blanc de l'œil injecté de sang, attachées par une cordelette à une tige de bambou. Peinture qu'on sent faite d'après nature, sur un morceau de soie entièrement recouverte de gouache, et qui joue la peinture à l'huile.

Signé : *Manji, vieillard de 88 ans* (1847).

H. 32. — L. 53.

Lanterne de cimetière avec la planchette de prière; un serpent sortant de la lanterne renversée.

Non signé.

H. 32. — L. 53.

Ces deux kakémonos, qui appartiennent à Hayashi, faisaient partie d'un paravent de 18 feuilles, que, sauf ces deux sujets, Hayashi a refusé d'acheter : les seize autres représentant des cadavres en liquéfaction.

Femme habillée d'une robe à l'imitation d'une queue de paon et sur laquelle neige un prunier en fleurs.

Peinture à la gouache, jouant la peinture à l'huile, sur une planchette destinée à être attachée par un clou à un pilastre ou à une colonne.

Non signé.

Collection Hayashi.

Un homme, un masque de Téngou, sur la figure, dansant et chantant, mène le branle de trois petits Japonais, aux joyeuses gambades.

Dessin du faire le plus léger et le plus spirituel.

Signé : *Manji, vieillard fou de dessin* (80 ans).

H. 91. — L. 29.

Collection Hayashi.

Daïkokou et Yebisou en voyage.
Dessin caricatural en une aquarelle très pochée.
Signé : *Hokousaï, fou de dessin.*

H. 75. — L. 28.

Collection Hayashi.

Paysage représentant, très modifiée, la vue de Tsoukouba du *Shashin.*
Non signé, mais portant le cachet d'Hokousaï.

H. 29. — L. 45.

Collection Hayashi.

Shôki en marche, un chapeau-parasol sur son sombre
visage, les mains croisées sous ses larges manches.
Un dessin à l'encre de Chine sur un fond brunâtre,
qui a quelque chose de farouche dans sa noire tonalité.
Signé : *Manji, vieillard de 88 ans.*

H. 67. — L. 26.

Collection Hayashi.

La poétesse Seishônagon, la première romancière du
roman d'amour au Japon, et qui a écrit, au viii° siècle,
LE CAHIER DE L'OREILLER. Elle est représentée, ainsi que
toutes les femmes de la noblesse dont sont sorties les
poétesses, avec les deux mouches à l'encre de Chine sur
le front, appelées, je crois, *hòshi,* et les cheveux épars

sur le dos, lisant un rouleau sur une petite table devant laquelle elle est accroupie.

Signé : *Hokousaï Taïto* (1817).

H. 99. — L. 39.

Collection Hayashi.

Yébisou rapportant un *taï* dans un panier accroché derrière son dos.

Dessin à l'encre de Chine avec quelques colorations rouges et bleues : gai dessin aux traits spirituels et au lavage léger.

Signé : *Sôri* (1795-1798).

II. 91. — L. 25.

Shôki, en train de lire, derrière le dos d'une femme, la lettre qu'elle vient de recevoir.

Même facture que le kakémono précédent.

H. 85. — L. 27.

Ces deux kakémonos font partie de la collection Hayashi.

Cascade de Nounobiki (de la Toile accrochée), chute d'eau dont les ondes ont les ondulations horizontales d'une toile mollement suspendue en l'air, et qui sont dans le dessin rehaussées de gouache, avec la poussière de l'eau sur les rochers rendue dans une imitation parfaite par une poussière de blanc d'argent.

Signé : *Hokousaï* (1800).

II. 102. — L. 27.

Collection Hayashi.

Une *guésha* en promenade, de profil, tournée à gauche, une lanterne derrière elle. Elle est habillée d'une robe noire ocellée de plumes de paon.
Signé : *Gwakiôjin Hokousaï.*

H. 82. — L. 28.

Collection Bing.

Une vieille blanchisseuse, son panier sous le bras. Lavis à l'encre de Chine.

H. 86. — L. 27.

Collection Bing.

Un bord de rivière. Encre de Chine.
Signé : *Hokousaï*

H. 34. — L. 56.

Collection Bing.

Diable à la figure verte, accroupi devant une pipe et une tase de saké. Aquarelle.
Signé : *Manji à 88 ans.*

H. 18. — L. 15.

Collection Bing.

Une femme versant du saké à un vieillard. Kakémono à la finesse d'un sourimono.
Signé : *Gwakiôjin.*

H. 38. — L. 38.

Collection Bing.

Un Shôski en pied, tout peint à l'encre rouge, sauf les yeux, et le trait serpentant de la bouche. Ces peintures sont, je crois, considérées au Japon comme des préservatifs des maladies.

Signé : *I-itsou à 75 ans.*

H. 64. — L. 27.

Collection Bing.

Ouvrier nettoyant la neige sur un tonneau, se détachant d'un ciel d'hiver, tout *ouateux* de neige[1].

Signé : *Hokousaï Taïto.*

H. 98. — L. 30.

Collection Bing.

Réunion d'une tortue de longévité, de la perle sacrée, d'une lettre de bonheur : dessin d'un groupement plein de style.

Signé : *Manji.*

H. 95. — L. 33.

Collection Bing.

Le pèlerin Saïghiô, ayant quitté la cour, assis sur un tertre, et contemplant la campagne avec des yeux contemplatifs d'ascète.

Signé : *Hokousaï.*

---

1. Kakémono qui a été reproduit dans une petite impression en couleur.

II. 64. — L. 27.

Collection Bing.

Un prunier en fleurs, sous le clair de lune. Encre de Chine qui a l'admirable papillotage de la lumière sur ces arbres, en leur floraison.

H. 136. — L. 21.

Collection Bing.

Une langouste dessinée avec la science ichthyologique du Maître.
Signé : *Hokousaï*.

II. 85. — L. 29.

Collection Bing.

Un vieillard, fait avec le lavage brutal des vieilles années du peintre.
Signé : *Hokousaï*, — bien certainement une signature fausse sur un dessin vrai, mais du temps où Hokousaï signe *Manji*.

H. 74. — L. 20.

Collection Bing.

Guésha, habillée d'une robe noire, aux transparences de la plus grande habileté, et marchant de profil tournée à gauche, ainsi que presque toutes ses études de courtisanes.

II. 119. — L. 29.

Collection Bing.

Un kakémono, divisé en trois compartiments. Entre une poésie chinoise et une poésie japonaise, dans la bande étroite du milieu, un paon, la tête soulevée pour attraper une araignée, pendant au bout d'un fil. Une aquarelle extraordinaire, où le maître a rendu la vie remuante de la plume : l'un des plus merveilleux kaké-monos d'Hokousaï que j'aie vus

Signé : *Gwakiôjin Hokousaï.*

Collection Bing.

Diables s'abritant sous le chapeau de Shôki. Peinture aux anatomies fragmentées, et aux colorations brutales non fondues, et ressemblant à des morceaux de mo-saïque : peinture typique du *faire* des dernières années d'Hokousaï.

Signé : *Manji.*

H. 80. — L. 55.

Collection Gonse.

Un faucon sur une branche de sapin. Aquarelle.

Signé : *Manji.* Mais je crois le dessin antérieur à cette signature, qui y aurait été postérieurement apposée.

H. 68. — L. 21.

Collection Gonse.

Un coq et une poule. Aquarelle de la plus grande inten-sité.

Signé : *Gwakiô rôjin, à l'âge de 80 ans.*

H. 36. — L. 56.

Collection Gonse.

Hotei couché à terre, enfonçant les mains dans son sac. Peinture d'un grand relief, aux délicats détails du costume vert et bleu perdus dans la masse, et aux belles lignes du sac.

Non signé.

H. 29. — L. 46.

Collection Gonse.

Tige de bambou où vont se poser deux moineaux : la tige de bambou à l'encre de Chine, les moineaux pochés de ces rougeâtres et brunâtres taches qui font des moineaux d'Hokousaï de petites œuvres de la plus grande maîtrise.

Ce kakémono, qui vient de la vente de l'atelier de Kiôsaï, et qui est signé : *Katsoushika-tiyémon, à l'âge de 85 ans*, a, en tête, une lettre d'envoi autographe du peintre, avec un croqueton de salutation semblable à ceux qu'il jette en tête de ses lettres à ses éditeurs, et l'envoi est fait à un ami habitant près du pont de Naka-bashi, qu'il appelle dans sa lettre : *Fleur de Nakabashi.*

H. 90. — L. 33.

Collection Gonse.

Femmes ramassant des coquillages et les portant dans un bateau. Amusante scène se détachant de profonds lointains, mais d'un faire un peu miniaturé, un peu petit.

Signé : *Hokousaï Katsoushika.*

H. 42. — L. 45.

Collection Gonse.

Kiyomasa, en son costume de guerre précieusement travaillé, sous son casque à cornes, se voit superbement piété, une main appuyée sur le manche de son sabre, dans l'enveloppement turgide de ses épaulières.

Signé : *Hokousaï I-itsou.*

H. 70. — L. 27.

Collection Gonse.

Princesse dans une tempête de neige, au bord de la mer, suivie de deux serviteurs, dont l'un tient un parapluie au-dessus de sa tête. Une magique représentation du floconnement de la neige dans l'air avec, dans un coin du ciel, la fonte lumineuse de fleurs roses de pruniers, sous cette tombée de blancheur. Ce serait la mise en scène de la légende de Komati réclamant du ciel la pluie.

Non signé.

H. 79. — L. 27.

Collection Gonse.

Un chasseur qui vient de tuer un sanglier, en train de le lier avec une corde. Aquarelle au doux lavage, amorti, assoupi.

H. 33. — L. 42.

Collection Gonse

Guésha, la tête de trois quarts, baissée dans un penchement à gauche, et habillée d'une robe de soie noire

brodée de fleurettes aux transparences rendues par la plus habile aquarelle.
Signé : *Hokousaï*.

H. 105. — L. 27.

Collection Gonce.

Un prunier en fleurs. Lavis où l'arbuste est traité à l'encre de Chine, et les fleurs gouachées de blanc, de la plus parfaite exécution artistique.
Signé : *Hokousaï Sôri*.

H. 120. — L. 35.

Collection Gonse.

Yoshitsouné, sous son casque à cornes, et revêtu d'une armure rouge, que dépassent derrière les flèches de son carquois et le manche d'un de ses deux sabres. Spécimen d'une des peintures les plus parfaites et les plus travaillées d'Hokousaï.
Non signé.

H. 81. — L. 40.

Collection de M. Gonse, qui a donné le pendant au Louvre, faisant partie d'un paravent composé de trois compartiments.

Blanchisseuse agenouillée, battant le linge, dans un paysage montagneux.
Signé : *Hokousaï Sôri*.

H. 105. — L. 42.

Collection Gonse.

Femme sous une moustiquaire, agenouillée, et d'une main tendue en l'air en train de brûler, avec une petite mèche enflammée, des moustiques, dans un mouvement de grâce qui dessine la molle et ressautante ligne de son dos. Très originale peinture où, dans la pénombre verdâtre de la moustiquaire, la femme en sa robe à fleurettes apparaît, ainsi que dans la coloration glauque d'un aquarium, au jour tombant, tandis que, comme opposition, se voit tout lumineux un petit morceau de sa robe fleurie, sur laquelle est relevée la moustiquaire.

Signé : *Hokousaï Sôri.*

H. 122. — L. 43.

Collection Gonse.

Ce kakémono est le complément du « Lever » et du « Coucher », les deux kakémonos en possession de M. Hayashi.

Tête de Darma. Lavis d'une beauté tout à fait singulière. Une noyade d'encre de Chine où, dans le *flou* du lavis, les traits du saint apparaissent avec quelque chose de la solidité d'une sculpture qu'on apercevrait au fond de l'eau.

Non signé.

H. 59. — L. 28.

Collection Gonse.

La marchande de fagots. Un bœuf sur lequel est un abri en roseaux et que conduit par la bride une femme fumant sa pipette. Une aquarelle où, sur la massivité sombre de l'animal, se détache l'éclatant bariolage de la robe de la conductrice.

Signé : *Taïto Hokousaï, changé de nom.*

H. 85. — L. 31.

Collection Gillot.

Un vieux marchand d'écumoires en bambou pour la poudre de thé, appelées en japonais *tchasén,* accroupi à terre, au milieu de l'étalage des objets de sa vente. Un barbouillage d'encre de Chine, rehaussé de blanc, avec un ton de chair sur la figure et les mains ; et où les petits yeux écarquillés, le nez en point d'interrogation, la bouche égueulée du marchand, montrent, sous quatre coups de pinceau, toute la narquoiserie d'une physionomie japonaise.

Signé : *Katsoushika Mousén hôshi, ou le prêtre sans le sou de Katsoushika, à 65 ans* (1824).

H. 65. — L. 35.

Collection Gillot.

Sur un mortier du riz, un coq qui n'est pas l'éternel coq de profil d'Hokousaï, mais un coq de trois quarts, piété de côté dans une attitude batailleuse ; un coq au rouge vineux de sa crête s'enlevant sur le noir de sa queue et de son poitrail : le coq le plus artistique des coqs du maître, et dont la pochade prend, à distance, le trompe-l'œil de l'aquarelle la plus achevée.

Signé : *Taïto, autrefois Hokousaï.*

H. 80. — L. 29.

Collection Gillot.

Un sanglier détalant dans la neige. Une merveille que ce déboulement galopant, où sont si bien dessinées les délicates pattes en mouvement, du lourd animal.
Signé : *Manji, vieillard de 88 ans (1847)*.

H. 32. — L. 32.

Collection Gillot.

Le prêtre Saïguio, poète voyageur, regardant, sur un pont, une grue volante dans le haut du ciel. L'homme, la main appuyée sur un bâton, est penché à droite, la tête cachée par son chapeau. Un dessin aux dessous solides, ressentis, sous des colorations éteintes, où se voient une besace au vert joliment passé, une robe jaunâtre aux cassants des plis relevés de filées de gouache. Un des beaux kakémonos que j'aie vus et qui, exécuté dans les dernières années de sa vie, a le doux enveloppement du beau temps de son talent.
Signé : *Manji, vieux de 85 ans*.

H. 95. — L. 28.

Collection Gillot.

Deux canards mandarins à l'aquarelle : l'un, la tête levée, l'autre fouillant la vase.
Signé : *Manji*.

H. 97. — L. 27.

Collection Vever.

Sékizoro. Trois danseurs du Jour de l'An, tenant dans chacune de leurs mains un bâton. Un dessin à l'habile groupement, et où un danseur de face se voit entre deux danseurs de dos, comme dans une ascension pyramidale.

Signé de la signature de ses derniers temps.

H. 125. — L. 52.

Collection Vever.

La poétesse Ono Komati, avec ses deux mouches au front des femmes de la noblesse et sa belle chevelure noire dépassant par derrière la traîne de sa robe, d'une main tenant un grand éventail qui lui masque la gorge et le bas du visage. Elle est vêtue d'une robe de dessous rouge, sur laquelle est jetée une robe de dessus à fleurettes.

Non signé.

H. 132. — L. 55.

Collection Vever.

Le prêtre Kisén. Il est vu de dos, avec sa calvitie au milieu de la couronne de ses cheveux, et un bout de profil perdu qui ressemble à un profil de gorille. Appuyé sur un bâton, il est habillé d'une robe noire, sur laquelle est jetée comme une couverture à larges bandes, couleur de rouille.

Non signé.

H. 132. — L. 55.

Collection Vever.

Ces deux kakémonos de Komati et du prêtre Kisén faisaient partie de la collection des six Poètes, dont quatre sont encore dans la collection de M. Hayashi.

Une chute de cascade, dans laquelle remontent deux carpes, avec des parties visibles et des parties noyées par la chute d'eau, dont le rejaillissement de l'écume est fait, à s'y tromper, au moyen de gouttelettes éclatées de gouache.

Signé : *Gwakiôjin*.

H. 109. — L. 48.

Collection Vever.

Un piège à oiseau. Un baquet appuyé sur un bout de bambou que le moindre contact doit faire chuter et sous lequel il y a du grain. Vers le baquet descend une volée de moineaux dont l'un, sur le bord du baquet, est prêt à s'y glisser. Facture large.

Signé : *Gwakiôjin*.

H. 125. — L. 52.

Collection Vever.

Sur la nuit noire d'un ciel dans lequel un éclair fait une éclaircie, le terrible Yorimasa, le général de Minamoto, contorsionné dans un mouvement de force qui dessine toute son anatomie herculéenne, tend un gigantesque arc dont la flèche va tuer le Nouyé, animal fantastique à la tête d'un tigre, au corps d'un taureau, à la queue d'un serpent.

Signé du cachet : *Svastica*[1].

----

1. *Svastica*, un mot qui viendrait du sanscrit, et dont le

H. 100. — L. 42.

Collection Vever.

Au-dessus de feuilles de *momiji*, une théière suspendue au bout d'une longue attache de fer passant sur
une inscription contenue dans la figuration d'une sorte
de tablette appelée, au Japon, papier à poésie (*tansakou*).

Voici ce que raconte cette théière à saké suspendue à
un arbre. Sous l'Empereur Takakoura (xii° siècle), un
souverain poète, dans le jardin impérial, un jour de la
fin d'automne, trois domestiques balayeurs avaient fait
chauffer du saké pour se mettre un peu de chaleur au
corps. L'Empereur, sorti de son palais pour admirer
le coucher du soleil dans le bois d'érable, alors tout
rouge, arriva seul, là où se tenaient les trois balayeurs.
Le sans-gêne de ces domestiques du palais valait leur
renvoi mais, avant que quelqu'un de sa suite pût les
punir, l'Empereur s'écria sur un ton de bonne humeur :
« Quel plaisir de voir ces pauvres gens partager mon
inspiration poétique ! Cela me rappelle la célèbre ligne
ancienne qui dit : « Dans ce bois chauffant le saké, en
brûlant les rouges feuilles d'érable... » Et les balayeurs
furent pardonnés. Généralement le sujet est représenté
avec les trois balayeurs habillés en blanc et coiffés de
chapeaux noirs. Mais ici Hokousaï supprime les personnages.

signe est la représentation, en forme de tourniquet, du croise-
ment de deux morceaux de bois, l'un sur l'autre, par allusion
au feu des temps primitifs. Ce signe exprimerait le nombre dix
mille, ou plutôt un nombre indéfini, que les Japonais prononcent
man ou *manji* — et ce signe, Hokousaï l'a adopté un temps pour
sa signature.

Le *tanzakou*, placé au milieu, porte : « Le plaisir de la vie est d'admirer les vues des quatre saisons, avec la lune, la neige, les fleurs, la montagne verte, le bois à feuilles rouges, dont une partie tapisse la terre. »
Signé : *Sajimoti*.

Le papier en large, placé en tête du kakémono, est une lettre d'Hokousaï qui recommande un élève au docteur Sanghino, lettre signée : *Le paysan Hatiyémon, habitant en face de la pharmacie Jôsaï*. Datée le 12ᵉ jour du 7ᵉ mois (probablement de la même année 1843).

H. 78. — L. 23.

Collection Haviland.

Oiseaux sur un baquet renversé, près d'un œillet et de marguerites : les marguerites gouachées de blanc avec un tel art qu'elles semblent brodées.
Signé : *Katsouskika Hokousaï*.

H. 25. — L. 32.

Collection Haviland.

A demi abritée par un paravent, une femme en train de se coiffer, les deux mains élevées au-dessus de sa tête, et soulevant par derrière sa natte à l'aide d'une grosse épingle à cheveux. Accroupie dans un mouvement plein de grâce, son miroir, qu'on ne voit pas, est posé sur le genou d'une jambe remontée ; dans ce mouvement, un sein sort de sa robe et, sous la robe, s'entrevoit un rien du dessous de la cuisse et du pied de la jambe qui porte le miroir.

En ce kakémono, certainement un des plus soignés
et des plus parfaits du maître, Hokousaï a cherché une
opposition entre la finesse de la linéature, pour ainsi
dire graphique, faisant le contour des mains, du visage,
du sein, de la cuisse, du pied, et le ton neutre et le lavage un peu brutal de la robe.
Signé : *Gwakiôjin Hokousaï*.

H. 97. — L. 32.

Collection Haviland.

Au-dessus d'une cascade, au milieu de fleurs de cerisier, un aigle, le corps ramassé, la tête tendue et projetée en bas comme s'il s'apprêtait à fondre sur une
proie. Peinture au cruel dessin de la tête, au solide noir
et au beau fauve de la plume hérissée, et comme soulevée par l'instinct carnassier. C'est la même étude mais,
je crois, plus poussée que celle de l'aigle pris à Sou-
namoura, en 1848, et qui est dans la collection de
M. Hayashi.

H. 106. — L. 54.

Collection Manzi.

Sous la pleine lune, une courtisane en marche vers
la droite ; elle est dans une robe de dessous jaunâtre
étoilée de fleurs rouges, sur laquelle est rabattue une
robe de dessus bleuâtre décorée de glycines blanches.
Signé : *Gwakiôjin Hokousaï* (1801-1805).

H. 115. — L. 30

Collection de Goncourt.

Une courtisane, vue de trois-quarts dans une robe décorée de branchettes de sapin lavées d'encre de Chine, sur lesquelles se détachent des grues volantes, gouachées de blanc.

En haut est jetée cette poésie, signée Méjiro Sanjin :

« Le Bouddha exploita la loi religieuse. Le premier prêtre exploita le Bouddha, les prêtres de la postérité continuent à exploiter leur ancien maître, et toi tu exploites ton corps. Ton commerce consiste à calmer la fièvre des passions. Au fond la réalité c'est le néant, et le néant c'est la réalité. Le feuillage offre sa verdure et la fleur sa couleur. La lune se baigne dans le lac, mais ce n'est là que son image. »

Kakémono signé : *Gwakiôjin Hokousaï* (1801-1805).

H. 115. — L. 30.

Collection de Goncourt.

En Hollande, au musée ethnographique de Leyde, M. Gonse cite trois kakémonos représentant des courtisanes, kakémonos non signés mais dignes de lui être attribués.

En Angleterre, au British Museum, venant de la collection Anderson, un kakémono en couleur sur soie (Sise 21 5/8 × 32 3/8) représentant : « Tamétomo et les diables dans l'île des diables. » Le héros est assis sur un rocher, près de trois diables qui essayent avec de grands efforts son arc. M. Anderson dit dans son catalogue que c'est une peinture d'une grande vigueur et très expressive dans les figures : peinture exécutée dans l'année où Hokousaï illustrait la sixième partie du

CROISSANT DE L'ARC, roman qui est l'histoire fabuleuse de Tamétomo.

Il est signé : *Katsoushika Hokousaï.*

Ce dessin, en haut duquel est une poésie de Bakin, l'auteur du roman, est datée : *Une nuit d'hiver de 1811.* La boîte du kakémono porte une inscription du petit-fils de Bakin, disant que cette peinture, conservée dans sa famille, avait été exécutée au moment où Bakin écrivait son roman.

Dans la collection de M. Ernest Hart, à Londres, se trouvent cinq kakémonos :

1° Des oies sauvages : kakémono signé *Manji à 88 ans.*

2° Okamé lapidant un diable avec des haricots. Aquarelle cursive, légèrement colorée en rose et bleu. Ce kakémono, où l'opposition est charmante entre la grâce d'Okamé et la hideur du diable épouvanté, est une des plus remarquables peintures du maître en Angleterre. Il est signé *Manji,* et provient de l'ancienne collection Wakai.

3° Trois chiens jouant. Signé : *I-itsou.*

4° Guerrier chinois. Signé : *Gwakiô-rôjin Hokousaï.*

5° Une Japonaise. Signé : *Hokousaï Taïtô.*

Dans la collection de M. S. M. Samuel, un kakémono, que le propriétaire considère comme un chef-d'œuvre.

Une femme debout s'habillant et se regardant dans un miroir : Signé : *Hokousaï.*

En Amérique, dans la collection de M. Morse de Boston, dit M. Gonse dans son ART JAPONAIS, est conservé

un kakémono (H. 17 pouces) représentant un guerrier
japonais au milieu d'un passage montagneux, qui serait
d'une harmonie exquise dans les rouges, les verts,
les gris.

De nombreux kakémonos existeraient encore chez
M. Fenellosa.

Enfin, voici plusieurs kakémonos d'Hokousaï qui font
partie de la riche collection du Japonais Homma Kôsô,
à Sakata, et dont les reproductions photographiques ont
été publiées dans le *Magazine of Art Japanese*, paraissant en japonais et en anglais, à Tôkiô.

Le premier est un grand arbre penché sur les rapides
d'une rivière, au milieu duquel est assis un petit berger
qui, de là, regarde le Fouzi-yama.

Le second est une courtisane entre ses deux petites
accompagnatrices, appelées *Kamourô*.

Les autres, au nombre de douze, et formant les panneaux d'un paravent, ont pour titre : LES PEINTURES DES
SIX TAMAGAWA (des six rivières du même nom, dans six
provinces différentes).

1° Une cascade.

2° Un bûcheron qui se repose sur son fagot.

3° Le poète Nô-in-hôsshi s'inspirant de la nature.

4° Une envolée de pluviers au-dessus d'un bord de
rivière tout couvert de neige.

5° Un village de la province de Mousashi au bord de
l'eau.

6° Des femmes blanchissant du linge.

7° Le cours d'une rivière de la province d'Ohmi, coupé
par le feuillage des arbres de la rive.

8° Un poète ancien en contemplation devant la lune.

9° Une carpe, traversée dans l'eau de la rivière de la province de Ki-i, par des rayons lumineux.

10° Un coin de jardinet de la province de Settsu, au milieu duquel est du linge à laver.

12° La princesse-poétesse Sagami composant une poé·sie.

Au Japon, Wakai posséderait encore une dizaine de kakémonos et une collection d'esquisses et d'études, parmi lesquelles un fragment d'un dessin à moitié brûlé, peut-être arraché à l'incendie de son atelier en 1839. Ce dessin exécuté au trait d'encre de Chine, à un *seul coup de pinceau*, sur plusieurs morceaux de papier assemblés, serait la *première pensée* du « Bain » et l'enfant tenu par sa mère aurait presque un tiers de sa grandeur naturelle.

Wakai cite dans une lettre, comme collectionneurs d'Hokousaï au Japon, MM. Houki, Kaivasaki, Masouda ; mais le Japonais n'aime pas la publicité autour de ce qu'il possède, et le catalogue de l'œuvre d'un peintre est très difficile à établir en ce pays artistique.

MAKIMONOS[1]

Makimono contenant : — une feuille de lotus et son bouton, — une branche de pin, — un paysage par un jour de neige, — une feuille de *tônabasou*, un potiron du Japon de la grosseur de nos melons, — un sanglier, — une aubergine, — un renard habillé en Japonais, —

1. Rouleau de peinture qui, contrairement au kakémono, se déroule dans sa largeur et contient un certain nombre de motifs.

un morceau de saumon salé, — un narcisse, — des poissons, — un rapide où flottent des fleurs de momiji, — un bol, — une racine de lotus, — un chat, — une anguille, — une traversée de renards sur la glace d'un lac : un dessin curieux, parce qu'il nous laisse voir, sous l'aquarelle, les restes d'une esquisse au bois brûlé, au charbon de polonia, le fusain du Japon, dont Hokousaï se servait parfois, et surtout quand il dessinait en présence de quelqu'un.

Ce makimono aux nombreux dessins est signé : *Manji, vieillard fou de dessin, âgé de 80 ans (hiver de Tempo X) (1839).*

Collection Hayashi.

Un autre makimono intéressant, c'est un panorama des bords de la Soumida, fait au temps de ses livres illustrés, avec des seconds plans qui sont des merveilles de délicatesse, et où il y a une recherche du reflètement des choses dans l'eau, tout à fait nouvelle, et où, dans des arbres d'un centimètre, sont des réserves pour les branches. Je n'ai jamais vu d'Hokousaï une aquarelle aussi travaillée, aussi poussée au fini. Et la dernière aquarelle est une assemblée d'hommes et de femmes dans un salon.

Ce makimono est signé : *Koukoushin Hokousaï* (1805) et avec la signature se trouve cette note : *En souvenir d'une promenade que Hokousaï a faite avec ses amis sur la Soumida ; et à la demande de Tausiûrô Yémba* (un lettré qui a fait le récit de la promenade) *Hokousaï a dessiné sur place à Yoshiwara, ses amis avec les courtisanes d'une Maison Verte : quatrième mois* (le mois de mai).

Et il est à croire que le buveur, au crâne socratique,
au petit nez relevé, aux yeux railleurs, habillé d'une robe
d'un brun fauve, et qui montre sa coupe de saké vide,
pour la faire remplir à nouveau, est Hokousaï.
Collection Hayashi.

Un autre makimono d'une grande beauté, provenant
de la vente de l'atelier de Kiôsaï, et contenant 46 sujets,
fait partie de la collection de M. Gonse.
C'est une langouste posée sur un morceau de charbon,
dessin symbolique des cadeaux du Jour de l'An, — une
envolée de moineaux, — quatre croquetons de poètes,
lisant à la lumière d'une lampe, — la jetée, sur une page,
d'une tortue, d'un faisan, d'un crabe à l'encre de Chine,
au milieu desquels est un pigeon modelé entièrement
avec du blanc de gouache et dont le bec et les pattes
sont roses, — des processionnaires et des bégonias, —
un rat mangeant une tranche de pastèque, — des plantes
de mer et des coquillages, — deux canards dormant,
enlevés d'un coup de pinceau, à la façon des dessins
de l'album *Ippitzou*, — des fizalis et une épingle à cheveux, — une poule d'eau, — un cyprin dans un vase de
cristal, — une plieuse d'éventails. — la *danse des moineaux*, avec une amusante et infinie perspective des
derniers petits danseurs, etc., etc.

PANNEAUX, DESSINS ENCADRÉS
ET FEUILLES DÉTACHÉES

Dans la collection Hayashi.
Un diable, lapidé avec des pois, se met à l'abri sous

le tableau de Shôki. Un barbouillage tout à fait lâché.
Non signé.

H. 65. — L. 48.

Un guerrier tenant à la main une tête coupée.
Non signé.

H. 53 — L. 26.

Un pigeon perché sur le haut d'un tori-i.
Dessin de premier coup, fait avec un nuage d'aquarelle.
Non signé, mais portant le cachet d'Hokousaï.

H. 29. — L. 27.

Sous un énorme pot de saké, Hokousaï et ses élèves déguisés en *shôjô*, en train de boire. Hokousaï, au milieu, avec l'aspect d'un homme gris, à sa droite Hokouga faisant de la musique avec un balai ; et derrière Hokouga, à la gauche d'Hokousaï, Shinshaï, la tête tombée dans ses mains ; et, contre le pot de saké, Hiromaro.
Chaque peintre dessiné et signé par lui.

H. 38. — L. 39.

Une répétition de la « Vague » du Fouzi-yama, avec des pluviers volant au-dessus.

H. 30. — L. 52.

Enfant japonais ramassant des feuilles de pin.
Signé : *Manji, vieillard de 85 ans.*

H. 30. — L. 52.

Un tigre à la tête un peu humaine, comme les fait Hokousaï, qui n'en avait jamais vu.

Une encre de Chine pleine de furie.

Signé : *Hokousaï*.

H. 55. — L. 27.

Paysage, au lever du soleil éclairant sur le premier plan un rocher dans la mer, au fond de montagnes bleuâtres.

Signé : *Hokousaï, fou de dessin*.

H. 26. — L. 28.

Cuvette de cuisine, dans laquelle est un pilon sur lequel est posé un oiseau et, derrière la cuvette, une tige de cerisier fleuri.

La cuvette et le pilon lavés d'un ton rosâtre, l'oiseau et la tige de l'arbuste à l'encre de Chine. Effet original.

Non signé.

H. 27. — L. 44.

Une oie sauvage fendant l'air.

Un dessin très légèrement aquarellé.

Signé : *Manji, vieillard fou de dessin*.

H. 29. — L. 56.

Une grenouille sur une feuille de lotus.

Non signé.

H. 20. — L. 26.

Deux enfants de paysans, dont l'un, couché sur le ventre, écoute l'autre.

Non signé.

II. 26. — 57.

Hotei mettant un petit Japonais dans son sac.
Non signé.

II. 27. — L. 42.

Dans la collection Bing.
Une tête coupée de femme, entourée d'un serpent.

Une encre de Chine très délavée, avec dans des parties un ton rougeâtre, et où le peintre a mis comme de la volupté dans le dessin des yeux demi-fermés, de la bouche entr'ouverte.

H. 20. — L. 22.

Un pigeon sur un perchoir fait en forme de racine d'arbre. Encre de Chine, relevée de blanc, et lavée de rose au bec et aux pattes.
Signé : *Gwakiôjin.*

Une perspective de sapins d'un lavis aux parties réservées dans les parties lumineuses, d'un art stupéfiant.

H. 150. — L. 54.

Ce grand panneau aurait pour pendant un panneau d'égale grandeur, représentant un paysan qui, la tête entre ses jambes, chercherait à voir les feuilles en dessous.

Indépendamment de ces panneaux, M. Bing possède un certain nombre de feuilles détachées, dont je donne les feuilles principales.

Hotei, pour amuser les enfants, faisant danser un pantin attaché par des fils à un écran.

Des têtes de femmes publiées dans le JAPON ARTISTIQUE.

Pêcheur, un feu allumé au bout d'une gaule pour attirer le poisson.

Un serpent s'enroulant autour d'une branche, dessin qui rend, à la fois, et l'élasticité et la rigidité du reptile.

Une femme de profil, sur laquelle il y a un peu de bleu et de rose, comme bu par un papier buvard, dessin d'une délicatesse, d'une fluidité sans pareille.

Une guésha accroupie, vue de dos, jouant du schamisén, à la riche coiffure vue par derrière : dessin à la ligne sculpturale.

Un guerrier sur un cheval cabré, un de ces dessins où il y a comme l'emportement d'un pinceau.

Un groupement de poissons.

Une femme surplombant un Téngou auquel elle indique quelque chose de la main, dessin où la tête de la femme a une grâce voluptueuse indicible.

Une tête de profil d'apparition, qui n'a pas été gravée dans les CENT CONTES.

Une belette guettant deux oiseaux perchés sur une branche.

Quatre femmes couchées à terre, dans des allongements d'une élégance adorable.

Une étude à l'aquarelle d'une tige de soleil.

Un cerf couché.

Une femme, avec, au bout du bras levé, une raquette.

Une promenade de femmes et d'enfants préparée pour la gravure, qui n'a pas la sécheresse habituelle de ces sortes de dessins.

Une femme qui fait sa toilette devant un miroir où se voit sa figure, et dont le bras droit tient, derrière elle, un autre miroir où se reflète le derrière de sa coiffure.

Dans la collection Gonse.

L'entrée de la Soumida. Une double rangée de rochers émergeant de l'écume des flots. Un des plus beaux et des plus importants paysages à l'aquarelle d'Hokousaï.

H. 30. — L. 130.

Une étude de tête coupée de supplicié, la bouche et les yeux entr'ouverts, avec un filet de sang qui, semblable à un rameau de corail, se répand de l'oreille sur le pâle visage.

Signé : *Hokousaï I-itsou.*

A ces deux dessins encadrés, il faut joindre trois feuilles détachées, trois merveilles provenant de la vente de l'atelier Kiôsaï.

Skôki jouant de la flûte. Une tapageuse encre de Chine, avec coloration en rouge de la tête et des mains.

H. 40. — L. 28.

Deux canards mandarins, dans le sillage que leur nage met dans l'eau. Aquarelle où la blancheur des deux canards se détache, de la façon la plus harmonieuse, sur le bleuâtre de l'eau.

H. 40. — L. 39.

Un aveugle appuyé sur un bâton, son chapeau tombé sur le dos, traversant un gué. L'encre de Chine la plus argement traitée, et où est une tête du dessin le plus savant.

H. 38. — L. 28.

Dans la collection Vever.

Un grand dessin librement jeté dans un trait représentant le viol d'une femme, prise entre les jambes d'un homme, le haut du corps retombé de côté, d'une main repoussant la main qui veut s'introduire dans sa gorge, de l'autre main égratignant la figure de l'homme.

Ce grand et ce très beau dessin de la collection Vever (H. 30 — L. 30) a été reproduit, ainsi qu'à peu près tous les dessins d'Hokousaï, en une réduction de 10 centimètres en hauteur, dans une gravure publiée parmi l'illustration de Souïkô.

Dans la collection de M. Gillot.

La grande étude (H. 54 — L. 53) de l'aigle, pris l'année 1848, et dont il y a un kakémono chez Hayashi, et un autre chez Manzi. Une étude de toute beauté, où se voit la cruelle courbe de ce bec déchireur de chairs palpitantes, et la grandeur morne de cette prunelle qui peut fixer le soleil.

Et une étude curieuse, parce qu'elle vous révèle des procédés d'aquarelle pareils aux dessous que nous faisons en Europe à la peinture à l'huile, dessous sur lesquels nous revenons avec des glacis, et nous avons ici, avant que ces colorations soient perdues et peut-être un peu assombries dans les kakémonos, le bleu du tronc d'arbre, le rougeâtre des ailes, enfin toute la variété des tonalités qui doivent dormir sous la couverte dernière.

Une femme brandissant une branche de fleurs au-dessus d'un guerrier couché à terre, sa hache entre les jambes.

Un certain nombre de paysages où, tout en haut d'une

colline dominant la mer, se voit un homme portant sur
l'épaule une perche où sont attachés deux paquets
d'herbes.

Une tête de supplicié dans un plat. Un crâne où le
sommet se termine par une grosse loupe, d'où pendent
de longs cheveux mouillés de sueur, des paupières fermées, une bouche entr'ouverte dans un rictus sur lequel
se détachent, dans une blancheur effrayante, les dents.
La tête et le fond, comme éclairés par une lumière
lunaire, où il tomberait de la neige.

Dans la collection Duret.

Deux aquarelles relevées de gouache et signées (H. 40.
— L. 120) représentant des vues de la Soumida. Dans
l'une, deux femmes, aux robes soulevées par le vent, font
des signes au passeur dont le bateau est au milieu de
la rivière; dans l'autre, c'est la marche, le long de la rivière, de cinq hommes et de deux femmes avec des
enfants en promenade pour une partie de campagne.

Dessins très poussés, très finis, et ayant le caractère
de ses dessins appliqués de la Soumida dans les dernières années du siècle dernier.

Dans la collection Edmond de Goncourt.

Deux crevettes à l'encre de Chine, trois à l'encre carminée. Dessin, dans son jet rapide, d'une science extraordinaire.

Signé : *Katsoushika Hokousaï*, avec le cachet de
Tokimasa (vers 1812).

H. 30. — L. 18.

La lune, vue au travers de deux branches d'un prunier. Grand effet de cette pâle lune sur le bleu nocturne

d'où se détachent les blanches fleurs du prunier. Un dessin de poète.

Non signé.

II. 39. — L. 38.

En Angletere, au British Museum, cinq croquis :

1. Un renard métamorphosé en prêtre.

2. Une grenouille nageant au-dessus de l'eau.

3. Rats et piments.

4. Décoration symbolique du Jour de l'An : sardine désséchée, orange, fougères, papier découpé.

5. Kousounoki Masashigé, le type du courage et de la loyauté, avant sa dernière campagne, remettant à son fils le rouleau ancestral.

Croquis signés avec le Svastica, la marque adoptée par l'artiste en son vieil âge, — et des croquis n'ayant pas la lourdeur des dessins de ce temps, et se rapprochant du *faire* des dessins de Korin.

Le British Museum possède encore un dessin en couleur sur soie, non monté (17 5/8 $\times$ 24) représentant un oiseau.

Signé : *Tame-ichi autrefois Hokousaï.*

Chez M. S. M. Samuel.

Jeune femme portant une lanterne. Croquis à l'encre de Chine.

Jardinier fumant sa pipette. Aquarelle.

Chez M. Anderson.

Un coq, aquarelle lavée à grande eau de bleu et de rouge, exécutée vers 1810.

Trois esquisses à l'encre de Chine. Deux dragons. — Un coq. — Un aigle. Croquis dans le *faire* du maître, vers 1840.

Chez M. Ernest Hart.

Deux dessins inédits de la série des Cent Poètes racontés par la nourrice, dessins destinés à être gravés; quatorze dessins de la même illustration, venant de la vente de l'ancienne collection Hart, sont chez M. Samuel, et un certain nombre encore chez M. Tomkinson[1].

En Allemagne, le Musée de Berlin, d'après M. Gonse, posséderait deux feuilles d'albums provenant de la collection Gierke. Ces dessins à l'aquarelle représenteraient comiquement un moine mendiant volant des pêches, puis surpris par le propriétaire au moment où il les cache dans ses manches.

En outre le Cabinet des estampes de Berlin se serait enrichi de trois ou quatre études à l'encre de Chine, rapportées par le prince Albert de Prusse de son voyage au Japon.

En Amérique la collection de M. Morse de Boston, renfermerait, indépendamment du kakémono déjà cité, une feuille de croquis pleins de mouvement, d'après la reproduction qu'en a fait l'Art japonais.

LVI

ÉVENTAILS, ÉCRANS, PARAVENTS, PEINTURES DE PARDESSUS

Un album de douze dessins d'éventails, dont quelquesuns sont des petites merveilles. Je citerai des oiseaux,

1. M. Anderson me signale encore des dessins d'Hokousaï

une sauterelle sur une lanterne aux ombres chinoises,
un champignon tombé sur des feuilles de momiji, etc.

Ces dessins d'éventails, portant la signature d'*Hokousaï*, appartiennent à M. Hayashi, qui en possède d'autres,
comme :

Un marchand d'écumoirs de thé en bambou. Signé :
Hokousaï Taïto.

Un chrysanthème, large dessin, un peu lavé de rose
sur l'encre de Chine. Signé : *I-itsou I Hokousaï changé
de nom*.

Deux moineaux. Signé : *Hokousaï*.

Des *maigres* se grisant de saké. Dessin caricatural.
Signé : *Taïto*.

M. Bing possède également une série importante de
dessins d'éventails :

Un oiseau et une araignée.

Une tige de nénuphar.

Un Japonais qui lit, couché à terre.

Des crevettes.

Une tortue et un poisson rouge dans un vase de
cristal à la transparence presque invisible.

Sur un papier crépon fait particulièrement pour les
éventails, un hochequeue sur une pierre où, d'un côté
est une fleurette bleue, et de l'autre côté une tige
de plante couverte de neige. Éventail signé : *Gwakiô
rôjin Manji* (Manji, vieillard fou de dessin), 1839-
1840.

Cet éventail fait partie de ma collection.

Dans la collection Haviland se trouve un éventail repré-

dans les collections de MM. Marcus, B. Hinsh, W.-C. Alexander,
J.-M. Buran, de sir Frederic Leigton, de lord de Saumarez.

sentant un coq qui s'enlève de la manière la plus heureuse sur une poule blanche.

La collection Odon de Mussy contiendrait un certain nombre d'éventails.

Dans la collection de M. Ernest Hart, à Londres, le possesseur me signale un éventail sur lequel est peint à la sépia un faisan, de la facture la plus artistique. .

Il est aussi passé, entre les mains de MM. Hayashi et Bing, un certain nombre. de dessins d'écrans, aujourd'hui dispersés et passés dans des collections inconnues. Je citerai cependant chez M. Gillot un écran où se voit le Fouzi-yama derrière un saule pleureur, et coupé par les mailles de filets de pêche mis à sécher.

Parmi les paravents, je n'en citerai qu'un, qui est de la plus belle qualité, et formé de deux panneaux (H. 170. — L. 80). Il représente, sur le panneau de droite, la déesse Bénten planant au milieu des nuages; un dessin très légèrement lavé d'aquarelle; sur le panneau de gauche, un dragon largement enlevé à l'encre de Chine.

Ce paravent aux panneaux sur papier fait partie de la collection Blasini, qui contiendrait des kakémonos et des makimonos intéressants.

Enfin, comme destination originale, le dessin d'une courtisane en train d'arracher les cheveux blancs d'un Darma dont la tête fumante est recouverte d'un mouchoir mouillé.

Kakémono ironique, enlevé par les rapides coups

d'un pinceau chargé d'encre de Chine, avec quelques
tons de chair dans la tête du Darma.

Signé *Katsoushika Hokousaï Taïto* (vers 1817).

H. 39. — L. 65.

Sait-on d'où vient cette curieuse pochade ? De l'entre-
deux d'épaules, enlevé d'un pardessus appelé *haori* au
Japon, où l'on aime à avoir la peinture d'un homme
célèbre dans le dos, et qui se voit seulement au moment
où on le donne aux servantes pour l'accrocher ?

Ce dessin, monté en kakémono, est possédé par
M. Hayashi.

LVII

ALBUMS DES PREMIÈRES PENSÉES D'HOKOUSAÏ

Mais, mieux encore que ces kakémonos, que ces makimonos, que ces panneaux, des documents plus révélateurs pour étudier Hokousaï, pour se rendre compte
de ses procédés, pour pénétrer le secret de son art, se
trouvent dans trois ou quatre albums appartenant à
Hayashi, et renfermant les projets, les croquis, les
esquisses de ses dessins terminés — de tout cela, que le
xviiie siècle français appelait les *premières pensées* d'un
peintre.

Voici, dans un album, des études de femmes ressemblant à nos *griffonnis* à la plume et, à côté d'une petite
femme à peine formulée, sa reprise au carreau en
grand, avec des parties lavées à l'encre de Chine.
Quelques croquis, au contour légèrement vermillonné,

prennent l'aspect de dessins aux dessous de sanguine.
Ici un *repentir*, montrant sur le haut d'un temple de
Yédo un petit morceau de papier sur lequel le peintre
a ajouté des grues. Comme Watteau, comme Gavarni,
Hokousaï fait de nombreuses études de mains, de mains
en toute l'énergie de leurs mouvements. Il a aussi des
études de jambes, où il cherche le carré des muscles
à l'instar de Bandinelli, ne faisant jamais rond, mais
voulant toujours dans son dessin l'accentuation et le
ressaut du muscle, ayant même une tendance à mettre
dans l'anatomie du corps humain les reliefs plats et les
lignes cassées de la sculpture. Et toujours des dessins
où, dans le premier jet, il saisit la mimique d'un corps
qui danse, la gesticulation de bras et de jambes qui
bataillent, et jusqu'à la gymnastique plongeante d'une
pêcheuse de coquilles au fond de la mer. Et vraiment,
en la verve et la fièvre de ce dessin, vous avez de ce
cheval, le cabrement, de cet oiseau, l'envolée, de ce singe,
le prenant et l'agrippement de la patte.

Voilà un autre album presque tout rempli de projets
de titres de livres faits de kakémonos que déroulent
des femmes, des enfants, Foukorokou et Yébisou. A la
suite de ces projets, des déhanchements d'hommes prêts
à donner un coup de sabre, des indications de vêtements
de Shôki, qui sont comme les vagues d'une tempête ;
et, mêlés à ces croquis de la force et du mouvement,
des pivoines doucement lavées d'une eau rose, et un
dessin érotique représentant le dieu du Tonnerre
violant une danseuse vierge d'un temple, mais de
l'érotisme se passant, comme disent les Japonais, *dans
le nuage*.

Puis, c'est encore des dessins de grande proportiou

(II. 39 — L. 28), des dessins où, au milieu d'éclabous-
sures de l'encre de Chine, quelques contours délicats
sont finement tracés comme avec une encre pourpre.
Et beaucoup de dessins, à la plus grande partie au
trait, avec un morceau terminé, ainsi que dans ce coq
et cette poule, où seulement la queue du coq est lavée.
Et des chevaux galopants qui ont l'air de licornes volantes.

Un album très curieux et un album contenant
presque toutes les esquisses des impressions en couleur
du SHASHIN GWAFOU, comme le faisan doré, les canards
mandarins, la tige de navet, l'homme en contemplation
devant le vol de deux papillons, et encore les esquisses
de la caverne du Fouzi-yama, des pêcheuses d'*awabi*
du *Fougakou*, et l'esquisse du grand faucon sur son
perchoir.

Enfin un album qui est, pour ainsi dire, la représentation héroïque des guerriers en lutte, en *empoignade*
de corps : dessins au trait avec, par-ci par-là, dans les
violences des membres, quelques écrasements rageurs
de pinceaux. Et des épilepsies d'ivrognes et des désar-
ticulations d'acrobates : des anatomies admirables de
vie vivante. Et des études de jambes et de pieds en
marche qui donnent l'illusion de leur avancement sur
le papier, et des physionomies faites de rien, — comme
dessin des yeux, du nez, de la bouche, — et ayant, je ne
sais comment, l'expression de la passion humaine, ou
gaie, ou triste, ou colère.

M. Bing possède, ainsi que Hayashi, quelques albums
de croquis, très révélateurs des procédés du Maître.

Un album, formé par Isaï, renfermant des *premières*

pensées de ses illustrations de Bouddha, des romans chinois : dessins au premier coup, tout pleins de repentirs, d'effacements, de raturages : croquis dans lesquels, aux larges traits du pinceau écrasé, sont opposés des traits d'une finesse, à croire qu'ils sont tracés avec une plume de corbeau. Une feuille d'un grand caractère : l'exposition d'une tête coupée, regardée par toute une foule.

Un album très curieux, dont les dessins n'ont pas été gravés, et qui représentent huit vues (H. 28 — L. 40) de la Soumida, aux rives peuplées de différents corps d'ouvriers en leur travail du bord de l'eau : de larges et puissants croquis à l'encre de Chine, dont un seul est lavé d'un rien de teinte bleue.

Un album presque entièrement consacré à des personnages mythologiques, à des guerriers, aux lavages à grande eau, aux beaux noirs d'encre de Chine, dans lequel est un musicien qui fait danser un crapaud, d'un velouté extraordinaire. A la fin de cet album est une lettre d'Hokousaï signée : *Gwakiôjin*.

Un album ayant une parenté avec la variété des dessins de SHASHIN GWAHIO, et où M. Bing faisait remarquer justement l'art particulier avec lequel le pinceau d'Hokousaï représentait la matière de l'objet dessiné : le duveteux de la plume d'un oiseau, le soyeux d'une étoffe, la transparence du verre, le tiqueté d'un fruit.

Un autre album de croquis, et des plus désirables, est aujourd'hui en la possession de M. Gillot. C'est une série de ces étourdissants lavis à l'encre de Chine, sabrés de gouache, parmi lesquels est un danseur, à la tête baissée que masque son chapeau, aux mains tressautantes au bout de ses bras tendus dans l'espace, un pied levé devant lui à la hauteur de la poitrine, dans le plus savant raccourci : le danseur le plus extraordinairement dansant qui se puisse voir. Puis, à côté de ces œuvres à l'encre de Chine, des aquarelles de premier coup, grandes ou petites, d'un *faire* inimitable, comme ce papillon bleu dont les ailes ont l'air d'être faites avec l'azur qui habille les papillons du Brésil, et une grappe de raisin où le safranement de l'automne est en germe dans l'encre de Chine des feuilles, et où les grains de la grappe semblent des bulles de cristal contenant l'eau bleuâtre du raisin noir, et des tortues qui ont cette couleur qui leur est propre, la couleur de la patine de vieux bronzes. Et, au milieu de ces petits chefs-d'œuvre semés sur les feuillets qu'on retourne, une grande grue qui mériterait d'être encadrée, une grue lavée de teintes verdâtres et bleuâtres, impossibles à décrire dans leur charme harmonique, — et cet au-delà de la couleur qui met un peu du rêve dans une reproduction, par la peinture, d'un être.

A Londres, chez M. S. M. Samuel, il y aurait un album de croquis d'Hokousaï consacrés uniquement à la représentation du Yoshiwara, du quartier de la prostitution.

A côté de ces albums de *premières pensées* de l'artiste, donnons l'indication d'un album de dessins terminés, de dessins pour la gravure, faisant partie de ma collection.

Réunion de cinquante dessins à l'encre de Chine (H. 14 — L. 14), dont la plupart sont rehaussés d'une petite teinte rose, pour être exécutés en gravure, comme les impressions de la Mangwa et autres livres gravés. Quelques-uns de ces dessins sont, avec des changements, des reproductions de compositions publiées ailleurs.

Tous ces dessins auraient été faits au temps où il signe Katsoushika Taïto (vers 181. et sont enfermés dans une double circonférence formée par l'allongement des deux caractères *Hokou* avec deux cartouches sur les côtés, contenant, répété, le caractère *saï*.

L'Oukiyô yé Rouikô, par Kiôdén, en célébrant le talent d'Hokousaï, parle de l'adresse de sa main, s'étend sur le *virtuosisme* de l'artiste, qualité appréciée au Japon où l'on tient compte du dessin fait sans la reprise d'un trait, sans *repentir*, du dessin fait dans un temps donné. Et Kiôden affirme que Hokousaï peignait admirablement bien avec sa main gauche, et de bas en haut. Il ajoute : « Et sa peinture, au moyen de ses ongles, était tout à fait étonnante et, quant à ce faire particulier, il fallait être témoin soi-même du travail de l'artiste, sans quoi on eût pris sa peinture à l'ongle pour de la peinture avec un pinceau. » J'avoue que j'avais une certaine défiance à l'endroit de ces tours de force, et j'avais tort cependant. Je trouve d'abord, dans la collection d'Hayashi, un panneau (H. 44 — L. 19) représentant un danseur, qui a été dessiné de manière que la personne qui regardait le peintre dessiner le vit dans son sens. En effet il est signé : *Dessiné dans le sens inverse par Hokousaï.* — Et un kakémono (H. 26 — L. 25) représentant, dans un aquarellage léger et très large, un pigeon sur une branche de saule pleureur, est signé : *Hokousaï a fait ce dessin avec l'ongle.*

LVIII

LES GRANDES COLLECTIONS DE SOURIMONOS
ET D'ESTAMPES EN NOIR
ET EN COULEUR DE HOKOUSAÏ

Après les collections dont j'ai cité des épreuves remarquables dans l'énumération des sourimonos, des planches séparées, des illustrations de livres, il faut citer les trois collections de MM. Camondo, Kœchlin, Rouart, comme renfermant des épreuves de premier tirage hors ligne.

En outre Hayashi me signale comme d'importantes et intéressantes collections d'estampes et de livres les collections suivantes :

EN FRANCE :

Les collections de MM. Blasini, Odon de Mussy, Georges Hugo, Bermond, Jacquin, Blondeau, Raphaël Collin, Gélis Didot, Gallimard, Grasset, Houdard, Migeon, Isaac, Vian, Paul Schmidt.

Et, parmi les collections publiques, la collection Guimet, et la collection commencée du Louvre, avec les dons des collectionneurs.

A L'ÉTRANGER

Les collections, en Belgique, de Mmes Michotte, de Pachtère et de M. Van den Brock, de Bruxelles; en Allemagne, de Mme Meyer de Presburg, de M. Oeder de Dusseldorf, du Dr Brinckmann, directeur du Musée de

Hambourg; en Espagne, de MM. Mausana de Barcelone, et Aspeztenia de Cuba; en Amérique, de MM. Havemeyer, Dana, Laffln, Baumgarten, Weir, Herter, Wason, Lafarge, tous collectionneurs de New-York et de MM. Nickerson et de Gonkin de Chicago.

En outre, le musée de Chicago, indépendamment de peintures originales, renferme une nombreuse réunion de livres et d'estampes provenant de la collection faite par M. Gavard au Japon.

LIX

C'est vraiment curieux, dans la vie d'un peintre japonais, les changements de noms et de signatures, et je crois qu'il est de toute nécessité, pour l'étude de l'œuvre d'Hokousaï, chez lequel ces changements sont plus fréquents que chez tout autre peintre du Japon, de les indiquer, de les signaler.

De 1778 à 1785, Hokousaï, alors dit Tétzouzô, signe ses compositions du nom de *Katsoukawo Shunrô* ou simplement *Shunrô*.

En 1785, il signe un des deux livres, qu'il publie dans l'année : *Goummatei*.

En 1786, à la sortie de l'atelier Shunshô, il abandonne complètement la signature *Katsoukawa Shunrô*, pour prendre la signature *Mougoura Shunrô*, faisant comprendre par le nom de Mougoura (buisson) qu'il est indépendant de toute école. Il signe ainsi jusqu'en 1795.

En 1795 il signe *Hishikawa Sôri* ou simplement *Sôri*. Mais, avant d'adopter le nom de Hokousaï pour plusieurs années, un grand diptyque en couleur représentant un défilé d'hommes, de femmes, d'enfants, se promenant devant le temple d'Asakousa : planche qui est un mélange de Kiyonaga et d'Outamaro, nous le montre signant, peut-être quelques semaines : *Tôshû Shunrô, changé de nom.*

En 1796 il signe : 1° *Hishihawa Sôri* ; 2° *Sôri* tout court ; 3° *Hokousaï Sôri* ; 4° *Hokousaï,*

C'est donc à partir peut-être des derniers mois de l'année 1795, mais bien positivement à partir du Jour de l'An de 1796, qu'il prend le nom d'Hokousaï (l'atelier du Nord) entremêlé d'autres noms.

En 1797 il signe : 1° *Hishikaw Sôri* ; 2° *Sôri* ; 3° *Hokousaï Sôri.*

En 1798 il signe : 1° *Sôri* ; 2° *Hokousaï Sôri* ; 3° *Hokousaï.*

Cette année, il donne son nom de *Sôri* à son élève *Sôji*, et il signe : *Sôri changé en Hokousaï.*

En 1799 il signe : *Sôri changé en Hokousaï* et *Hokousaï.*

En 1800 il signe : *Hokousaï, précédemment Sôri,* et *Gwakiôjin Hokousaï* (*Hokousaï fou de dessin*) pour la première fois.

La même année il signe le Coup d'œil sur les deux bords de la Soumida et le Coup d'œil sur les endroits célèbres de Yédo, et les Poésies illustrées sur les rôles des rônins, publiées en 1802 : *Hokousaï Tokimasa.*

En 1801, 1802, 1803, 1804, il signe : *Gwakiôjin Hokousaï* (*Hokousaï fou de dessin*).

Il y a vers ce temps des estampes signées de lui *Kakô,* signature qu'il a mise au bas de sa prose, signant *Tokitaro Hakô* la Tactique du général Fourneau et autres livres jaunes.

En 1805 il signe : *Koukoushin Hokousaï Gwakiôjin Hokousaï*.

En 1806 il signe : *Gwakiôjin Hokousaï, Katsoushika Hokousaï*.

En 1807 il signe : *Katsoushika Hokousaï*. Ce nom, il le prend par amour pour ce quartier campagnard qu'il habita une partie de sa vie et qui le faisait se faire annoncer chez ses amis comme le paysan de Katsoushika.

En 1808 il signe : *Hokousaï* (tout court).

En 1809, 1810, 1811, 1812, 1813, peut-être 1814 et 1815, il signe : *Katsoushika Hokousaï*.

En ces années, quand il peint à Riôgokou un formidable Hotei, il signe : *Kintaïsha Hokousaï* (Kintasha voulant dire la maison au sac de brocart, qui est une allusion au sac de toile d'Hotei).

En 1816 il change de nom et signe : *Hokousaï, changé en Taïto*.

En 1817, sur la résistance du public à accepter le nom de Taïto, il signe : *Hokousaï Taïto*, dans les premiers mois de l'année : *Taïto, précédemment Hokousaï*.

En 1818 et 1819 il continue à signer : *Taïto, précédemment Hokousaï*.

En 1820 il change encore de nom, et signe : *Katsoushika I-itsou, changement du nom de Hokousaï Taïto*.

En 1821 il signe : *Katsoushika I-itsou* (celui qui ne fait qu'une chose), comme s'il voulait exprimer le regret de n'avoir fait que de la peinture depuis sa jeunesse ; il signe encore : *Guetti rôjin I-itsou* (*I-itsou vieillard fou de la lune*).

En 1822 il signe : *Fouzénkio I-itsou* (I-itsou, celui qui ne fait qu'une chose, sans se laisser influencer par les autres).

En 1823 il signe : *I-itsou*. Hayashi dit que Hokousaï, voulait qu'on prononçât ce mot *Tamekazou* ou *I-itsou*, et que c'est une erreur de prononcer *Tamé-itchi*.

En 1824 il signe : *I-itsou, le vieillard de Katsoushika*, et le *vieux fou I-itsou*.

En 1826 il signe : *le vieillard de Katsoushiku I-itsou*.

En 1829 il signe : *le vieillard I-itsou*, et cependant comme le public a l'habitude de son ancien nom, il signe cette année, les Hénos de Souiko : *le vieillard I-itsou de Katsoushika, précédemment Hokousaï*.

En 1834 il change une dernière fois de nom et signe : *Manji changement de nom de Hokousaï*, et *Svastica* 卍, le signe de *Man* (*dix mille*).

En 1835 il signe : *Manji*.

A partir de 1836, jusqu'à sa mort, il signe : *Manji vieillard fou de dessin*.

Hokousaï a usé encore d'autres signatures ; de 1799 ˃ 1800 il a signé : *Shinsai*, nom qu'il a quitté pour le donner à son élève Hanji, et encore vers 1800 il a signé : *Raïto* et *Raïshin*, le mot tonnerre, à la suite d'un terrible coup de tonnerre qui l'avait fait tomber de la chaussée dans une rivière.

Enfin, ainsi que l'annonce l'Oukiyo-yé Rouikô de Kiôdén, a-t-il signé des Dessins d'amour du nom de *Goumma* ou *Gounmatei ?*

LX

Une étude sur Hokousaï serait incomplète sans une brève énumération de ses élèves, qui sont :

Todoya Hokkei, vulgairement Iwakoubo Kinyémon, et

sortant d'une maison qui avait le privilège de fournir le poisson aux daïmios. De là, le nom de *Todoya* (marchand de poissons). Il porte aussi les noms Aohiga-oka, Kiôsaï.

C'est l'élève au talent le plus inspiré par le maître, et qui parfois l'imite si bien, que le *Dôtchûgwafou*, ALBUM DE DESSINS DE VOYAGE, par Hokousaï, lui a été attribué par quelques-uns.

Il est l'auteur d'une Mangwa publiée vers 1830, où il y a des compositions dignes de son maître. De charmants et spirituels livres d'Hokkei sont : *Foujin gwa zo shou*, PORTRAITS DES FEMMES POÈTES DU JAPON, ACCOMPAGNÉES D'UN CHOIX DE LEURS POÉSIES RÉUNIES, PAR GWORIUYÉN, publiés en 1806. *Kioka Santo Meishô zouyé*, LES ENDROITS CÉLÈBRES DES TROIS CAPITALES AVEC LES POÉSIES, publiées en 1812 ; *Tôto jûnikei Kiôkashû*, POÉSIES SUR LES DOUZE VUES DE YÉDO. publiées en 1819 ; *Fûsô meishô, Kioka-shû*, POÉSIES SUR LES ENDROITS CÉLÈBRES DE FUSO (nom poétique du Japon), publiées en 1824 ; *Gakoumen Kiôka Siû*, LES POÉSIES DANS DES CADRES ORNEMENTÉS, publiées en 1826. Un des beaux et rares livres d'Hokkei est le *Shôkokou Meishô*, LES ENDROITS CÉLÈBRES DES CONTRÉES DU JAPON, et encore *Yoshiwara juninotoki*, LES DOUZE HEURES DU YOSHIWARA, et encore : *Kiôka Sonikodeiô*, trois volumes en couleur.

Indépendamment des livres, il a publié nombre de sourimonos de la plus belle couleur.

Deux cahiers d'esquisses au trait, que Duret a acquis à Londres, et un certain nombre de croquis du cabinet d'estampes de Berlin, montrent l'habile dessinateur qu'il était.

On n'a aucun détail sur la vie de cet artiste qui aurait

été un littérateur distingué. La date de sa mort est ignorée et, si M. Gonse n'avait eu la bonne fortune de découvrir dans l'exemplaire de *Rokoujouyén*, POÉSIES ET PORTRAITS DE 120 POÈTES MODERNES, ayant appartenu à Hokkei, une note indiquant qu'il avait 31 ans en 1811, nous ne saurions pas qu'il est né en 1780.

GAKOUTEI, l'admirable artiste des sourimonos, le dessinateur de la femme de l'aristocratie, de la femme à l'aspect sacerdotal, et qui, dans un petit livre intitulé : *Itirô Gwafou*, ALBUM DES DESSINS D'UN VIEILLARD, a un paysage dans le brouillard, merveilleux de vérité. Indépendamment de la signature Gakoutei Harounobou, il se servait de la signature Sada-oka ou Teikô.

Gakoutei serait un littérateur qui aurait traduit du chinois les 75 volumes du *Sangokoushi*, HISTOIRE DES TROIS ROYAUMES, un littérateur donnant ses inspirations à Hokousaï et qui, à la fin, fut si charmé, si séduit par son talent, qu'il devint peintre, et se fit son élève.

TEISAI HOKOUBA. Son nom vulgaire est Arisaka Gorohati. Il signifie quelquefois Shushunsaï. Il se reconnaît à la grâce contournée de ses femmes. M. Anderson donne comme son œuvre principale *Hoshi-zoukiyo Kénkwaïrokou*, OMBRES ET LUEURS DES ASTRES DE LA NUIT, publié en 28 volumes à Yédo, en 1809. Hokouba avait la réputation de dessiner aussi bien de la main gauche que de la main droite.

SHINSHAÏ. Son nom vulgaire est Hanjiro, propriétaire à Kanda. Il signe quelquefois Riûriûki. Il travaillait en 1800 et 1810.

KATSOUSHIKA TAÏTO Ce nom, porté par Hokousaï pendant cinq ans, de 1815 à 1819, il le donna à un élève nommé Kameya Kisabro, d'une habileté hors ligne.

Les biographies disent que ce nom a été cédé par Hokousaï à Kameya en 1816, mais il y a une erreur, car en 1819, le Maître signe encore Taïto dans le second volume d'*Hayabiki*, où Ikkou, un ami d'Hokousaï, parle dans sa préface du talent du vieux Taïto ; ce n'est donc qu'en 1819 ou 1820 qu'a eu lieu cette cession, car c'est à l'automne de l'année 1820 que Hokousaï signe : *I-itsou autrefois Hokousaï.*

Le Hokousaï Taïto a illustré des livres et publié des estampes en un assez grand nombre, mais sa signature est toujours accompagnée soit d'un cachet, soit d'un autre nom et, pour éviter la confusion avec le maître, voici ses noms : Guénriûsai, Beikwa, Kankwan, Foumiô Yatikou, Shôzan.

Son exécution ressemble tellement à son maître qu'il est de toute nécessité d'étudier la signature si l'on ne veut pas se tromper. C'est ainsi que, parmi ses estampes, on a pris pour des Hokousaï les pièces suivantes :

1° La carpe dans l'eau ; 2° Deux cigognes et deux pins ; 3° Femme en promenade, dans le format en hauteur, et dans les autres formats des fleurs et oiseaux, des paysages, des personnages, et un paysage de nuit où il y a un pont éclairé par la lune.

Hokousén, qui signe Toyénrô, et qui collabora à la Mangwa.

Hokousou, qui signe aussi Souiteisaï ou Kankanrô, ou Ransaï, et qui illustra des romans entre 1804 et 1805.

Hokouju, signant aussi Shôteï, et qui publia des paysages dits *de l'école hollandaise*.

Hokou-oun, qui signe au-dessus de son nom : Tonasé, et passe pour avoir beaucoup aidé Hokousaï dans la

Mangwa. De son premier état architecte ; il apprit l'architecture à Hokousaï.

Bokousén portait aussi les noms de Hokouteï, Quekkôteï, Hiakousaï, Tokôrô, etc. C'était l'artiste de Nagoya chez lequel descendit Hokousaï, quand il se rendit dans cette ville, et ce fut chez lui que le premier volume de la Mangwa fut dessiné. On a de lui *Bokousén sogwa*, un recueil de planches en couleur publiées en 1815.

Sôrï, qui signa successivement Tawaraya, Hishikawa, et en 1799 Sôri, le nom qu'avait porté un moment son maître, et qu'il lui abandonna. Il est célèbre par ses fleurs, ses oiseaux, ses paysages, dessinés à l'encre de Chine.

Hokoutaï, signant Yeisaï, Hokoutaï, et qui illustra quelques romans aux environs de 1805.

Hôtei Hokouga, un illustrateur de livres.

Kodaï, un fabricant de saké de la province de Shinano, en même temps qu'un artiste. Hokousaï resta chez lui plus d'un an.

Yanagwa Shighénobou, né vers 1778 et mort en 1832. Il signa d'abord Raïto, nom que lui donna Hokousaï dont il devint le gendre, ayant épousé sa fille Omiyo qui divorça et mourut assez jeune. A la suite d'une dispute avec son maître et son beau-père, il abandonna son *faire* et imita Toyokouni.

Il a collaboré avec Sadahidé et Keisaï Yeisén à l'illustration de *Satomi Hakkendén*, et a publié en 1821 deux albums : le *Riûsén gwa-jô* et le *Riûsén gwa-fou*.

Les autres élèves sont :

Raïshiû, — Raïsén, — Hokouga (autre que Hôtei Hokouga), — Hokoumokou, — Hokoushiû, — Hokonyén — Hokouguiou, — Katsoushika Hokouriou, — Hokou-itsou, — Hokoumei, — Hokoudô, — Hôkkô, — Hokouyô (Faucon du Nord), — Hokouyei, Hokouyô (Océan du Nord), — Hokojiû, — Hokoushiû (Nord distingué), — Hokkei — (Nord respectueux ; ne pas le confondre avec celui du même nom, Todoya Hokkei), — Hokousén, — Hokou-i, — Taïgakou, — Taï-itsou, — Shimrei, — Hakouyei, — Raijin, — Taïsô, — Isaï, — Masahisa, — Guessaï Outamasa, — Gwasanjin.

On remarquera l'appropriation que les élèves d'Hokousaï ont faite du premier caractère de son nom, le caractère *Hokou*.

BIBLIOGRAPHIE

M. Hayashi auquel je dois la traduction des préfaces
d'Hokousaï, et la documentation de ce volume, a bien
voulu rédiger la bibliographie des livres et des albums
du grand peintre japonais[1].

CATALOGUE DES LIVRES ET ALBUMS
DE HOKOUSAÏ

Livres jaunes.

Petits volumes de 17 centimètres de hauteur sur 12 centimètres et demi de largeur, avec texte et dessins. Chaque volume est généralement de 5 feuilles. On les a ainsi appelés à
cause du ton de la couverture jaune : *Kibiôshion Aohon.*

Arigataï Tsouno Itiji, CRACK A UN MOT GALANT. — Texte de
 Koréwasaï (pseudonyme de Hokousaï). 2 vol., 1781.

Kamakoura Tsoushinden, LES COURRIERS DE KAMAKOURA. —

---

1. La difficulté de traduire en langue française la pensée japonaise a parfois amené quelques différences entre la traduction
des titres des livres et romans, improvisée dans le travail du
tête-à-tête et la traduction longtemps réfléchie du travail soli-
taire.

Texte de Guioboutsou (pseudonyme de Hokousaï) et dessins de Shunrô (ancien nom de Hokousaï). 2 vol., 1782.

Shiténnô Daïtsou-jitaté, LES QUATRE HÉROS ANCIENS (COMPARÉS AUX ROIS DES POINTS CARDINAUX) HABILLÉS A LA DERNIÈRE MODE. Texte de Koréwasaï et dessins de Shunrô. 2 vol., 1782.

Nitirén Itidaïki, LA VIE DE NITIREN. — Texte de Mariko et dessins de Katsoukawa Shunrô. 2 vol., 1782.

Kaï-oun Ohghino Hanaka, PARFUMS DES FLEURS DE L'ÉVENTAIL. — Dessins de Shunrô. 2 vol., 1784.

Nozoki-Karakouri Yoshitsouné Yama-iri, EXPÉDITION DANS LA MONTAGNE DE YOSHITSOUNÉ VUE DANS UNE BOITE A SPECTACLE. — Texte d'Ikoujimonaï (pseudonyme probable de Hokousaï) et dessin de Katsoukawa Shunrô. 2 vol., 1784.

Onnén Oujino Hotaroubi, LA HAINE TRANSFORMÉE EN FEU LES LUCIOLES D'OUJI. — Dessins de Shunrô. 3 vol., 1785.

Oyayuzouri Hanano Kômyô, LA GLOIRE DU NEZ VENANT DE L'HÉRITAGE D'UN PARENT. — Dessin de Goummatei, Shunrô changé de nom. 3 vol., 1785.

Ni-iti ténsakou Nisshinno isshin, LA DIVISION DE L'ARITHMÉTIQUE. — Texte de Tsoushô et dessins de Shunrô. 3 vol., 1786.

Zénzén Taïhciki, HISTOIRE ANTÉRIEURE A L'HISTOIRE DE LA PAIX. (La paix qui a suivi la lutte des Taira et Minamoto.) — Texte d'Ounoboré-Sanjia et dessins de Shunrô. 4 vol., 1786.

Waga iyé rakouno Kamakoura-Yama. MON INSOUCIANCE A MA MAISON DE CAMPAGNE DE KAMAKOURA. — Texte de Goummatei. 2 vol., 1786.

Iwara-mompino Nakanotchô, LA RUE DU MILIEU AUX JOURS DE GRANDES TOILETTES. — Texte de Hakousek et dessins de Goummatei. 3 vol., 1786,

Jinkôki Nihiki Moutsouzouki, LES DEUX RATS DANS LE PREMIER MOIS D'APRÈS L'ARITHMÉTIQUE POPULAIRE, LE JHINKOKI. — Texte de Tsoushô et dessins de Goummatei, nombre de volumes inconnu, 1788.

Foukou kitarou Warô Kadomatson, LE PIN A LA PORTE DU

VISAGE SOURIANT OU ARRIVE LE BONHEUR. — Texte de Tsoushô et dessins de Shunrô. 2 vol., 1789.

Kousakimo Nabikou shirikourabé, L'ODEUR ALLÉCHANTE DU CONCOURS DES FESSES. — Texte de Kéntô et dessins de Shunrô. 2 vol., 1789.

Rekkasén Kiojitson Ténzan, LE CALCUL DES VÉRITÉS ET DES MENSONGES DES SIX POÈTES. — Dessins de Shunrô. 3 vol., 1789.

Rĭgou séndakou Banashi, CONTE D'UNE BLANCHISSEUSE DU PALAIS DES DRAGONS. — Dessins de Shunrô, 2 vol., 1791.

Mibouri kawaïro Nadaïno Fourisodé, L'IMITATION DE LA VOIX ET DES GESTES D'UN CÉLÈBRE ACTEUR EN SA BELLE ROBE. — Texte de Shinkô et dessins de Shunrô. 2 vol., 1791.

Nouyé Yorimasa Meikano Shiba, LA POPULARITÉ DE LA POÉSIE SUR LA LÉGENDE DU GUERRIER YORIMASA ET DU MONSTRE NOUYÉ. — Dessins de Shunrô. 3 vol., 1792.

Moukashi-moukashi Momotaro Hottan Banashi, L'ORIGINE DU CONTE DE MOMOTARO. — Texte de Kiôdén et dessins de Shunrô. 3 vol., 1792.

Himpoukou Foutamata Dôtchŭ-no Ki, CONTE DU VOYAGE DES DEUX ROUTES DE LA PAUVRETÉ ET DE LA RICHESSE. — Texte de Kiôdén et dessins de Shunrô, 3 vol., 1793.

Tĭ-yé shidaï Hakoné-zoumé, AVEC L'INTELLIGENCE ON SURMONTE LES DIFFICULTÉS DE LA PASSE DE HAKONÉ. — Texte de Haroumitino Kousaki et dessins de Shunrô. Nombre de volumes inconnu, 1793.

Azouma Daïboutsou Momiji Meisho, LA CÉLÉBRITÉ DE L'ÉRABLE ET DU GRAND BOUDDHA DE YÉDO. — Texte et dessins de Hakousanjin Kakô (pseudonyme et autre nom de Hokousaï)... vol., 1793.

Foukouju-Kaï Mouriôno Shinadama, UNE ÉTOILE DE L'OCÉAN DU BONHEUR ET DE LA LONGÉVITÉ SANS LIMITE. — Texte de Bakin et dessins de Shunrô. 3 vol., 1794.

Nozokimi Tatoyéno Foushi-ana, LES PROVERBES VUS A TRAVERS UN TROU DE MUR. — Texte de Tsoubohira et dessin de Shunrô. 2 vol., 1794.

Mousouméno Tomozouna, LE CORDON D'UNE FILLE. — Texte de Kiorori et dessins de Tokitarô Kakô (Tokitarô, prénom de jeunesse de Hokousaï). 2 vol., 1794.

Asahina Ohighéno-tiri, LA POUSSIÈRE DE LA BARBE D'AHAHINA. — Texte de Jihinari et dessins de Hokousaï... vol., 1796.

Bakémono Yamato Honzô, HISTOIRE NATURELLE DES MONSTRES DU JAPON. —Texte de Kiôdén et dessins de Kakô. 3 vol., 1798.

Kamado Shôgoun Kanriakou no-maki, LA TACTIQUE DU GÉNÉRAL FOURNEAU. — Texte et dessins de Tokitarô Kakô. 3 vol., 1800.

Guékaïno baka Hanano-ouyé Oiti-Téngou, TÉNGOU TOMBÉ DU HAUT DE SON NEZ DANS LE MONDE BÊTE D'ICI-BAS. — Texte de Jakousei et dessins de Goummatei, Shunrô changé de nom. 3 vol., 1801.

Tiyo Monju Osana-kiôkoum, L'ÉDUCATION DES ENFANTS D'APRÈS L'ENFANCE DE BODHI-SATTAWA MONJU. — Textes et dessins de Kakô. 3 vol., 1801.

Mouna zannyé Ousono Tana-oroshi, L'INVENTAIRE DES MENSONGES DRESSÉ PAR LE CŒUR. — Texte et dessins de Tokitarô Kakô. 3 vol., 1803.

Boutchôhô Sokouséki riôri, LA CUISINE AU HASARD. — Texte et dessins de Tokitarô Kakô. 3 vol., 1803.

Sangokou Wakaran Zatsouwa, LA CONVERSATION INCOMPRÉHENSIBLE EN TROIS LANGUES (japonais, chinois et hollandais). — Texte de Onitaké et dessins de Kakô. 2 vol., 1803.

Ahah Shinkirô, LE PALAIS DU MIRAGE OU LES VICISSITUDES HUMAINES. — Texte et dessins de Kakô. 3 vol., 1803.

On-aï Sarouno Ada-outi, LA VENGEANCE D'UN SINGE AFFECTIONNÉ. — 2 vol., dont le premier dessiné par Toyokouni et le second par Kakô; texte de Kiorori, 1804.

Ouwaki-zôshi, LE ROMAN DES CAPRICES AMOUREUX. — Texte de Ran-i et dessins de Hokousaï. 3 vol., 1806.

Yûkoun misao Rénrino Motibana, LA FLEUR DE FIDÉLITÉ D'UNE COURTISANE ENVERS SON AMANT. — Texte de Bakin et dessins de Hokousaï. 2 vol., 1807.

Kataki-outi Migawari Miôgô, LA VENGEANCE ACHEVÉE GRACE A UNE PROTECTION MYSTÉRIEUSE. — Texte de Bakin et dessins de Hokousaï. 6 vol., 1808.

Yûriakou Onna Kiôkoun, L'ÉDUCATION DE LA FEMME DANS L'HÉROÏSME. — Texte de Ikkou et dessins de Hokousaï. 5 vol., 1808.

Kataki-outi Moukouhino Aoyaghi, LE SAULE PLEUREUR DANS UNE HISTOIRE DE VENGEANCE. — Auteur inconnu et dessins de Hokousaï. 6 vol., 1808.

Shimpén Tsoukino Koumasaka Banashi, NOUVEAU CONTE SUR KOUMASAKA, BRIGAND DE LA LUNE. — Texte et dessins de Tokitarô Kakô... vol., 1811.

Tamakoushighé Ishidômarou Monogatari, CONTE SUR ISHIDÔ-MAROU OU LA BOITE AU PEIGNE DE JADE. — Texte de Bakin et dessins de Hokousaï. 3 vol., sans date.

Tokoyémou (nom d'un personnage de ce roman, dont le titre, le nombre de volumes et la date sont inconnus). — Texte de Tsoushô et dessins de Shunrô.

Romans illustrés.

Le format de 23 centimètres de hauteur sur 16 centimètres de largeur. Chaque volume contient de 30 à 40 pages, et de 3 à 5 dessins en planches doubles, sauf le 1er volume toujours embelli de 4 ou 5 planches extra, tirées avec soin sur papier de luxe.

Yéhon Azouma foutaba nishiki, LE BROCART DES DEUX POUSSES D'UNE PLANTE DE L'EST. — Texte de Kohéda Shighérou et dessins de « Hokousaï, fou de dessin », 5 vol., 1805.

Shimpén Souiko Gwadén, LA NOUVELLE TRADUCTION DE SOUIKO-

DÉN AVEC ILLUSTRATIONS. — Ouvrage en 90 vol., paru dans l'ordre suivant :

1re section, 10 vol. traduits par Kiokoutei Bakin et illustrés par Katsoushika Hokousaï, 5 vol. en 1805 et 5 autres en 1807.

2e section, 10 vol. traduits par Takaï Ranzan et illustrés par Hokousaï, parus seulement en 1829.

3e à 9e sections ; sections également traduites par Takaï Ranzan et illustrées par Hokousaï, parues successivement par série de 10 vol. la section, mais nous n'avons pas les dates.

Tamano Otiho, L'ÉPI DE PERLES TOMBÉ. — Texte de Hohéda Shighérou et dessins de Hokousaï. 10 vol. dont 5 parus en 1806, et 5 en 1808.

Kataki-outi Ourami Kouzounoha, LA VENGEANCE D'UNE RENARDE HAINEUSE OU LA LÉGENDE DE KOUZOUNOHA. — Texte de Bakin et dessins de Hokousaï. 5 vol., 1807.

Sonono Yuki, LA NEIGE DU JARDIN. — Texte de Bakin et dessins de Hokousaï. 5 vol., 1807.

Soumidagawa Baïri Shinsho, LE PRUNIER ET LE SAULE PLEUREUR DE LA RIVIÈRE SOUMIDA. — Texte de Bakin et dessins de Hokousaï. 6 vol., 1807.

Tchinsétsou Yumihari Zouki, LE CROISSANT DE LA LUNE OU LE CONTE DU CAMÉLIA. — Texte de Bakin et dessins de Hokousaï. 28 volumes en 5 sections dont la 1re, 6 vol, en 1807 ; les 2e et 3e, 6 vol. de chaque, en 1808 ; les 4e et 5e, 5 vol. de chaque, en 1811.

Shin Kasané Guédatsou Monogatari, LA CONVERSION DE L'ESPRIT DE KASANÉ. — Texte de Bakin et dessins de Hokousaï. 5 vol., 1807.

Sanshiti Zéndén Nankano Yumé, LE RÊVE DU CAMPHRIER DU SUD OU L'HISTOIRE DE SANKATSOU ET HANSHITI. — Texte de Bakin et dessins de Hokousaï. 16 volumes en 3 sections : la 1re, 6 vol., 1808 ; les 2e et 3e, 10 vol. ont paru en 1811, sous le nouveau titre de *Nanka Kôki*, LE CONTE SUPPLÉMENTAIRE DU RÊVE DU CAMPHRIER DU SUD.

Raïgô-Ajari Kwaïso-dén, LE RAT MONSTRE DU PRÊTRE RAIGO. — Texte de Bakin et dessins de Hokousaï. 8 vol. en 2 sections, 1808.

Yuriwaka Nozouyéno Taka, LE FAUCON DE YURIWAHA. — Texte de Mantei Sôbu et dessins de Hokousaï. 5 vol., 1808.

Awano Narouto, LES GOUFFRES D'AWA. — Texte de Rûtei Tanéhiko et dessins de Hokousaï. 5 vol., 1808.

Shimoyono Hoshi, LES ÉTOILES D'UNE NUIT OÙ IL GÈLE. — Texte de Tanéhiko et dessins de Hokousaï. 5 vol., 1808.

Onnamoji Nouyé Monogatari, LE CONTE SUR NOUYÉ, écrit en lettres de femme. — Texte de Shakouyakoutei et dessins de Hokousaï. 5 vol., 1808.

Kanadéhon Gonitino Bounshô, L'HISTOIRE DES FIDÈLES VASSAUX APRÈS LA VENGEANCE. — Texte de Tatékawa Yémba et dessins de Hokousaï. 5 vol., 1808.

Hidano Takoumi Monogatari, L'HISTOIRE DE L'ARCHITECTE DE MIDA. — Texte de Rokoujuyén et dessins de Hokousaï. 6 vol., 1808.

Foutatsou Tchôtcho Shiraïto Zôshi, LES DEUX PAPILLONS ET LA SOIE BLANCHE OU LES DEUX LUTTEURS. Texte de Shakouyakoutei et dessins de Hokousaï Tokimasa (un des prénoms de Hokousaï). 5 vol., 1809.

Nouréghinou Zôshi, LE ROMAN D'UNE ROBE MOUILLÉE. — Texte de Shakou-yakoutei et dessins de Hokousaï. — Le nombre de volumes et la date inconnus.

Kohino Oukihashi, LE PONT IMAGINAIRE DE L'AMOUR. — Texte de Rakou-rakou-an Tôyei et dessins de Hokousaï, 1re section, 3 vol., 1809.

On-yô Imosé-yama, LES FIANCÉS ISOLÉS SUR DEUX MONTAGNES EN FACE. — Texte de Shinrotei et dessins de Hokousaï. 6 vol., 1810.

Tiyosaki-himé Shitihénghé Monogatari, LES SEPT TRANSFIGURATIONS DE LA PRINCESSE TIYOSAKI. — Texte de Shinrotei et dessins de Hokousaï. 5 vol., sans date.

Sétano-Hashi Riñjo Hondji, LA FEMME-DRAGON DU PONT DE SÉTA ou *Tawara tóda Rókoden*, LE VIEUX RENARD DU GUERRIER TAWARA TÓDA. — Texte de Rûtei Tanéhiko et dessins de Hokousaï. 3 vol., 1811.

Hokou-itsou Kidan, LES LÉGENDES FANTASTIQUES DE LA PROVINCE DE YÉTIGO. — Texte et dessins de Tatibana Shighéyo, augmenté des dessins de Hokousaï Raïshin (un des noms portés par Hokousaï), 6 vol., 1811.

Matsouwô Monogatari, L'HISTOIRE DE MATSOUWÔ. — Texte de Kohéda Shigérou et dessins de Hokousaï. 6 vol., 1812.

Aoto Foujitsouna Moriô-an, LES DESSINS DU JUGE AOTO. — Texte de Bakin et dessins de Hokousaï Raïshin. 10 vol., en 2 sections, 1812.

Ogouri Gwaïdén, LA LÉGENDE SUR LE PRINCE OGOURI. — Texte de Kohéda Shighérou et dessins de Hokousaï. 5 vol., 1814.

Beibei Kiôdan, LE CONTE VILLAGEOIS DES DEUX ASSIETTES. — Texte de Bakin et dessins de « Taïto, précédemment Hokousaï ». 8 vol., 1815.

Tåkô Tchôraï Foushi, LA MORALITÉ DES CHANSONNETTES ITAKOBOUSHI. — Texte de Yémba et dessins de Hokousaï. 5 vol., 1817.

Shakouson Itidaïki Zouyé, LA VIE DE ÇAKIAMOUNI. — Texte de Yamada Isaï et dessins de Hokousaï. 6 vol., 1839. Cet ouvrage est d'un format de 18 centimètres de largeur sur 25 centimètres de hauteur.

Yéhon Kan-So Goundan, LA GUERRE DES DEUX ROYAUMES DE KAN ET DE SO. — Texte de Shôriô Sadataka et dessins de Katsoushika I-itsou Manjirôjin (Le vieillard Manji ou Katsoushika I-itsou noms divers de Hokousaï). 20 vol., en 2 sections. 1845.

Guénji Ittôshi, LA POSSESSION DU POUVOIR PAR LA FAMILLE DE

MINAMOTO. — Texte de Shôtei Kinsoui et dessins du vieillard
« Hatiyémon, Hokousaï I-itsou ». 5 vol., 1846.

Sanshodayn, nom du personnage du roman pris pour le titre.
— Texte de Oumébori Kokouga et dessins de Hokousaï. —
Le nombre de volumes et la date d'édition sont inconnus.
L'auteur a écrit autour de 1800.

Livres de dessins.

Les *Yéhon*, littérairement *livres de dessins*; ainsi appelés à
cause de la reliure semblable aux livres ordinaires, et par
opposition aux *Jô*, albums faits avec du beau papier replié
dans une couverture de luxe.

Il y a 3 formats dans les livres de dessins :

1° Le *grand* ou *Oh-hon*, 20 centimètres de haut sur 18 de
large.

2° Le *moyen* ou *Tchûhon*, 23 centimètres de haut sur 16 de
large.

3° Le *petit* ou *Kohon*, 18 centimètres de haut sur 13 de
large.

Livres du grand format.

Yéhon Ridhitsou, LE LIVRE DE DESSINS AUX DEUX PINCEAUX. —
Les paysages et les plantes par Rikkôsaï de Ohsaka, les
personnages et animaux par Hokousaï Taïto de Yédo. 1 vol.,
1817.

Ridhitsou Gwafou, LE RECUEIL DE DESSINS AUX DEUX PINCEAUX.
— Le titre donné aux seconds tirages de l'ouvrage ci-dessus.

Hokousaï Gwakiô, LE MIROIR DU DESSIN DE HOKOUSAÏ — 1 vol.,
1818, signé : « Katsoushika Taïto ».

Dénshin Gwakiô, LA TRANSMISSION DE L'ESPRIT DU DESSIN QUI EST
LE REFLET DU CŒUR. — Signé : « Katsoushika Taïto, autrefois Hokousaï ». Titre du second tirage, dans la même
année, de l'ouvrage ci-dessus.

Shôgwa Itiran, UN COUP D'ŒIL SUR LES DESSINS REMARQUABLES.
— Titre que porte le tirage en couleurs, du Hokousaï
Gwakió, tirage très postérieur dans lequel on supprima
4 folios (18 à 21).

Hokousaï Gwashiki, LA MÉTHODE DU DESSIN DE HOKOUSAÏ. —
Signé : « Katsoushika Taïto, ci-devant Hokousaï ». 1 vol.,
1819.

Hokousaï Sogwa, LES DESSINS GROSSIERS DE HOKOUSAÏ. — Signé :
« Katsoushika Taïto ». 1 vol., 1820.

Livres du format moyen.

Hokousaï Mangwa, LES ÉTUDES LIBÉRALES DE HOKOUSAÏ — 15 vol.,
parus dans l'ordre suivant :

1er vol., 1812 ; 2º vol., 1814 ; 3º vol., 1815 ; 4º vol., 1816 ;
5º vol., 1816 ; 6º vol., 1817 ; 7º vol., 1817 ; 8º vol., 1818 ;
9º vol., 1819 ; 10º vol., 1819 ; 11º vol., 1834 ; 12º vol., 1834 ;
13º vol., 1849 ; 14º vol., 1875 ; 15 vol., 1879.

Odori Hitori Keiko, LA LEÇON DE DANSE PAR SOI-MÊME. — Invention et dessins par Katsoushika Hokousaï, et revus et cor-
rigés par Foujima Shinzabro, maître de danse. 1 vol., 1815.
Il y a le tirage de 1835 en 2 vol.

Santaï Gwafou, LES TROIS FORMES DE DESSIN. — Signé : « Taïtó,
Hokousaï changé de nom ». 1 vol., 1816.

Ippitsou Gwafou, LE RECUEIL DE DESSINS A UN SEUL COUP DE
PINCEAU. — Invention de Foukouzénsaï et l'idée continuée
par Hokousaï Taïto, 1 vol., 1823.

T'chigli souikodén Yéhon, LES PERSONNAGES DU SOUIKODEN.
— Signé : « I-itsou, autrefois Hokousaï ». 1 vol., 1829.

Dôtchú Gwafou, LE RECUEIL DES DESSINS DU VOYAGE (de Yédo
à Kióto). — Signé : « I-itsou, autrefois, Hokousaï ». 1 vol.,
1830.

Feugakou Hiakkei, LES CENT VUES DE FOUZI-YAMA. — Signé :
« Manji, vieillard fou de dessin, ». 3 vol., la 1re, 1834 ;
la 2e, 1835, et la 3e, sans date.

· *Shin Hinagata*, LE NOUVEAU MODÈLE POUR LES OUVRIERS. — Signé : « Manji, vieillard fou de dessin, autrefois Hokousaï ». 1 vol., 1836.

Yéhon Sakigaké, LES HÉROS DE LA CHINE ET DU JAPON. — Signé : « Manji, vieillard fou de dessin, autrefois Hokousaï ». 1 vol., 1836.

Yéhon Mousashi Aboumi, LES ÉTRIERS DU SOLDAT ou le 2ᵉ *volume de Sakigaké*. — Signé : « Manji, vieillard fou de dessin, autrefois Hokousaï ». 1 vol., 1836.

Yéhon Wakan Homaré, LES GLOIRES DE LA CHINE ET DU JAPON. — Signé : Manji, vieillard fou de dessin, autrefois Hokousaï ». 1 vol., 1850.

Manjiwô Sôhitson Gwafou, LE RECUEIL DES DESSINS CURSIFS DU VIEILLARD MANJI. — Signé : « Le vieillard Manji, autrefois Hokousaï ». 1 vol., 1843. Ce volume a été dessiné en 1833, et porte une préface de 1834 ; mais on ne connaît que l'édition de 1843.

Shoshin Gwakan, LES MODÈLES DE DESSINS POUR LES COMMENÇANTS. — 1 vol. Le titre qui porte le retirage du *Sôhitsou Gwafou* ci-dessus avec huit dessins de moins.

Hokousaï Mangwa Sohitsouno-bou, LA PARTIE DU PINCEAU CURSIF DE LA MANGWA DE MOKOUSAÏ. — Le titre que porte un autre retirage très postérieur de *Sôhitsou Gwafou*. Les sept dessins y manquent également. Le tirage est colorié médiocrement.

Hokousaï Gwafou, LE RECUEIL DES DESSINS DE HOKOUSAÏ. — 3 vol., 1849.

Cet ouvrage n'est qu'une réimpression, en format réduit, de *Hokousaï Gwashiki* et de *Hokousaï Sogwa*, avec un dessin de moins, et quatorze de plus.

Hokousaï Gwayén, LE JARDIN DES DESSINS DE HOKOUSAÏ. — 3 vol.

Ces 3 volumes ne sont qu'une réimpression tout à fait moderne de diverses pages des livres de Hokousaï, de Hokkei, de Hokou-oun, de Hiroshighé, de Keisaï-Yeisen, etc.

Livres du petit format.

Imayô Kouishi Kisérou Hinagata, MODÈLES DE PEIGNES ET DE PIPES A LA MODE. — Signé : Katsoushika, I-itsou, autrefois Hokousaï ». 3 vol. dont 2 de peignes, 1822 et 1 de pipes, 1823. Ces volumes sont en largeur.

Riakougwa Haya Shinan, LEÇON RAPIDE DU DESSIN CURSIF. — Signé : « Katsoushika Taïto, précédemment Hokousaï ». 2 vol., 1812 et 1814.

Gwadô Hitori Keiko, LEÇON DE DESSIN PAR SOI-MÊME. — 1 vol. 1815. Ce volume fait le 3ᵉ du *Haya Shinan*.

Yéhon Hayabiki, RÉPERTOIRE RAPIDE DE DESSIN. — Signé : « Taïto, autrefois Hokousaï ». 2 vol., 1816 et 1819. Ces deux volumes constituent les 4ᵉ et 5ᵉ vol. de *Hayashinan*.

Nagashira Moushabourou, RÉPERTOIRE DES SUJETS GUERRIERS. — Signé « I-itsou autrefois Hokousaï ». 1 vol., 1841. Ce vol. fait le 3ᵉ vol. de *Hayabiki* et 6ᵉ vol. de *Hayashinan*.

Hokousaï Manywa Hayashinan, LEÇON RAPIDE DU DESSIN ARBI-TRAIRE DE HOKOUSAÏ. — Titre que porte un retirage d'un certain nombre de pages des 3 premiers volumes de *Haya-shinan*. 1 vol.

Shingata Komontchô, NOUVEAUX DESSINS POUR LES IMPRESSIONS D'ÉTOFFE. — Signé : « Hatsoushika I-itsou ». 1 vol., 1824.

Hokousaï Moyô Gwafou, RECUEIL DES DESSINS D'ÉTOFFE DE HO-KOUSAÏ. — Titre porté par un retirage moderne de l'ouvrage ci-dessus.

Yéhon Saïshiki-tsou, TRAITÉ DU COLORIS. — Signé : « Manji, vieillard fou de dessin ». 2 vol., 1848.

Soshin Yédéhon, MODÈLES DE DESSIN POUR LES TOUT COM-MENÇANTS. — Non signé et sans date. 1 vol.

Ce petit volume est en forme d'album, et imprimé en couleur. D'après le style, il paraît avoir été fait en 1812, comme supplément du 1ᵉʳ volvme de *Hayashinan*.

Ouvrages divers illustrés par Hokousaï.

Adadéhon Tsoushin Mouda, ALLUSION A L'ÉPISODE DES 47 RÔ-
NINS. — Texte de Kogané Atsoumarou et dessins de
Hokousaï. 1 vol. (format petit), 1803. Le second volume
de cet ouvrage annoncé n'a pas paru.

Jôdan Foutsouka Yéhi, IVRESSE DE DEUX JOURS. — Texte de
Jippénsha Ikkou. 2 vol., petit format : le premier illustré par Hokousou et le deuxième par Hokousaï, 1811.

Jôrouri Zekkou, PRINCIPAUX SUJETS DES DRAMES. — Auteur
inconnu et dessins de Hokousaï, avec collaboration de Bokousén. 1 vol., format moyen, 1815.

Yéhon Teikin Ohraï, L'ÉDUCATION DANS LA FAMILLE SOUS FORME
DE CORRESPONDANCE. — Ouvrage ancien, aux dessins signés :
« I-itsou, autrefois Hokousaï ». 3 vol., format moyen. le
premier 1828, le deuxième 1848, et le troisième sans date.

Tôshisen Yéhon, LES POÉSIES DES THANG ILLUSTRÉES. — Commentaire par Takaï Ranzan. 10 vol. en deux sections : les
premiers 5 vol. signés : « I-itsou autrefois Hokousaï »,
format moyen, 1833 ; les deuxièmes, 5 vol. signés : « Man-ô,
le vieillard fou de dessin », 1836.

Yéhon Tôshisen Gogon-zékkou, ILLUSTRATION DES POÉSIES DES
THANG, *partie de cinq caractères par ligne*. — 2 vol., format
moyen, signé : « I-itsou, autrefois Hokousaï » (signature de
1833), publié en 1880.

Yéhon Koboun Kôkiô, LA PIÉTÉ FILIALE ILLUSTRÉE. — Texte en
chinois ancien et dessins du « vieillard Manji, autrefois
Hokousaï », 2 vol., format moyen. 1835.

Yéhon Tchilkiô, ILLUSTRATION DE LA FIDÉLITÉ ENVERS LE MAÎTRE.
— Ouvrage chinois. 1 vol., format moyen, 1834. Dessins
« de Manji, autrefois Hokousaï ».

Yéhon Sénjimon, LE POÈME EN MILLE CARACTÈRES DIFFÉRENTS. —
Ouvrage chinois illustré par « Katsoushika I-itsou autrefois
Hokousaï ». 1 vol., format moyen. 1834.

Wakan Inshitsoudén, EXEMPLES CHINOIS ET JAPONAIS DES CONSÉ-
QUENCES DES BONNES OU MAUVAISES ACTIONS INAPERÇUES. —
Texte de Fouji-i Raïsaï et dessins de « Manji le vieillard
fou de dessin ». 1 vol., format moyen, 1840.

Yéhon Onna Imagawa, L'ILLUSTRATION DE « IMAGAWA » POUR
L'USAGE DES FEMMES. — Exemplaire où la signature et la
date manquent. 1 vol., format moyen (1844 ?).

Ouvrages divers renfermant un ou deux dessins de Hokousaï.

Hitori Bokkou, RECUEIL D'AUTOGRAPHES ET DE DESSINS. — Une
planche de « Hokousaï, fou de dessin » dans le second volume. 2 vol., grand format, 1801.

Katsoushika Zoushi Tégouri-bouné, LE PAYS DE KATSOUSHIKA. —
Un dessin de Hokousaï. — 1 vol., format moyen, 1813.

Hwankon Shiriö, PAPIERS JETÉS. — Texte de Tanébiko avec
quelques dessins et fac-similé de I-itsou. 2 vol., grand format, 1826.

Bongwa Hitori Keiko, LEÇON DU DESSIN AU SABLE. — Texte de
Mᵐᵉ Tsouskihana Yei, avec un dessin de I-itsou. 1 vol.,
petit format en largeur, 1828,

Nikkô Sanshi, DESCRIPTION DE LA MONTAGNE DE NIKKÔ. — Au
quatrième vol. 2 planches de cascades par « Manji, vieillard, fou de dessin ». 5 vol., grand format, 1837.

Rétsoujo Hiakounin Isshu, CENT POÉTESSES. — Portraits par
Toyokouni et petits dessins par « le vieillard Manji de Katsoushika ». 1 vol., petit format, 1847.

Shiga Hiakounin Isshu, CENT POÈTES ARTISTES. — Les dix premiers folios par « Manji le vieillard de 88 ans ». 1 vol. petit
format, 1848.

Zokou Yeiyu Hiakounin Isshu, CENT POÈTES GUERRIERS. — Les
quinze premiers folios par « le vieillard Manji autrefois
Hokousaï ». 1 vol., petit format, 1849.

Guirétsou Hiakounin Isshu, CENT POÈTES HÉROS. — 15 dessins du vieillard Manji. 1 vol. petit format, 1850.

Kwatchô Fouguétsou, RECUEIL DE POÉSIES KIÔKA SUR LES FLEURS, LES OISEAUX, L'AIR ET LA LUNE. — Ouvrage illustré par Hokousén avec quelques dessins de Hokousaï. 1 vol., format moyen, 1824.

Ressén Gwazôshû, POÈTES COMPARÉS AUX HERMITES. — Recueil des poésies Kiôka, avec dessins de « I-itsou, autrefois Hokousaï ». 3 vol., format moyen, 1829.

Livres de dessins en couleur.

Tôto Meisho Itiran, COUP D'ŒIL SUR LES VUES CÉLÈBRES DE YÉDO, par Hokousaï Tokimasa. 2 vol., grand format, 1808.

Tôto Shôkei Itiran, COUP D'ŒIL SUR LES BELLES VUES DE YÉDO, titre que portent les seconds tirages de l'ouvrage ci-dessus. 2 vol., grand format, avec la même date.

Yéhon Azouma Asobi, PROMENADE DE YÉDO. — Hokousaï. 2 vol., grand format, 1802.

Cet ouvrage n'est autre que le tirage en couleur des dessins seuls du *Azouma Asobi*, imprimé en noir, en 1800, avec beaucoup de poésies, et formant un seul volume.

Yama Mata Yama, MONTAGNES ET MONTAGNES. — Hokousaï. 3 vol. grand format, 1804.

Soumidagawa Riôgan Itiran, COUP D'ŒIL DES DEUX RIVES DE LA SOUMIDA. — 3 vol. grand format, 1806.

Isozouzou-gawa Kiôka gourouma, CINQUANTE POÈTES DE KIÔKA, par Hokousaï Tokimasa. — 1 vol. grand format, 1802.

Shilgwa Itiran, COLLECTION DE BEAUX DESSINS, titre que porte le tirage en couleur et postérieur de *Hokousaï Gwakiô*, avec 8 pages de moins.

Itakouboushi ou Tchôraï-zekkou, CHANSONNETTES SUR L'AIR DU BATELIER. — 2 vol. petit format, 1801.

Yéhon Tchûshin goura, MAGASIN DES VASSAUX FIDÈLES, par Hokousaï Tokimasa. — 2 vol. moyen format, 1802.

Misoka Kouzoukago, PANIER A PAPIER, AU 30 DU MOIS. — Recueil de poésies et de dessins, dont 4 par Hokousaï, fou de dessin ». 1 petit vol. mince, 1804.

Kiôka Moumu Zoukoushi, POÉSIES POPULAIRES SUR LES CHEVAUX. — Recueil de Kiôka, avec un dessin de « I-itsou, le vieillard fou de la lune ». 1 petit vol. mince, 1822.

Onna Itidaï Yeigwashû, AGRÉMENTS DE LA VIE DES FEMMES. — Recueil de poésies, avec deux planches de « I-itsou, autrefois Hokousaï, et âgé de 72 ans ». 1 vol. format moyen, 1831.

<h2 style="text-align:center">Albums de poésies Kiôka avec des planches
en couleur.</h2>

Ces albums sont du grand format.

Shunkiôjo, DISTRACTIONS DU PRINTEMPS, 2 vol., 1791 et 1798. — Un dessin par volume signé : « Sôri et Hokousaï Sôri. »

Hatsou Wakana, LE PREMIER LÉGUME VERT. — 1 vol. Une planche de « Hokousaï, Sôri changé de nom », 1798.

Sandara Kasoumi, BRUME DE SANDARA. — 1 planche de Hokousaï Sôri. 1 vol., 1797.

Yanaghino Ito, CORDELETTES DE SAULE PLEUREUR. — 1 planche de Hokousaï Sôri. 1 vol., 1797.

Dantôka, CHANT DE DANSE D'HOMME. — 1 planche de Hokousaï Sôri. 1 vol., 1798.

Haïkaï Shijikou zôshi, CAHIER DES QUATRE SAISONS. — 1 planche de « Hokousaï Tokimasa, Sôri changé de nom ». 1 vol., 1798.

Hananoyé, L'AINÉE DES FLEURS. — 2 planches signées : « Hokousaï, Sôri changé et Hokousaï Tokimasa ». 1 vol., 1798.

Onna Sanjû Rokkasén, TRENTE-SIX POÉTESSES, par Yeishi, et une composition par « Hokousaï, fou de dessin ». 1 vol., 1801.

Harouno Fouji, FOUZI-YAMA AU PRINTEMPS. — Recueil de Kiôka,
dont le titre est perdu, mais paraît, selon le texte, porter
ce nom. 2 dessins de « Hokousaï, fou de dessin ». 1 vol.
1803.

Albums de dessins.

Hokousaï Shashin Gwafou, ALBUM DES ÉTUDES D'APRÈS NATURE
DE HOKOUSAÏ. — 15 planches en largeur. 1 vol. grand format, 1814.

Albums de dessins originaux
avec titre imprimé et vendus chez les libraires.

Nikoushitsou Gwajô, ALBUM DE DESSINS ORIGINAUX ou *Zén
Hokousaï Manji-ô Nikoushitsou Gwajô* ALBUM DE DESSINS
ORIGINAUX DU VIEILLARD MANJI, AUTREFOIS HOKOUSAÏ. — Signé : « Manji, le vieillard fou de dessin, âgé de 80 ans. »
Format en largeur. 29 centimètres de largeur sur 19 1,2 de
hauteur, 1 vol. renfermant 12 dessins cursifs, coloris
léger, 1839.
Cet ouvrage a été inventé, exécuté et vendu par Hokousaï,
à la suite des années de famine.

Albums et livres de dessins du printemps.

Kinohéno Komatsou, JEUNES POUSSES DE PINS. — Livres en
couleur de format moyen, 3 vol.

Tsouma Kasané, DOUBLE OCCUPATION. — Livres en format
moyen, 3 vol.

Foukoutokou Wagôjin, LES DEUX DIEUX D'UNION ET DE BON-
HEUR. — Livres en couleur de format moyen, 3 vol.

SANS TITRE. — Album à couverture aux planches de bois
laqué noir et dessin or. 12 grandes feuilles en largeur,
pliées en deux, grands dessins tirés sur un fond micacé
et coloriés à la main, 1 vol.

Nota. — Les autres albums ou livres érotiques attribués à Hokousaï, sont de ses élèves.

Albums d'amateurs.

Il existe nombre d'albums faits par des amateurs, avec des estampes, ou des sourimonos parus par série, tels que les Poètes, les Attributs du Cheval, les Scènes des rônins, les Tôkaïdo, les 36 Vues de Fouzi-yama, les Ponts célèbres, les 8 Vues de Liou-Kiou, les cent Poésies expliquées par la nourrice, les Fleurs, les Fleurs et Oiseaux, les Caricatures, etc.

Ces dessins n'ayant pas été édités en albums, ils entrent dans la classification des estampes et des sourimonos.

Les noms arbitrairement donnés à ces albums, ne sont pas acceptés par nous.

Livres parus ou non, mais dont on ne connaît que le titre annoncé dans des ouvrages.

Gwasétsou ESTHÉTIQUE DU DESSIN, 1 vol.

Hokousaï Ringwa, LE CALQUE. 1 vol.

Hokousaï Zankô, LA COMPOSITION ET LE DESSIN. 1 vol.

Hokousaï Gwakau, MODÈLES DE DESSINS DE HOKOUSAÏ. 3 vol.

I-tsou gwafou, ALBUM DE DESSINS D'I-ITSOU.

Shônin Kagami, ENCYCLOPÉDIE DES COMMENÇANTS. 3 vol.

Meizan Shokei Shinzou, PAYSAGES VRAIS DES MONTAGNES CÉLÈBRES. 1 vol.

Yédou Hakkei Shinzou, VRAIS DESSINS DES HUIT VUES DE YÉDO. 1 vol.

Mitino Shiori, INDICATEUR DU CHEMIN DES BEAUX PAYSAGES. 1 vol.

Azouma Hiakounin Isshu Tamazousa, LETTRES DES CENT POÈTES DE YÉDO. 1 vol.

Mandaï Hiakounin Isshu Misao Bounshô, EXPLICATION DES CENT POÉSIES. 1 vol.

Taïsei Hiakounin Tiyékagami, L'ESPRIT DE CENT PERSONNES. 1 vol.

Riôsandô Itiran, COUP D'ŒIL SUR LES DEUX ROUTES DES MONTAGNES. 3 vol.

Tchûshingoura Jûnidan LES DOUZE TABLEAUX DES SCÈNES DES RÔNINS. 1 vol.

Yéhon Katsoushika-bouri, LE FAIRE DES DESSINS DE KATSOUSHIKA.

Kiôgwa Katsoushika-bouri, DESSINS COMIQUES A LA MANIÈRE DE KATSOUSHIKA.

Yéhon Nakouté Nanakousé, LES SEPT MANIES DE LA PERSONNE QUI N'EN A PAS.

Riakougwa Mousha Kagami, DESSINS CURSIFS DES GUERRIERS.

Noui-moyô Tébikino Ito, DESSINS DE BRODERIE.

Yéhon Tokibano Matsou, LE PIN TOUJOURS VERT.

Yéhon Tiyéno Ita, LE JEU DES PLANCHES GÉOMÉTRIQUES.

Yéhon Irohagoura, MAGASIN DE L'ALPHABET.

Yéhon Hitori Annaï, GUIDE POUR SOI-MÊME.

Iitsou Sensei Keirokou Gwafou, ALBUM DE DESSINS DU MAÎTRE I-TSOU.

Fougakou Hattaï HUIT ÉTATS DU FOUZI-YAMA.

Gwato Fou-ou Sessôhén, DESSINS DU VENT, DE LA PLUIE, DE LA GELÉE ET DE LA NEIGE.

Yéhon Oyakogousa, MÈRES ET ENFANTS.

Katsoushika Gwariôbaï, LA STRUCTURE DU DESSIN.

Yéhon-Kounizoukoushi, GÉOGRAPHIE DES PROVINCES.

Yéhon Hana-shikishi, FLEURS DES QUATRE SAISONS.

Yésô Hiakkwasén, CENT FLEURS D'HERBES.

Hiakka Hijitsou, ART PITTORESQUE DES CENT MAÎTRES.

Kiôgwa Sôshitsou Hiakouyan, DESSINS COMIQUES ET CURSIFS DE CENT YEUX.

Hiakouju Hiakoufoukou, CENT LONGÉVITÉS ET CENT BONHEURS.

Onsén Hiakkei, CENT VUES THERMALES.

Ippiakou Jinén-zouyé, CENT DESSINS VENUS TOUT SEULS.

Hiakouba Hiakouguiou, CENT CHEVAUX ET CENT BŒUFS.

Hiakkin Hikoujú, CENT ANIMAUX ET CENT OISEAUX.

Guioka Hiakkei, CENT VUES DES VILLAGES DE PÊCHEURS.

Yéhon Katsoushika Bounko, LA MALLE DE PAPIERS DE KATSOUSHIKA.

Yéhon Gwaïdén, LES TRADITIONS.

Hanékomi Ousou-zaïshiki, LE COLORIS CLAIR.

Gokou Soshitsou, DESSIN EXTRÊMEMENT CURSIF.

Jinboutsou Dompitsou, DESSIN NÉGLIGÉ DES PERSONNAGES.

Livres et Albums sont illustrés de planches en couleur ou en noir, mais très souvent les tirages en noir sont harmonisés à l'aide d'une teinte grise, d'une teinte rose.

POSTFACE

Par Léon Hennique

Qui remarque une paille dans l'œil d'autrui n'aperçoit pas toujours la poutre qui crève le sien. Nous allons le montrer une fois de plus. J'ai entre les mains (*Feuilles de Momidzi*, page 287) une vieille étude de M. Léon de Rosny : « Un mot aux amateurs de Japoniaiseries », étude où, après avoir déclaré qu'il se refuse à écrire un article sur *Hokousai*, le nouveau livre d'Edmond de Goncourt, il en écrit un, désagréable, avec tranquillité ; étude où il accuse pédantesquement ledit Edmond de Goncourt d'avoir appelé un poète chinois Lihacou, lorsqu'il se nomme Li-Taï-peh.

« Le terrible empereur Tsin-chi Hoang-ti, ajoute M. de Rosny, qui fit construire la grande muraille et brûla les livres et les lettrés de son heureux pays, lui aussi est cité par M. de Goncourt sous le nom de Shiko ! »

Il n'y a point à barguigner, je suis tenu de découvrir la paille dans l'œil du yamatophile incriminé. Yamatophile signifie, paraît-il, amoureux du Japon. Comment Edmond de Goncourt et son habituel conseiller, le Japonais Hayashi, ont-ils pu se tromper de la sorte ?... Coupables, oui, plaidons coupables, je ne demande pas

mieux… Cependant, pourquoi, en même temps, vois-je
là-bas, au diable, malgré moi, un M. de Rosny coiffé
d'un bicorne, et, le coupe-chou au poing, veillant sur
ce qu'il croyait être son domaine ?…

M. de Rosny fut un galant homme et un ethnographe.
De son vivant, il déchiffrait assez bien trois langues :
la chinoise, la japonaise et la coréenne. Elles se ressemblent comme trois sœurs, du reste. Je consulte quelquefois ses livres, quelquefois seulement, parce que les
savants tels que lui sont des rocs abrupts, lourds, en-
nuyeux, et que, pauvre ignorant, j'aime à rencontrer à
droite et à gauche, au cours de mes lectures, les simples,
les jolies fleurettes d'une rhétorique choisie ; mais j'ai
consulté ses livres, je les consulterai peut-être derechef,
tout est possible… Et cela est un pont de M. de Rosny
à ma personne ; et cela m'autorise à le joindre dans
l'Empyrée, une minute, et à lui affirmer, en mon nom et
en d'autres noms, que, s'il s'agit de l'art ou d'un artiste,
ce n'est, le cas échéant, ni à lui, qui n'est pas artiste,
ni à son érudition que nous nous adresserons. Ce sera,
de préférence, à Edmond de Goncourt, plus averti, plus
affiné, ou à Philippe Burty, à Théodore Duret, Henri
Vever, Gustave Geffroy, ou à MM. Revon, Focillon
Louis Aubert, au groupe serré de nos peintres et de
nos dessinateurs. Car, vis-à-vis de la paille dévolue à
M. de Goncourt, voici la poutre que je trouve aux yeux
de M. de Rosny — va pour les à peu près médiocres, —
à la fin de l'étude « Un mot aux amateurs de Japoniaiseries », — poutre devant écraser net l'illustre Hokousaï
et ses thuriféraires. Nous en sommes.

Je cite, textuellement :

« Qu'on me permette un mot sur ce fameux Hok'saï,

le peintre japonais « fou de dessin » dont M. de Gon-
court est le panégyriste enthousiaste et au char de
triomphe duquel il espère atteler le public amateur
des grandes cocasseries artistiques. »

Ouf!... Recitons :

« J'aurais sans doute mauvaise grâce, moi qui ai
dit plus d'une fois, comme saint François Xavier, que
les Japonais étaient les délices de mon cœur, de médire
sur n'importe lequel de leurs artistes et surtout sur ce
brave Hok'saï dont j'ai le premier fait une courte men-
tion dans la biographie générale de Firmin Didot, il
y a une vingtaine d'années... »

Oh ! si courte, si incomplète, la mention, M. de Rosny !
Poursuivons :

« Hok'saï est, à coup sûr, caricaturiste drôle par
moments, bizarre presque toujours. *Ses nombreuses*
charges à outrance amusent un instant. *On s'arrête*
quelques minutes avec plaisir sur les premiers cahiers
de la Mangwa, on parcourt les autres un peu plus
vite, on examine les derniers avec le pouce... »

On, c'est M. de Rosny. Poursuivons encore :

« Je n'ignore pas qu'une telle déclaration est de
nature d arracher des cris d'horreur à certains biblio-
philes, et, pour cause, à un bon nombre de marchands
de curiosités. Aussi bien qu'eux tous, j'apprécie parfois
l'ancien art japonais, mais je juge qu'on a beaucoup
surfait, chez nous, quelques-uns de ses choryphées...
Mais, en feuilletant les œuvres d'Hok'saï, on a parfois
la velléité de dire qu'il a réalisé l'idéal du grotesque.
Hok'saï, d'ailleurs, n'est devenu un artiste hors
ligne aux yeux de ses compatriotes que depuis le jour
où nous nous sommes avisés de rire un peu, pas bien

longtemps, *de ses croquis fantaisistes et ensuite de les
admirer* par genre, sans mesure et à tort et à travers. »

Halte ! Brisons-là cette mauvaise humeur, l'épilogue
ne nous apprendrait rien de neuf. On a lu et on a déjà
haussé les épaules. De quel côté sont l'ignorance et la
niaiserie ? Du côté des Japonisants ou du côté de l'ethnographe ?... Je me demande, pour ma part, si, lorsqu'il voulut écrire son étude, M. de Rosny, traducteur
d'un traité sur l'éducation des vers à soie, connaissait
à fond Katsushika Hokousaï. Et je me hâte de répondre :
non, puisqu'il ne s'occupa que du moindre aspect de ce
Protée, *du caricaturiste qui le faisait rire un peu,
pas bien longtemps.* Ce *bon* M. de Rosny n'a donc pas
l'air de se douter que le *brave* Hokousaï est l'inventeur
d'une œuvre immense, qu'il a tout essayé et tout réussi
sous des appellations diverses : Shiunrô, Tokitaro, Tokimasa, Seshin, Taïto, Katsushikano, Iitsou et Manrôdjin,
le vieillard fou de dessin. Il n'a pas l'air de savoir davantage que nos impressionnistes ont enrichi leur tech-
nique de celle que nous apportèrent les artistes nippons,
à commencer par Hokousaï.

Je n'ai pas l'intention de narrer l'existence de ce grand
homme ; maints critiques l'ont racontée avec ferveur,
avec talent. Edmond de Goncourt les précéda, fut disert
et renseigné autant qu'il pouvait l'être en 1896. Men-
tionnons néanmoins qu'Hokousaï, noué à un labeur formidable jusqu'au terme de sa très longue carrière, fut
une sorte de nomade archiméconnu par les plus titrés,
les plus magnifiques de ses contemporains, regardé par
les autres comme un maître sans doute, mais comme
un maître adonné à un petit art, à l'art *vulgaire*, indigne de l'art noble et de l'Histoire, ce jardin où s'étaient

épanouis les rosiers de Tosa et de Kano. Grave injustice à l'égard d'un semblable historien, d'un peintre aussi parfaitement distingué de la femme, de l'oiseau, de la fleur et du paysage ! C'est elle qu'avait enfourchée M. de Rosny lorqu'il s'avisa de vilipender Hokousaï. Au nom de qui, au nom de quoi osa-t-il être plus Japonais que les Japonais d'à présent ? Eux, ont oublié les préventions de naguère, de l'époque où leur archipel était clos de fils barbelés, et ils admirent comme nous Français, Anglais, Hollandais.

Hokousaï illustra seul plus de cent vingt ouvrages, dont l'un, le *Souiko-Gwaden*, compte quatre-vingt-dix tomes ; il a collaboré à une trentaine de volumes. Le tas se forme avec les livres jaunes, livres populaires ; le tas grossit avec des promenades orientales et occidentales, des coups d'œil aux lieux célèbres, des manuels pratiques pour décorateurs et artisans, une vie de Çakiamouni, une conquête de la Corée, des contes, des légendes, des romans, des biographies de héros, d'héroïnes, des trente-six et des cent poètes, avec des recueils de chansons ; et le faîte se couronne par de multiples albums d'oiseaux, de plantes, de patrons à la mode nouvelle, par des livres d'éducation, de morale, d'anecdotes, de croquis fantaisistes ou d'après nature, etc... etc... Hokousaï a tout abordé, tout réussi, je le répète. Il fut abondant, varié, génial, n'en déplaise à M. de Rosny ; il accumula dessins sur dessins, estampes sur estampes, nous y enseigna ses compatriotes, leurs travaux et leurs plaisirs, le peuple de la rue, celui des champs et de la mer. Il nous mena des brillantes courtisanes, soies et broderies, à large nœud de ceinture étalé contre la poitrine et le ventre, au loqueteux sordide, estropié ; puis vers des apparitions, des imaginations fantastiques, les plus terribles et les plus émouvantes que je sache. Le meilleur, selon moi, des Tchou-Chin-Goura, série de planches où l'on assiste à la vengeance et au triomphe des quarante-sept fidèles Ronins, est de lui. Quel pieux hommage il rendit à la montagne sacrée du Japon, au Fuji, par le moyen du livre et de la gravure ! J'ai vu d'Hokousaï quantité de sourimonos charmants, gaufrés, rehaussés d'ors et d'argentures, nombre d'éventails fragiles et délicieux, de kakémonos pleins de grâce ou d'une puissance inattaquable. L'un d'eux nous présentait Yama-Uba, mère de Kentoki, l'enfant rouge, une Yama-Uba échevelée, bleue et verte, rayon de soleil, joie du regard et de l'esprit. L'autre, chez Octave Mirbeau, figurait un aigle robuste, fauve, l'œil implacable. Debout sur un pic, la bête avait mine d'empereur, inspectait l'horizon ; elle attendait ; elle était prête à jaillir, à déchirer et à dévorer toute proie. Je me souviens en outre d'avoir vu, du même Hokousaï, encadrées d'une étoffe rosâtre, deux têtes fraîchement coupées. La première, celle d'un barbon, gisait blafarde, ruisselante de sang, et la deuxième était celle d'un jeune homme, les paupières fermées, la mâchoire à peine tachée de pourpre, une mâchoire sur laquelle un petit lézard avait élu domicile, se complaisait à la dernière tiédeur du mort. Je jure aux mânes de M. de Rosny que ces trois pièces ne sentaient point la caricature, le grotesque, ne dilataient aucune rate, pas plus que les précédentes.

Pour comprendre d'ailleurs, l'art d'un peuple lointain, très particulier, il ne suffit guère d'apprendre plus ou moins bien la langue de ce peuple : il faut avoir pénétré son âme, son goût ; il faut s'être fait l'écolier docile de cette âme et de ce goût. Quelques privilégiés, par hasard, don naturel, ont eu la chance d'éviter l'école, mais ils sont rares. Aux gens que hante le Japon et qui le recherchent, je conseillerai, s'ils veulent aller vite, de lire d'abord les œuvres de Lafcadio Hearn, ce professeur anglais échoué, un matin, aux rivages du Soleil Levant, ce vigoureux observateur qui, frappé d'admiration pour la force et le vouloir japonais, devint Japonais, puis épousa une indigène. La lecture terminée, — nul ne s'y morfondra une seconde, — on peut fréquenter les artistes du précieux empire, les anciens à l'aveuglette et les quasi-modernes avec prudence. On y constatera qu'ils abandonnèrent tout à coup leurs initiateurs, les Chinois. La raison de cette volte-face ?... L'amour, l'extase profonde qu'ils ressentirent à exprimer la patrie. Ils l'ont aimée passionnément ; ils ont chéri sa beauté, sa clarté, ils se sont ingéniés à « reproduire sa vie par le cœur » — l'expression est de Toriyama Sekiyen, au sujet des *Insectes* d'Outamaro ; — ils ont peint leur Japon quand il pleut, quand il vente, quand il neige, lorsqu'il s'éveille dès l'aube, ou s'agite ivre de lumière, ou dort gavé de nuit noire et au clair de lune. Les cerisiers y dressent perpétuellement leurs bouquets radieux, les pins et les bambous y foisonnent sous la brise ou dans la tempête. Affection heureuse, travail incessant ! Hokousaï est le résumé d'une foule. On me désignera des peintres plus élégants, plus coloristes : il n'en est pas un de plus mâle, ayant mieux accompli ce qu'il jugea utile de nous offrir.

Pour quel but, avec, derrière eux, de tels guides, certains Japonais modernes s'acharnent-ils à nous imiter, à copier notre manière et notre plastique ?... Artites

nés au pays de Kôrin et de Sharakou, gardez-vous ferme
de vos cosmopolites : ils en sont à fabriquer des portraits de jolies mondaines et de messieurs tout-le-monde ;
ils suivent d'un pas léger les moindres de nos fabricants
habituels. Ne les cultivez point : vous perdriez le contact des ancêtres, vous ne seriez plus qu'une filiation
bâtarde. Visitez-nous, parbleu ! continuez à nous visiter ! Nonobstant, la visite bâclée, dépêchez-vous de
regagner le Japon ; persistez, en vue de l'effet, à ne vous
servir que du trait nécessaire, à ne flanquer d'ombres
ni vos personnages, ni vos maisons, ni vos arbres. Ils
n'en ont pas plus besoin aujourd'hui qu'hier : absurde
est le progrès qui dépouille les êtres de leurs origines.
Appréciez plutôt, appréciez comme se conduisent actuellement beaucoup de vos nationaux, malgré leurs ma-
rins, leurs soldats à l'européenne, malgré leurs nouveaux riches, leurs automobiles. Le soir tombé, rentrés
au logis, en famille, à la lueur des douces lanternes de
chez vous, des lanternes polychromes, ne reprennent-
ils point les traditions, les mœurs et les costumes d'an-
tan ?... Demeurer soi, ne demeurer que soi, pas d'idéal
supérieur à cet idéal.

Artistes japonais, je vous souhaite de rester vous-
mêmes. Et c'est encore, je pense, la grâce que vous
souhaiterait Edmond de Goncourt, s'il devait revivre,
Edmond de Goncourt, un de vos plus indubitables, de
vos plus vieux amis, en France.

Léon Hennique,
de l'Académie Goncourt.

*Ce livre parut en mars 1896 dans la " Bibliothèque Char-
pentier ". Il en fut tiré 30 exemplaires sur Japon et 25 sur
hollande. —* N. D. F.

TABLE DES PARAGRAPHES

V

XIII

Pages.

En 1780, publication de la *Tactique du Général Fourneau,* avec l'illustration, le texte, et la préface d'Hokousaï. . . . 52

XIV

Coup d'œil sur les deux rives de la Soumida 54

XV

En 1801, publication du *Téngou, tombé du haut de son nez dans le monde bête d'ici-bas,* les *Trente-six poétesses, Chacun une pensée.* 55

XVI

En 1802, publication des : *Cinquante poètes modernes, Magasin des fidèles vassaux, Chansonnettes d'Itakoboushi.* . 57

XVII

En 1803, publication de la *Cuisine au hasard,* de *l'Inventaire des Mensonges.* 59

XVIII

En 1804, *Montagnes et Montagnes,* et le *Panier à papier* . 61

XIX

Le caractère fantasque d'Hokousaï 64

XX

L'illustration des romans japonais de Bakin, de Shighérou, de Tanéhiko, de Shakougakoudei, Mandei-Sôsa, Shôtei- Kinsoui, etc., de 1805, à 1846 65

XXI

La *Mangwa* 97

XXXI

XXXII

XXXIII

XXXIV

XXXV

XXXVI

XXXVII

XXXVIII

XXXIX

XL

XLIII

LV

ÉVREUX, IMPRIMERIE CH. HÉRISSEY. 414

Œuvres

d'Edmond et Jules de GONCOURT

Édition définitive publiée sous la direction de l'Académie Goncourt

---

Déjà parus :

Edmond et Jules de GONCOURT

Germinie Lacerteux, roman, avec postface de Gustave Geffroy, de l'Académie Goncourt.

Sophie Arnould, avec postface d'Émile Bergerat, de l'Académie Goncourt.

Sœur Philomène, roman, avec postface de Lucien Descaves, de l'Académie Goncourt.

Renée Mauperin, roman, avec postface d'Henry Céard, de l'Académie Goncourt.

Edmond de GONCOURT

La fille Élisa, roman, avec postface de Jean Ajalbert, de l'Académie Goncourt.

Chérie, roman, avec postface de J.-H. Rosny aîné, de l'Académie Goncourt.

La Guimard, avec postface de J.-H. Rosny jeune, de l'Académie Goncourt.

Pour paraître prochainement :

Edmond et Jules de GONCOURT

Madame Gervaisais, roman, avec postface de Gustave Geffroy, de l'Académie Goncourt.

5857. — Paris. — Imp. Hemmerlé, Petit et Cⁱᵉ. 12-22.